PÔLE NORD
OCÉAN GLACIAL ARCTIQUE
RUSSIE
ESTONIE
LETTONIE
LITUANIE
RÉPUBLIQUE TCHÈQUE
Moscou
EUROPE
SLOVAQUIE
HONGRIE
SLOVÉNIE
CROATIE
ROUMANIE
BULGARIE
Ankara
GRÈCE
TURQUIE
CHYPRE
Méditerranée
ASIE
JAPON
Tokyo
Pékin
CHINE
Téhéran
IRAN
PAKISTAN
Karachi
New Delhi
INDE
Le Caire
Riyad
ÉGYPTE
ARABIE SAOUDITE
Mer Rouge
Golfe d'Oman
Golfe du Bengale
OCÉAN PACIFIQUE
Jakarta
INDONÉSIE
Mayotte
La Réunion
OCÉAN INDIEN
OCÉANIE
Nouvelle-Calédonie
Pretoria
AUSTRALIE
Canberra
Nouvelle-Amsterdam
Saint-Paul
Crozet
Kerguelen
NOUVELLE-ZÉLANDE
N
O
E
S
OCÉAN GLACIAL ANTARCTIQUE
ANTARCTIQUE
Terre Adélie
PÔLE SUD

Tout Savoir

CONFORME AUX PROGRAMMES

Moi en CM1

CM1

Français
Dominique Marchand

Mathématiques
André Mul

Histoire, Enseignement moral et civique, Géographie
Bénédicte Idiard

Sciences
Marc Antoine et Richard Minguez

Anglais
Corinne Touati

Avec la participation de Stéphanie Grison

Hatier

Mode d'emploi

QUAND utiliser *Tout Savoir* au CM1 ?

- Tu veux réviser et t'entrainer avant un contrôle.
- Tu as besoin de vérifier tes connaissances dans une matière… c'est le moment d'ouvrir *Tout Savoir* !

COMMENT utiliser *Tout Savoir* au CM1 ?

- Pour profiter au mieux de chaque chapitre :
  - commence par lire très attentivement la **LEÇON** ;
  - observe la **MÉTHODE** pour comprendre comment faire ;
  - fais les **EXERCICES** par ordre de difficulté pour t'entrainer.

- Dans le **GUIDE PARENTS DÉTACHABLE**, tu trouveras les corrigés détaillés de tous les exercices. Lorsque tu as vérifié tes réponses, seul(e) ou avec tes parents, entoure un des smileys et reporte tes résultats sur la page sommaire de chaque matière.
- Dans l'onglet «**Moi en CM1**», tu trouveras des conseils et des activités pour mieux te connaitre, bien apprendre et t'épanouir à l'école.
- Dans l'onglet « **Vers le CM2** », tu trouveras des bilans-quiz dans toutes les matières et le programme de l'année prochaine.
- Dans ce livre, certains mots sont écrits avec l'orthographe recommandée par le ministère de l'Éducation nationale. Par exemple, «entraîner» devra s'écrire « entrainer » ou encore le mot composé «un abat-jour» s'écrira au pluriel « des abat-jours ». Seuls les textes d'auteur restent dans l'ancienne orthographe.

Cet ouvrage est conforme à la nouvelle orthographe
www.orthographe-recommandee.info

+ UN SITE D'ENTRAINEMENT

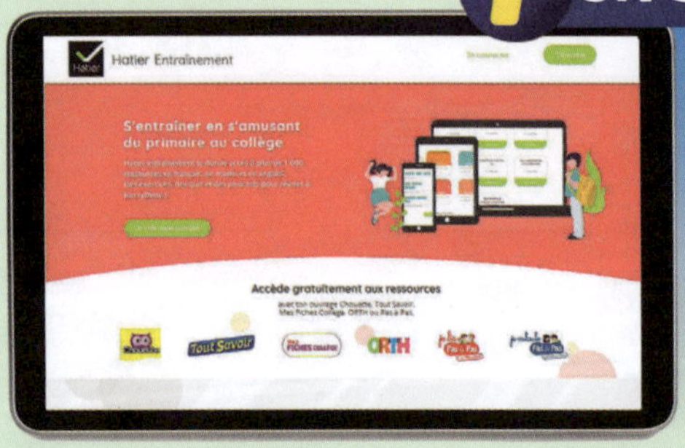

avec **DES EXERCICES INTERACTIFS ET DES DICTÉES EN ACCÈS GRATUIT** sur www.hatier-entrainement.com

Scannez ce code pour découvrir le site www.hatier-entrainement.com

Édition : Imaginemos
Conception graphique : Favre et Lhaïk
Réalisation : Ici & ailleurs
Cartographie : Jean-Pierre Crivellari
Dessins : Corédoc, Ici & ailleurs
Illustrations : Mathias Gally, Anne Guillard (pictos rubriques et entrées de parties), Christel Han (*Guide parents* et onglet « Moi en CM1 »), Vincent Landrin, Marie-Lou Lesage, Benoît Perroud, François Vincent
Iconographie : Hatier Illustration

Adaptées à tous les types de profils, les leçons te permettent d'utiliser la méthode d'apprentissage qui te convient le mieux.

regarder écouter manipuler

Une **LEÇON** visuelle pour bien mémoriser

Une question pour démarrer la leçon

Des **EXERCICES VARIÉS** avec 3 niveaux de difficulté repérés par des étoiles

Le numéro du chapitre

Un **QUIZ** sur la leçon

Une couleur par matière

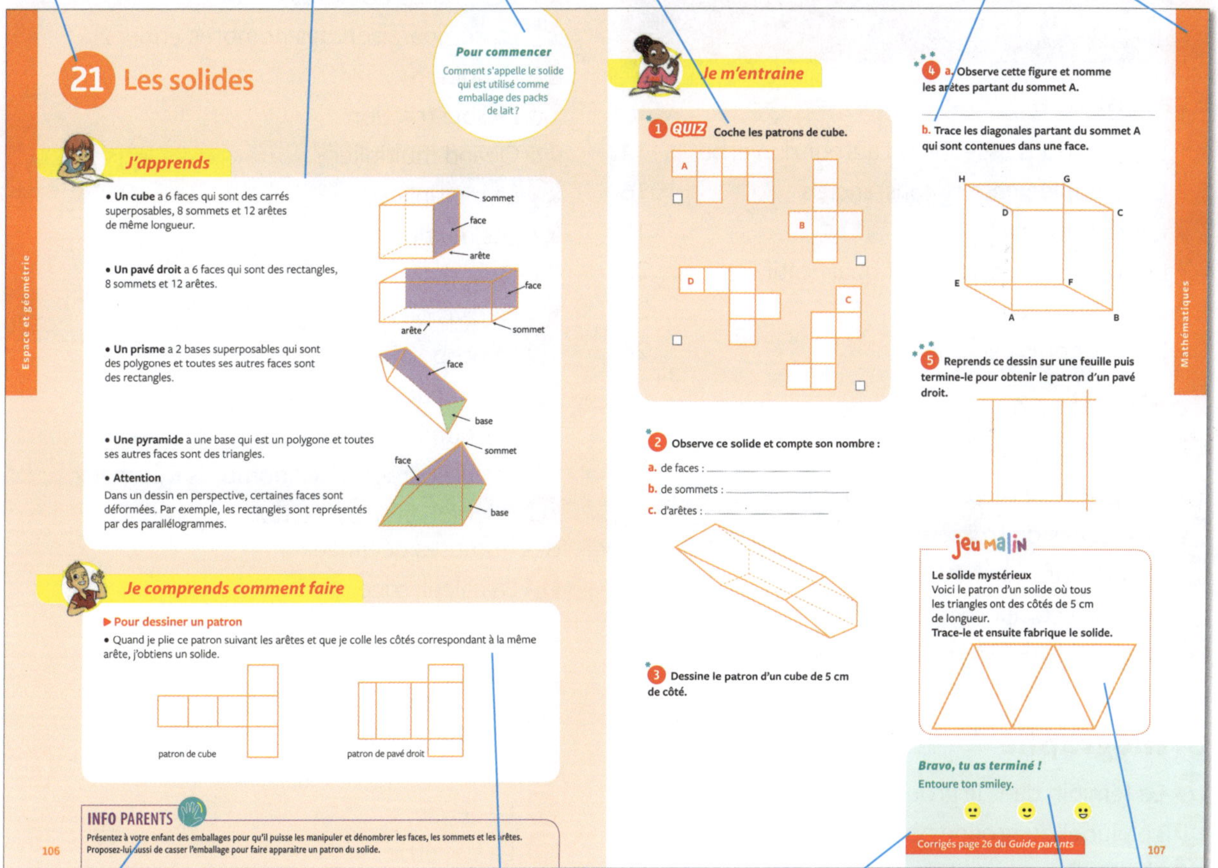

Des **CONSEILS** pratiques pour appliquer la leçon au quotidien

Le renvoi au *Guide parents* (corrigés et conseils)

Le smiley à entourer

Un jeu malin pour terminer le chapitre

Une **MÉTHODE** pour comprendre et savoir faire

SOMMAIRE

MOI EN CM1

FRANÇAIS

Grammaire

Conjugaison

Orthographe

Vocabulaire

MATHÉMATIQUES

Nombres et calculs

Espace et géométrie

Grandeurs et mesures

Problèmes

HISTOIRE • EMC • GÉOGRAPHIE

HISTOIRE

ENSEIGNEMENT MORAL ET CIVIQUE

GÉOGRAPHIE

SCIENCES ET TECHNOLOGIE

Matière, mouvement, énergie, information

Le vivant, diversité et fonctions

La planète Terre : êtres vivants et environnement

ANGLAIS

VERS LE CM2

Comment bien retenir tes leçons ?

Ton cerveau est comme une **grande forêt** dans laquelle des chemins se tracent **tout au long de ta vie**, au fur et à mesure de tes apprentissages. Et comme dans une forêt, plus tu repasses sur le même sentier, plus le chemin se dessine et devient facile à emprunter. Il est donc important de refaire **plusieurs fois** les choses pour arriver à les faire et pour les retenir.

- Il faut défricher les chemins, ce qui nécessite plusieurs passages : **l'apprentissage**.
- Il faut entretenir régulièrement les chemins : **la mémorisation**.

1 Conseils pour retenir tes leçons

• Répète plusieurs fois ce que tu as appris pour t'en souvenir longtemps.

C'est en répétant ce qu'on a appris que les connaissances passent dans la **mémoire à long terme**.
Le passage des informations dans la mémoire à long terme est long (pour que tu te souviennes dans 10 ans des apprentissages que tu fais en CM1, il faudra revenir dessus pendant environ 2 ans). Ce délai peut te sembler long mais il ne doit pas t'inquiéter. Les apprentissages que l'on fait en classe sont toujours revus dans les classes suivantes. Il est important que tu répètes régulièrement les leçons que tu es en train d'apprendre mais aussi celles apprises il y a longtemps.

Il y a deux périodes dans la mémorisation des apprentissages :
– une première période **d'apprentissage intensif** (en début d'apprentissage), pendant laquelle tu dois revenir souvent sur ta leçon (plusieurs fois par semaine) ;
– une deuxième période de **consolidation** (lorsque la leçon est retenue) pendant laquelle tu dois espacer tes révisions (tous les 15 jours, puis tous les mois...).

• Fais des pauses régulièrement.

Lorsque tu dois retenir une leçon, programme un minuteur à 20 minutes. Si tu passes plus de 20 minutes sur une leçon, tu seras moins concentré(e) et tu retiendras moins bien ta leçon. Il est donc important que tu organises ton temps de travail pour ne pas être bousculé(e). Si tu as une longue leçon à apprendre, commence plusieurs jours avant et apprends petit à petit, tu seras beaucoup plus efficace ! Si tu as pris du retard et que tu dois fournir un effort plus longtemps, fais une pause au bout de 20 minutes.

- **Dors bien !**

Pendant que tu dors, ton cerveau continue de travailler. Il consolide les apprentissages que tu as faits dans la journée.

- **Fais des tests de connaissances.**

Lorsque tu as appris une leçon et que tu as laissé passer une bonne nuit, demande-toi ce que tu as retenu de cette leçon. L'effort que ton cerveau doit fournir pour retrouver le chemin de cette connaissance permet de tracer durablement ce chemin dans ta mémoire.

Cette étape d'autotest te permettra aussi de te rendre compte de ce que tu as moins bien retenu de ta leçon, et donc de ce que tu devras revoir davantage.

Pour t'autotester tu peux te fabriquer des cartes, sur lesquelles tu écris une question au recto et la réponse au verso. Tu poses ensuite les cartes faces recto visibles, tu lis les questions puis tu y réponds, avant de vérifier les réponses au verso.

2 S'approprier une leçon pour mieux la retenir

- **Tu peux fabriquer une cocotte.**

Par exemple pour mémoriser la conjugaison des verbes du 2e groupe à l'imparfait :

a. Plie une feuille carrée sur ses diagonales puis remets-la à plat.

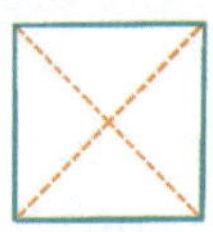

b. Rabats chaque angle sur le milieu de la feuille (le croisement des diagonales).

c. Retourne ce carré et rabats les angles obtenus sur le milieu du carré.

d. Écris un pronom (je, tu, il, elle, nous, vous, ils, elles) sur chacun des triangles.

e. Écris derrière chaque pronom la terminaison qui lui correspond.

f. Replie le carré puis passe tes doigts dans les ouvertures situées au verso du carré et demande à un proche combien il veut d'œufs.

g. Ouvre ta cocotte autant de fois qu'il veut d'œufs, puis demande-lui de choisir un pronom et de donner la terminaison qui lui correspond. Vérifie avec lui.

- **Tu peux écrire les mots à retenir sur des post-it.**

Par exemple pour mémoriser les mots du mobilier en anglais, écris les mots sur des post-it et colle-les au bon endroit : *chair* sur une chaise, *sofa* sur le canapé...

- **Tu peux mettre de la couleur dans ta leçon.**

Par exemple pour mémoriser la vie de Louis XIV, souligne les mots importants avec de la couleur pour mieux les visualiser (bleu pour les dates, rouge pour les noms propres, vert pour ce qui caractérise le roi...) : *monarque absolu*, *Louis XIV*, château de *Versailles*, *Roi-Soleil*, né en *1638*, mort en *1715*...).

À toi de trouver la « technique » qui te permet de mieux retenir une leçon en t'inspirant de ces exemples et en en inventant d'autres.

Comment apprendre efficacement ?

Pour bien apprendre, il est important d'avoir **l'esprit dégagé** de tous ses tracas et d'être concentré(e) sur son travail.
Pour avoir **l'esprit dégagé**, tu peux écrire sur un carnet ce qui te rend malheureux(se) ou énervé(e) : une dispute avec un copain, une mauvaise note, un exercice que tu n'as pas réussi à faire en classe… Cela te permettra de mettre le problème de côté le temps de tes devoirs et d'y revenir ensuite pour le régler.

Astuces pour se concentrer

- **Colorier un mandala.**

Un mandala est composé de nombreux motifs organisés autour d'un cercle.
Si tu le colories de l'extérieur vers l'intérieur, tu incites ton esprit à se détacher de ce qui se passe autour de toi et tu seras ainsi plus concentré(e) !

- **Observer un objet et le décrire le plus précisément possible.**

- **Faire des exercices de respiration guidée.**

  - Assieds-toi sur une chaise le dos droit et laisse pendre tes bras le long de ton corps.
  - Inspire en soulevant doucement tes bras vers toi à la verticale.
  - Expire en pliant tes bras pour que tes mains se rejoignent derrière ta nuque. Écarte bien tes coudes de chaque côté de ton corps.
  - Pousse avec tes mains sur ta nuque et résiste pour qu'elle ne bascule pas en avant.
  - Inspire en regardant loin devant toi.
  - Expire en baissant ta tête vers tes genoux.

Les conditions pour faire tes devoirs

Numérote les cases de 1 à 7 en fonction des heures données par les horloges.
Relie-les dans l'ordre et observe ainsi tout ce que Lili met en place
pour faire ses devoirs dans de bonnes conditions.

Comment booster ta confiance en toi ?

• **Oublie la peur des erreurs !**

• **Accepte de mettre du temps pour apprendre.**

• **Fixe-toi des objectifs qui te correspondent.**

Tu peux te fabriquer une échelle pour te rendre compte de tes progrès.

Je connais ma poésie.

Je connais ... la troisième strophe de ma poésie.

Je connais ... la deuxième strophe de ma poésie.

Je connais ... la première strophe de ma poésie.

Comment préparer un exposé ?

Comme pour beaucoup de personnes (adultes et enfants), prendre la parole en public peut être impressionnant et même parfois paralysant !

• **Complète les astuces suivantes par le mot juste et tu découvriras comment être moins stressé(e).**

fort – public – camarades – mains – miroir – voix – corps – sujet – mots – texte – suspens.

▶ Plus tu connais ton .... , plus il est facile d'en parler devant tes .... : il est donc important que tu relises plusieurs fois ton exposé avant de le présenter devant ta classe.

▶ Répète plusieurs fois ton .... devant un .... en parlant lentement mais avec une .... suffisamment forte pour être entendue par toute la classe.

▶ Plus tu parleras .... , moins on te fera répéter. Tu seras donc moins dérangé(e) dans le déroulé de ton exposé.

▶ Lorsqu'on se retrouve devant un ...., on ne sait souvent plus quoi faire de son ...., comme si tout à coup on se rendait compte qu'on en avait un !

▶ Pense à utiliser tes .... pour accompagner ce que tu veux dire.

▶ Si tu veux dire « il y a d'un côté... et d'un autre côté... », montre quelque chose dans le vide vers la gauche avec une main et montre autre chose dans le vide vers la droite avec l'autre.

▶ Si tu veux dire « un petit peu », montre l'écart entre ton pouce et ton index.

▶ Accroche ton regard à un camarade et change de camarade à chaque nouveau paragraphe de ton exposé.

▶ Ne panique pas lorsque tu ne trouves plus tes .... Les silences permettent à tes camarades de « digérer » toutes les informations que tu leur as données, et ces « blancs » créent en plus un .... pour la suite de l'exposé.

▶ Pour diminuer ton stress, tu peux aussi prévenir tes camarades avant le début de l'exposé que tu n'es pas très à l'aise dans ce type de situation et que tu t'excuses si parfois tu parles trop vite ou trop doucement. Annoncer ta peur peut t'aider à la faire diminuer !

FRANÇAIS

→ Des exercices interactifs et des dictées audio sur **www.hatier-entrainement.com**

Grammaire

Date | Évaluation

Français

Conjugaison

Orthographe

Vocabulaire

1 Les fonctions essentielles autour du verbe

Pour commencer

Quelles sont les deux fonctions grammaticales autour du verbe que tu connais déjà ?

J'apprends

- **Une phrase simple est formée d'un groupe sujet (GS) et d'un groupe verbal (GV):**

Cet acteur (GS) *prépare un nouveau film.* (GV = verbe + complément du verbe.)

- **Identifier le sujet du verbe**

Le sujet ne peut être ni supprimé ni déplacé. Il est souvent placé devant le verbe. Il peut être trouvé avec la locution c'est ... qui. Le groupe nominal sujet peut être remplacé par les pronoms personnels, il(s), elle(s). Il désigne celui ou celle qui fait l'action du verbe.

Le chat aime les souris. C'est le chat qui aime les souris. Il aime les souris.

- **Identifier les compléments d'objet direct et les compléments d'objet indirect**

Le **complément d'objet** du verbe ne peut pas être déplacé.

Il peut être rattaché directement au verbe. Si c'est un GN, il est placé derrière le verbe. Si c'est un pronom personnel, il est placé devant lui. C'est un **complément d'objet direct** ou **COD.**

L'équipe adverse marque un but. Elle le marque.

Il peut être rattaché au verbe par une préposition (à, de). Si c'est un GN, il est placé derrière le verbe. Le pronom personnel qui le remplace peut aussi suivre la préposition (à, de).

C'est un **complément d'objet indirect** ou **COI.**

Je pense à mes amis. Je pense à eux.

Attention ! Les pronoms personnels lui, leur, en, y sont placés devant le verbe et construits sans préposition.

Je me souviens de mes vacances. Je m'en souviens.

Après un verbe d'état, appelé aussi verbe attributif, on trouve un **attribut du sujet**.

Charles est un garçon sympathique.

Je comprends comment faire

▶ **Pour analyser une phrase simple**

L'équipe américaine (GN non supprimable) *a remporté* (Verbe) *la victoire.* (GN non supprimable)

***C'est** l'équipe américaine **qui** a remporté...* (GN devant le verbe = sujet du verbe)

***C'est** la victoire **que** l'équipe a remportée.* (GN derrière le verbe = COD)

INFO PARENTS

Rappelez à votre enfant que le verbe est le chef de la phrase et que les GN occupent diverses fonctions autour de lui.

Je m'entraine

1 QUIZ Coche les bonnes réponses.

a. Le sujet peut être supprimé sans que le sens de la phrase change. ☐

b. Le COD est toujours placé derrière le verbe. ☐

c. L'attribut du sujet se trouve derrière n'importe quel verbe. ☐

d. Le pronom personnel *lui* peut être sujet. ☐

2 Souligne les COD et les COI.

Je prends mon panier et je descends l'escalier pour aller au marché. J'achète des pommes. Elles sont toutes rouges. Je les épluche. Je les coupe. Elles forment des quartiers. Je fais de la compote. J'étale la pâte et je l'enduis de compote. Je dispose les quartiers de pomme en rosace. Je sais cuisiner un dessert. J'invite mes amis à venir le partager.

3 Donne la fonction des mots ou groupes de mots soulignés.

Par un beau matin de mai, de l'an 1699, le jeune docteur Lemuel Gulliver dit adieu à sa femme et à ses enfants et s'embarqua sur *L'Antilope*, à destination des Indes orientales. Gulliver avait depuis toujours le goût de l'aventure, et lorsqu'on lui avait offert le poste de chirurgien du bord, il avait immédiatement accepté. Pendant plusieurs semaines, tout se passa bien. Mais quelque part au nord de la Terre de Van Diamen, une terrible tempête se leva.

D'après *Les Aventures de Gulliver à Lilliput*.

4 Donne la fonction des groupes de mots soulignés.

Alan Grant cherchait obstinément avec sa brosse de peintre, la poussière irritait ses poumons et des gouttes de sueur coulaient de son front. Un soleil de plomb avait succédé à la fraicheur du matin. Il travaillait patiemment et il renonçait à s'arrêter car il avait découvert un minuscule fragment de maxillaire. Ces dents avaient appartenu à un bébé dinosaure carnivore.

D'après *Jurassic Park*.

5 Remplace les GN soulignés par des pronoms personnels.

a. Les élèves admirent les deux hippopotames.

b. Le clown blanc applaudit le clown rouge.

c. Alexandre rencontre Marie.

d. L'hirondelle construit son nid.

e. J'offre des fleurs à maman.

jeu malin

Retrouve dans cette grille de mots mêlés les classes grammaticales des mots qui peuvent être sujet : nom, pronom, infinitif, groupe nominal.

g	r	o	u	p	e	n
n	o	m	i	n	a	l
a	d	v	n	o	u	l
c	o	n	f	m	j	z
a	d	j	i	t	i	f
p	r	o	n	o	m	k
s	u	c	i	o	d	o
i	n	t	t	e	r	j
v	e	r	i	b	e	s
o	n	o	f	m	a	t

Bravo, tu as terminé !

Entoure ton smiley.

Corrigés page 18 du *Guide parents*

2 Les compléments circonstanciels

Pour commencer

Peux-tu supprimer *chaque matin* dans la phrase : *Chaque matin, le pirate mangeait du requin ?*

J'apprends

• Dans une phrase simple, les compléments que l'on peut supprimer et déplacer sans changer le sens de la phrase sont des **compléments circonstanciels**.

• **Le complément circonstanciel de temps répond à la question : *Quand ?***

Après son repas, l'ours blanc s'allonge sur la banquise.
Quand l'ours blanc s'allonge-t-il sur la banquise ? *Après son repas.*

On peut le supprimer ou le déplacer.

• **Le complément circonstanciel de lieu répond à la question : *Où ?***

Les enfants observent des mouettes dans leur milieu naturel.
Où les enfants observent-ils des mouettes ? *Dans leur milieu naturel.*

On peut souvent le supprimer et parfois le déplacer sans changer le sens de la phrase.

• Les compléments **circonstanciels** de **lieu** et de **temps** sont introduits ou non par une **préposition**.

__Chaque matin,__ je prends le bus.
Viens avant __le déjeuner__.
J'habite __rue de la Gare__.
Sur __le chemin__, elle vit un boa.

• Les compléments **circonstanciels** de lieu et de temps peuvent aussi être des **adverbes**.

Adverbes de temps	aussitôt, aujourd'hui, demain, hier, parfois, souvent, toujours...
Adverbes de lieu	ici, là, là-bas, en haut, en bas...

Je comprends comment faire

▶ Pour analyser une phrase simple

Dans la plaine, *au cœur de la nuit,* *un homme conduit un traineau.*

Dans la plaine,
supprimable
déplaçable
Où ?
Complément circ. de lieu

au cœur de la nuit,
supprimable
déplaçable
Quand ?
Complément circ. de temps

Un homme
un homme = il
c'est un homme qui
Sujet

conduit
Verbe
se conjugue

un traineau
derrière le verbe : c'est le traineau... que
non supprimable, non déplaçable
COD

INFO PARENTS

Jouez avec votre enfant au jeu de la plus longue phrase. Il était une fois, qui ? un dragon, où ? dans une montagne magique, quand ? etc.

Je m'entraine

*1 QUIZ Coche Oui ou Non.

a. Un complément de phrase s'appelle aussi complément circonstanciel.
☐ Oui ☐ Non

b. Un complément circonstanciel peut répondre à la question : *quand?*
☐ Oui ☐ Non

c. Un complément circonstanciel ne peut pas être supprimé.
☐ Oui ☐ Non

d. Un complément circonstanciel peut répondre à la question : *où?*
☐ Oui ☐ Non

*2 **Souligne les compléments circonstanciels de lieu.**

Les parents conduisirent les enfants au cœur de la forêt. Hänsel avait émietté tout son pain sur le chemin. Comme la première fois, ils les installèrent près d'un feu et se sauvèrent dès que les enfants furent endormis.

*3 **Souligne les compléments circonstanciels de temps.**

Tous les quinze jours, Polly traversait la ville pour rendre visite à sa grand-mère. Parfois, elle lui apportait un petit cadeau, mais le plus souvent c'est elle qui revenait avec un cadeau. Un jour, comme elle s'apprêtait à partir, elle est tombée sur cet imbécile de loup qui l'attendait devant la porte. « Bonjour Polly, dit le loup. Puis-je te demander où tu vas aujourd'hui ? »

D'après *Polly la futée et cet imbécile de loup.*

**4 Analyse ces phrases comme dans le modèle.

Les commerçants (sujet) *ont installé* (verbe)
des fruits et des légumes (COD) *sur les étals.* (complément circonstanciel)

a. J'aime les chevaux depuis longtemps.

b. Pendant plusieurs siècles, les hommes ont chassé les loups.

c. Marie et son amie sont rentrées tard.

d. Nous rentrerons à travers bois.

e. Beaucoup de bateaux ont échoué au fond des mers.

5 **Complète ces phrases avec un complément circonstanciel de lieu ou de temps.

a. Je vais à la piscine.

b. Nous mangeons des frites.

c. Les jeunes renards ont quitté leur famille.

d. Il est resté devant la porte sans oser rentrer.

e. Quelques personnes attendent la fin de l'averse.

jeu malin

Partout, dans la montagne, le vent fraîchit. La chèvre de Monsieur Seguin broutait toujours, quand le loup arriva.

Dans ces phrases, trouve les deux mots qui correspondent à ces indices.
Le premier est un mot invariable, complément circonstanciel de temps.
Le deuxième est aussi un mot invariable, complément circonstanciel de lieu.

....

....

Bravo, tu as terminé !

Entoure ton smiley.

Corrigés page 18 du *Guide parents*

3 Les déterminants

Pour commencer

Un article est-il un déterminant ?

J'apprends

• **Les mots qui introduisent les noms communs sont des déterminants.**
Ils font partie du groupe nominal.

Ils sont **toujours placés avant le nom** mais peuvent être séparés par un ou plusieurs mots.

*Un tout petit **oiseau** s'est posé sur la **main** d'une vieille **dame**.*

• **Le déterminant s'accorde en genre et en nombre avec le nom qu'il introduit.**

le jeune nageur (singulier)
la grande skieuse (singulier)
les jeunes nageurs (pluriel)
les grandes skieuses (pluriel)

• Il existe plusieurs catégories de déterminants.

Articles	Déterminants démonstratifs	Déterminants possessifs	Déterminants numéraux	Déterminants indéfinis
– Définis : le, la, l', les	Ils montrent une personne, un objet, etc.	Ils indiquent à qui appartient un objet.	Ils servent à compter.	Ils accompagnent le nom sans donner de précision.
– Indéfinis : un, une, des	ce, cet, cette.	mon, ton, son, ma, ta, sa, mes, tes, ses, nos, vos, leur(s)	un, deux, trois...	aucun, nul, chaque, plusieurs, tout, autre, même
– Définis contractés : du, des, au, aux	*Regarde ce beau tableau.*	*Leurs parents sont souvent partis.*	*J'ai trois frères et sœurs.*	*Aucun élève n'a raté cet exercice.*

Je comprends comment faire

▶ Pour utiliser les déterminants

• **Quand je commence un récit,** j'utilise un article indéfini pour désigner un personnage que l'on ne connait pas encore :

*Il était une fois **un** prince charmant qui habitait un palais lointain.*

• **Pour poursuivre l'histoire,** j'utilise au choix l'article défini, le déterminant démonstratif ou possessif :

Ce / Le prince aimait chasser les loups...

INFO PARENTS

Pour retenir les déterminants possessifs pluriels, votre enfant peut retenir la phrase homonyme.
Mais c'était nos voleurs. mes-ses-tes-nos-vos-leur(s).

Je m'entraine

1 QUIZ Coche la bonne réponse à propos des mots soulignés.

a. Je leur ☐ (pronom) ☐ (déterminant) ai donné leur ☐ (pronom) ☐ (déterminant) gouter.

b. Tu vois le ☐ (article) ☐ (pronom) chien là-bas, je vais l' ☐ (article) ☐ (pronom) adopter.

c. La ☐ (article) ☐ (pronom) copine d'Emma la ☐ (article) ☐ (pronom) voit souvent.

d. Mon ☐ (déterminant) ☐ (nom) père et mon frère m'ont ☐ (déterminant) ☐ (pronom + verbe) rapporté une nouvelle tablette.

2 Indique la nature des déterminants soulignés.

Pinocchio se rendit un autre jour à l'école. Que ces polissons d'écoliers s'amusèrent quand ils virent un pantin dans leur école ! Il y eut un éclat de rire général à chaque farce qu'on lui faisait : l'un lui prenait son chapeau, l'autre lui dessinait deux moustaches.

Autre : ....

Ces : ....

Leur : ....

Un : ....

Chaque : ....

Son : ....

Deux : ....

3 Complète ces phrases avec des déterminants.

a. .... garçons se sont enfuis en riant.

b. Manon se baigne dans .... rivière.

c. J'achèterai des haricots et .... pommes.

d. Ce soir, tu ne peux ni regarder .... télé, ni jouer .... jeux vidéo.

4 Souligne les articles et précise leur nature (défini, indéfini, contracté, etc.).

Certaines régions du globe ne sont jamais arrosées par les pluies. En revanche, d'autres contrées reçoivent parfois des pluies diluviennes qui provoquent des inondations et polluent tellement les sources que l'eau potable vient à manquer. La plus grande partie de l'eau qui se trouve sur la planète est de l'eau de mer. Le traitement du sel dans cette eau n'est pas encore au point.

....

....

....

....

jeu malin

Ajoute ou change une lettre à chacun de ces mots pour former un déterminant indéfini.

a. Nu ....

b. Atre ....

c. Tut ....

d. Claque ....

e. Centaine ....

f. Mêle ....

g. Acun..

Bravo, tu as terminé !

Entoure ton smiley.

Corrigés page 18 du *Guide parents*

4 Les fonctions de l'adjectif qualificatif

Pour commencer

Quelle est ta couleur préférée ? Cite des adjectifs de couleur.

J'apprends

• **Dans un groupe nominal, le nom peut être précisé par un adjectif qualificatif.**
On parle de groupe nominal expansé.

Les adjectifs qualificatifs, qui se placent très souvent près du nom et qui peuvent être ajoutés ou supprimés, sont **épithètes du nom**.

Une boite était posée là. *Une jolie boite était posée ici.*
(jolie : épithète du nom *boite* ; Une jolie boite : groupe sujet ; était posée : groupe verbal)

• L'adjectif qualificatif **s'accorde en genre et en nombre** avec le nom, qui est le **noyau du groupe nominal**.

un prince souriant

des princesses souriantes

• Après les verbes d'état (**être, sembler, paraitre, devenir, demeurer, rester, avoir l'air**), l'adjectif qualificatif est **attribut du sujet**.

*Ce **chat** est gris.*

• Dans le groupe nominal, l'adjectif qualificatif peut être placé **avant ou après** le nom.
La plupart des adjectifs qualificatifs épithètes sont placés après le nom.

Le même adjectif qualificatif peut donner un sens différent au groupe nominal suivant qu'il est placé avant ou après le nom.

Un homme grand = un homme de taille importante.

Un grand homme = un homme célèbre.

Je comprends comment faire

▶ Pour reconnaitre les fonctions de l'adjectif qualificatif

L'adjectif peut être

épithète	attribut du sujet
Il est collé au nom.	Il est séparé du nom par un verbe d'état.
Un petit lapin brun.	*Ce lapin est brun.*

INFO PARENTS

Jouez avec votre enfant à deviner un objet caché ou un personnage célèbre. Il sera obligé d'employer des adjectifs dans les questions et les réponses.

Je m'entraine

1 QUIZ Coche Vrai ou Faux.

a. Un adjectif qualificatif est toujours devant un nom commun. ☐ Vrai ☐ Faux

b. Un adjectif attribut du sujet s'accorde en genre et en nombre avec lui. ☐ Vrai ☐ Faux

c. Derrière le verbe *sembler* je peux trouver un adjectif COD du verbe. ☐ Vrai ☐ Faux

d. L'adjectif qualificatif s'accorde en nombre avec le nom dont il est épithète. ☐ Vrai ☐ Faux

2 Souligne les adjectifs qualificatifs de ce texte.

Sophie put prendre la plus jolie poupée qu'elle eût jamais vue. Les joues étaient roses avec de petites fossettes ; les yeux bleus et brillants ; le cou, la poitrine, les bras en cire, charmants et potelés. La toilette était simple : une robe de percale festonnée, une ceinture bleue, des bas de coton et des brodequins noirs en peau vernie.

D'après *Les Malheurs de Sophie*.

3 Souligne les adjectifs qualificatifs de ce texte.

Soudain une énorme et monstrueuse créature entra dans la pièce. Belle ne put retenir un cri d'horreur. La Bête hurlait d'une voix féroce, tandis que ses pattes griffues saisissaient le miroir ovale d'un geste rapide pour le briser. Ses yeux bleus transperçaient Belle. Le monstre portait une cape violette sur son torse poilu, son pantalon noir tombait sur des grandes bottes sales et trouées.

D'après *La Belle et la Bête*.

4 Complète ces phrases avec un des adjectifs suivants : *rapides – vieilles – jolie – douce – puissants – charmants – blancs – magnifiques.*

a. Tu es très ....

b. Ils chantaient de ....

complaintes d'une voix ....

c. Les tigres sont ....

et ....

d. Les princes .... ont de

.... chevaux ....

jeu malin

Retrouve dans le dessin les adjectifs épithètes (à colorier en vert) et les adjectifs attributs (à colorier en bleu) des phrases suivantes.

a. Elle admirait de grandes fleurs aux campanules bleues.

b. La chèvre blanche était heureuse et dévorait une forêt de fleurs sauvages.

c. Ces fleurs aux calices pourpres étaient odorantes.

d. Ces bouquets multicolores semblaient magnifiques.

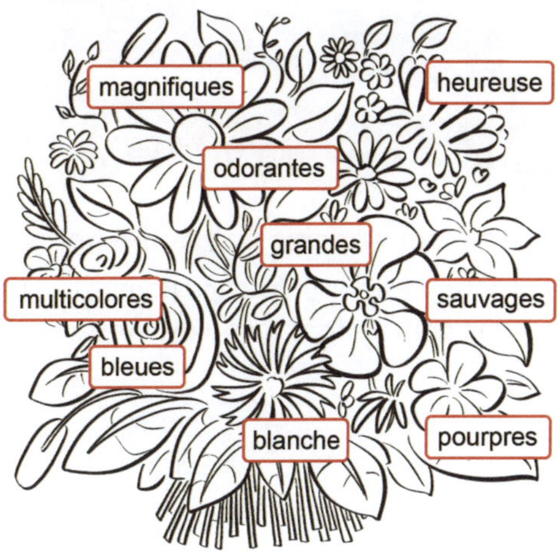

Bravo, tu as terminé !

Entoure ton smiley.

Corrigés page 18 du *Guide parents*

5 Le complément de nom

Pour commencer

Si on peut dire *un artiste génial* ou *un artiste de génie*, que dirais-tu pour *un chemin pierreux* ? un chemin ...

J'apprends

• **Le complément de nom est une expansion du groupe nominal.**

Le complément de nom peut être supprimé, mais on perd la précision.

La coque est résistante. (La coque : GN sujet ; est résistante : GV) *La **coque** en bois est résistante.* (bois : complément du nom *coque*)

• Le complément de nom est rattaché au nom dont il est l'expansion par une **préposition** : *à, de, en, du, avec, aux, par, pour, contre, sans*, etc.

Les prépositions les plus souvent utilisées sont **à** et ***de***.

*Un **jour** sans gâteaux est un jour triste.*

• Attention à l'article défini contracté qui peut introduire le nom complément de nom :

des = de les → *Le Prince des Motordus*
au = à le → *La Princesse au petit pois*

• **Peuvent être compléments de nom :**

– un nom ou un groupe nominal :

*La **coque** du bateau est solide.* (bateau : nom)

*J'aime la **maison** de mon grand-père.* (mon grand-père : groupe nominal)

– un pronom : *L'**avis** de tous est recueilli.*

– un verbe à l'infinitif : *Une **machine** à laver a été livrée.*

Je comprends comment faire

▶ Pour enrichir un groupe nominal

Pour enrichir un groupe nominal, je peux utiliser un adjectif épithète ou un complément de nom. Ils font tous les deux partie du groupe nominal et peuvent être supprimés.

Un pédiatre soigne les maladies infantiles. (infantiles : adjectif épithète) *Un pédiatre soigne les maladies des enfants.* (des enfants : complément du nom)

Derrière la préposition qui introduit le complément du nom, on trouve un nom, un GN ou un infinitif.

Un dé → *en or* (nom)
Un dé → *à coudre* (infinitif)

La maison → *de mon oncle* (GN)

INFO PARENTS

Inventez avec votre enfant des GN qui auront des compléments loufoques. *Un chameau à bosses* devient *un cheval à bosses*, *un sac de bonbons, une fourchette de bonbons*, etc.

Je m'entraine

1 QUIZ Coche les bonnes réponses.

a. On dit : la casquette ☐ à Théo.
ou ☐ de Théo.

b. On dit : le vélo ☐ de le directeur.
ou ☐ du directeur.

c. Je bois ☐ un verre à eau.
ou ☐ un verre d'eau.

2 Complète ces groupes nominaux avec les prépositions suivantes : *avec – de – pour – en.*

a. le drapeau .... pirate

b. le mât .... misaine

c. l'ancre .... fonte

d. la lanterne .... des bougies

e. l'ouverture .... les canons

3 Souligne les compléments de nom.

Le lion, on le sait, de viande est friand.
Rien n'est pour lui plus alléchant.
Demandez donc au roi des animaux,
Quel est pour lui le plus tendre morceau.
Ce n'est pas le gigot d'agneau,
La bavette, le bœuf marengo.
Ce n'est pas le petit cochon,
Ni le ragoût de mouton.
Un pâté en croûte ou un lièvre à la bière,
Te feraient-ils enfin sortir de ta tanière ?

D'après *Sales Bêtes*, R. Dahl.

4 Relève les compléments de nom et indique leur classe grammaticale.

a. La mère d'Olivier trouva la chambre de son fils dans le plus grand désordre.

b. Le besoin de jouer l'emporte souvent sur l'obligation de travailler.

c. Cette machine à presser les oranges est très originale.

d. Un mur en briques clôt cette belle propriété.

e. Le malheur des uns fait le bonheur des autres.

f. Un jour sans pluie est rare en Angleterre.

g. Un abri contre le vent s'impose sur les plages normandes.

jeu malin

Charades

Trouve ces 6 noms et forme 3 GN expansés formés d'un GN enrichi par un complément de nom.

a. Mon premier est un morceau de tissu dans un lit. Mon deuxième recouvre ton corps. Mon tout flotte en haut des mâts.

Qui suis-je ? ....

b. Mon premier se met sur le dos d'un âne. Mon deuxième est le contraire de tard. Mon tout flotte sur l'eau.

Qui suis-je ? ....

c. Mon premier est un animal domestique. Mon deuxième se boit. Mon tout vole.

Qui suis-je ? ....

d. Mon premier doit être tiré pour que la vache donne du lait. Mon deuxième est la maman du raton. Mon tout est un marin.

Qui suis-je ? ....

e. Mon premier commence le 1er janvier. Mon deuxième est le contraire de bosse. Mon tout s'accroche au fond de la mer.

Qui suis-je ? ....

f. Mon premier est un alignement d'arbres. Mon deuxième est un déterminant. Mon tout permet de voler.

Qui suis-je ? ....

Bravo, tu as terminé !

Entoure ton smiley.

Corrigés page 18 du *Guide parents*

6 Les pronoms personnels

Pour commencer

Les est-il toujours un article ?

J'apprends

• **Le pronom personnel remplace un nom ou un groupe nominal. Il évite les répétitions.**

• Le pronom personnel est **masculin ou féminin, singulier ou pluriel** comme le nom qu'il remplace.

Les enfants jouent aux billes.

Ils se disputent les calots.

Ils reprend *les enfants,* nom au masculin pluriel.

• Le pronom personnel a **les mêmes fonctions que le nom**. Il peut être :

– **sujet :** *Tu admires les deux hippopotames.* (Tu : S ; admires : V)

– **complément de verbe (COD ou COI) :** *Vous les admirez aussi.* (Vous : S ; les : COD ; admirez : V)

Pierre rencontre Marie. Il lui donne un livre. (Il : S ; lui : COI ; donne : V)

– **complément circonstanciel :** *Chez mon grand-père, nous construisons des cabanes.*

Chez lui, nous construisons des cabanes. (Chez lui : C. de lieu ; nous : S ; construisons : V ; des cabanes : C. du verbe)

Je comprends comment faire

▶ Pour distinguer les articles et les pronoms personnels homonymes

Article toujours placé devant un nom	Pronom personnel complément toujours placé devant un verbe	Déterminant possessif toujours placé devant un nom
le : le bain	Je le prends.	
la : la chance	Je la prends.	
les : les oiseaux.	Je les vois.	
l' : l'oiseau	Je l'aperçois.	
	Je leur donne un cadeau.	leur papa
	Quand *leur* est pronom, on ne met pas de *s*.	leurs parents

INFO PARENTS

Jouez avec votre enfant au mot du messager proposé dans le quiz pour qu'il comprenne bien que le pronom a le genre et le nombre du ou des mots qu'il remplace.

Je m'entraine

1 QUIZ Coche la bonne réponse.

À mon réveil, je trouve le petit mot suivant sur la table de ma cuisine : « *Nous sommes parties très tôt au marché, à tout de suite.* »

Qui peut signer ?

- ☐ Maman et Papa.
- ☐ Papa et Théo.
- ☐ Maman et Théo.
- ☐ Maman et Emma.
- ☐ Papa et Emma.

2 Souligne les pronoms personnels.

– Hélène, tu dois avoir soif après cette heure passée en plein soleil. Je t'ai apporté une bouteille d'eau, lui dit gentiment sa grand-mère.

Hélène était en effet toute rouge malgré son chapeau de paille. Elle venait de ramasser un grand panier de fraises bien rouges. Elles étaient vraiment délicieuses. Ce soir, au diner, ils allaient se régaler.

– Toi, tu es vraiment une gourmande, ajouta sa grand-mère.

3 Souligne les pronoms personnels et donne leur fonction.

– Bonjour Grand-Père, j'apporte un gâteau que nous avons fait ce matin avec maman. Elle m'a dit que ça te ferait plaisir. J'ai aussi apporté des billes pour que nous jouions sur la terrasse.

– Quelle bonne idée tu as eue, nous allons bien nous amuser. Et puis tu remercieras bien ta maman pour moi.

4 Dans les phrases suivantes, remplace le nom ou le groupe nominal souligné par un pronom personnel.

a. L'ours dort très longtemps l'hiver.

b. Ma mère a offert à mon frère un vélo neuf.

c. Il y a toujours des rires chez mon frère et moi.

d. Autrefois, on allumait des feux pour signaler aux marins l'entrée des ports.

e. Les élèves jouent dans la cour.

f. Les baleines allaitent longtemps leurs petits.

5 Indique si le pronom personnel souligné renvoie au meunier (M) ou au chat (C).

Un meunier acheta un gros chat tigré pour chasser les souris. Mais il (..........) était si pingre qu'il (..........) ne lui (..........) donnait rien à manger. Et il (..........) avait si mauvais caractère qu'il le frappait souvent à coups de pied. Alors, le chat allait se morfondre dans un coin ; il (..........) savait qu'il n'était pas très doué pour chasser les souris.

D'après *Le Chat ne sachant pas chasser.*

jeu malin

Anagrammes

Écris le plus possible de mots avec les lettres du mot *pronoms*.

Trouve au moins 1 mot de 7 lettres, 1 mot de 6 lettres, 1 mot de 5 lettres et 1 mot de 4 lettres.

....

....

....

....

Bravo, tu as terminé !

Entoure ton smiley.

Corrigés page 19 du *Guide parents*

7 Les verbes en *-eler* et en *-eter*

Pour commencer

Quelle différence entends-tu entre la première syllabe de *nous jetons* et celle de *je jette* ?

J'apprends

- **Les verbes en *-eler* ou *-eter* se conjuguent sur le modèle de *peler* et d'*acheter*.**

Présent	Futur	Imparfait	Passé composé
j'achète tu achètes il / elle achète nous achetons vous achetez ils / elles achètent	j'achèterai tu achèteras il / elle achètera nous achèterons vous achèterez ils / elles achèteront	j'achetais tu achetais il / elle achetait nous achetions vous achetiez ils / elles achetaient	j'ai acheté tu as acheté il / elle a acheté nous avons acheté vous avez acheté ils / elles ont acheté

Présent	Futur	Imparfait	Passé composé
je pèle tu pèles il / elle pèle nous pelons vous pelez ils / elles pèlent	je pèlerai tu pèleras il / elle pèlera nous pèlerons vous pèlerez ils / elles pèleront	je pelais tu pelais il / elle pelait nous pelions vous peliez ils / elles pelaient	j'ai pelé tu as pelé il / elle a pelé nous avons pelé vous avez pelé ils / elles ont pelé

- **Les verbes *jeter* et *appeler* et leurs composés (*rejeter, rappeler, interpeler*) font exception à cette règle.**

Présent	Futur	Imparfait	Passé composé
je jette tu jettes il / elle jette nous jetons vous jetez ils / elles jettent	je jetterai tu jetteras il / elle jettera nous jetterons vous jetterez ils / elles jetteront	je jetais tu jetais il / elle jetait nous jetions vous jetiez ils / elles jetaient	j'ai jeté tu as jeté il / elle a jeté nous avons jeté vous avez jeté ils / elles ont jeté
j'appelle tu appelles il / elle appelle nous appelons vous appelez ils / elles appellent	j'appellerai tu appelleras il / elle appellera nous appellerons vous appellerez ils / elles appelleront	j'appelais tu appelais il / elle appelait nous appelions vous appeliez ils / elles appelaient	j'ai appelé tu as appelé il / elle a appelé nous avons appelé vous avez appelé ils / elles ont appelé

Je comprends comment faire

▶ Pour orthographier les verbes en *-eler* et en *-eter*

- Je retiens la petite histoire du sculpteur.

Il achète la terre, la modèle, la cisèle, la martèle, puis la gèle pour qu'elle durcisse.

INFO PARENTS

Les nouvelles directives de l'Éducation nationale adoptent ces règles pour la conjugaison de ces verbes, conformément à la réforme prônée par l'Académie française en 1990.

Je m'entraine

1 QUIZ **Coche Vrai ou Faux.**

a. Le verbe *rejeter* se conjugue comme le verbe *jeter*. ☐ Vrai ☐ Faux

b. Le verbe *interpeler* se conjugue comme le verbe *peler*. ☐ Vrai ☐ Faux

c. Le verbe *rappeler* se conjugue comme le verbe *appeler*. ☐ Vrai ☐ Faux

d. Le verbe *modeler* se conjugue comme le verbe *peler*. ☐ Vrai ☐ Faux

2 Écris au pluriel (même personne, même temps) ces formes verbales.

a. J'époussète. ....

b. Tu chancèles. ....

c. Elle grommèle. ....

d. Il volète. ....

e. Tu ensorcèles. ....

3 Écris au singulier (même personne, même temps) ces formes verbales.

a. Nous achetons. ....

b. Vous pelez. ....

c. Nous gelons. ....

d. Ils attèlent. ....

e. Elles rappellent. ....

4 Écris ces formes verbales à l'imparfait.

a. Nous chancelons. ....

b. Vous ensorcelez. ....

c. Tu rejettes. ....

d. Il achète. ....

e. Elles pèlent. ....

5 Réécris ce texte au futur.

Pour faire une bonne tarte aux pommes

Tu achètes de la pâte que tu décongèles la veille.

Tu pèles les pommes et tu les coupes en quartiers.

Tu jettes les pommes et quelques morceaux de sucre dans une casserole et tu fais cuire pendant 10 minutes pour obtenir de la compote.

Pendant ce temps, tu modèles la pâte à la forme du moule.

Puis tu étales la compote et des lamelles de pomme.

Tu fais cuire à four chaud pendant 30 minutes.

Tu appelles tes amis pour qu'ils viennent déguster avec toi.

jeu malin

Mots croisés

Vertical

1. Vous mettez du parfum.
2. Nous manquons de tomber.
3. Je mets du sucre dans mon lait.
4. Tu finis par accepter.

Horizontal

A. Tu as le hoquet.
B. Vous entourez de ficelle.
C. Nous jetons.
D. Elles font un nœud à leurs lacets.

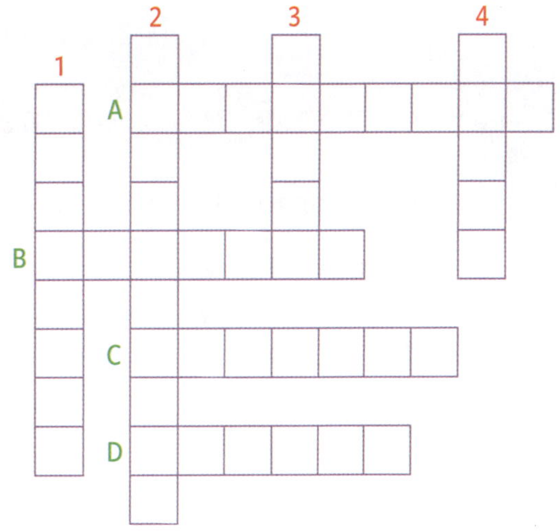

Bravo, tu as terminé !

Entoure ton smiley.

Corrigés page 19 du *Guide parents*

8 Conjuguer les verbes du deuxième groupe

Pour commencer

Le verbe *rougir* est-il un verbe du deuxième groupe ?

J'apprends

- **Les verbes du deuxième groupe ont un infinitif en *-ir*. Ils se terminent par *-issons* à la première personne du pluriel au présent de l'indicatif.**

J'obéis. *Nous obéissons.*

- **Conjugaison**

Indicatif			
Présent	Imparfait	Futur simple	Passé composé
je saisis tu saisis il/elle saisit nous saisissons vous saisissez ils/elles saisissent	je saisissais tu saisissais il/elle saisissait nous saisissions vous saisissiez ils/elles saisissaient	je saisirai tu saisiras il/elle saisira nous saisirons vous saisirez ils/elles saisiront	j'ai saisi tu as saisi il/elle a saisi nous avons saisi vous avez saisi ils/elles ont saisi
Participe		**Infinitif**	
Présent	Passé		
saisissant	saisi	saisir	

- **Attention**

Il existe des verbes qui ont un infinitif en *-ir* et qui n'appartiennent pas au deuxième groupe mais au **troisième groupe** : c'est le cas de *mentir*, *cueillir*, *dormir*, *courir*, etc.

Je comprends comment faire

▶ Pour distinguer les verbes en *-ir* du deuxième et du troisième groupe

Verbes en *-ir*	2e groupe	3e groupe
Présent pluriel	Radical en *-iss* *Nous rougissons, vous rougissez, ils rougissent*	Le radical ne change pas. *Nous mentons.* Le radical change mais sans *-iss*. *Nous venons, nous tenons.*
Imparfait	Radical en *-iss* *Je rougissais*	Se forme sur la 1re personne du pluriel du présent donc sans *-iss*. *Je mentais, je venais.*
Gérondif	Radical en *-iss* *En rougissant.*	Se forme sur la 1re personne du pluriel du présent donc sans *-iss*. *En venant, en mentant.*
Participe présent	Radical en *-iss* *rougissant(e)*	Se forme sur la 1re personne du pluriel du présent donc sans *-iss*. *Venant, mentant.*

INFO PARENTS

Jouez au pendu avec votre enfant. Il doit penser à une forme conjuguée. Il vous indique la première et la dernière lettre de ce mot et vous devez placer les autres sinon gare au gibet !

Je m'entraine

1 QUIZ Coche les verbes du 2ᵉ groupe dans cette liste.

☐ grossir	☐ maigrir	☐ rougir
☐ ouvrir	☐ souffrir	☐ agir
☐ partir	☐ courir	☐ endormir
☐ alourdir	☐ adoucir	☐ embellir

2 Barre l'intrus dans chacune de ces listes.

a. rougir – obéir – couvrir – salir – rebondir – choisir – punir.

b. courir – cueillir – unir – bouillir – partir – fuir – dormir.

c. jouer – chanter – aller – nouer – marcher.

d. venir – partir – périr – tenir – sentir.

3 Écris ces formes verbales au futur, à l'imparfait et au passé composé.

a. Je grandis.

....

....

b. Elle obéit.

....

c. Nous désobéissons.

....

....

d. Vous haïssez.

....

....

e. Tu jaillis.

....

f. Je salis.

....

4 Souligne les verbes du deuxième groupe.

Neil Armstrong et Edwin Aldrin se réunissent dans le module lunaire (LEM).
Le LEM frémit puis se détache de la fusée et va vers la Lune. Le LEM ralentit sa descente avec des petites fusées et, le 20 juillet 1969 à 21 h 17, il atterrit ou plutôt alunit.
Neil Armstrong descend le premier sur le sol lunaire et il bondit car la pesanteur est inférieure à celle de la Terre. Il saisit sa caméra et filme Edwin Aldrin qui descend à son tour.
Les deux hommes établissent le contact radio avec la Terre et déclarent : « C'est un petit pas pour l'homme mais un grand pas pour l'humanité ! »

jeu malin

Colorie en bleu les verbes du deuxième groupe, en jaune ceux du troisième et en vert ceux du premier.

Bravo, tu as terminé !
Entoure ton smiley.

Corrigés page 19 du *Guide parents*

9 Les verbes du troisième groupe en *-endre*

Pour commencer

Que signifie l'expression « prendre ses jambes à son cou » ?

J'apprends

Il existe deux modèles de conjugaison pour **les verbes du troisième groupe en *-endre*.**

• **Les verbes en *-endre* (*vendre, défendre, descendre*), *-andre* (*répandre*) et *-ondre* (*répondre, confondre*) se conjuguent comme le verbe rendre.**

Présent	Imparfait	Futur	Passé composé
je rends tu rends il/elle rend nous rendons vous rendez ils/elles rendent	je rendais tu rendais il/elle rendait nous rendions vous rendiez ils/elles rendaient	je rendrai tu rendras il/elle rendra nous rendrons vous rendrez ils/elles rendront	j'ai rendu tu as rendu il/elle a rendu nous avons rendu vous avez rendu ils/elles ont rendu

• **Quelques exceptions : le verbe *prendre* et ses dérivés comme *surprendre*, *apprendre*, etc.**

Présent	Imparfait	Futur	Passé composé
je prends tu prends il/elle prend nous prenons vous prenez ils/elles prennent	je prenais tu prenais il/elle prenait nous prenions vous preniez ils/elles prenaient	je prendrai tu prendras il/elle prendra nous prendrons vous prendrez ils/elles prendront	j'ai pris tu as pris il/elle a pris nous avons pris vous avez pris ils/elles ont pris

Je comprends comment faire

▶ Pour conjuguer les verbes comme *rendre* et *prendre*

Seuls les verbes en ***-endre***, ***-andre***, ***-ondre*** se terminent à la troisième personne du singulier au présent par la lettre *d*.

Il prend son petit déjeuner puis rend la clé de sa chambre à la réception de l'hôtel.

Attention !

Le verbe prendre a au moins 3 radicaux : ***prend-*** / ***prenn-*** / ***pren-***

Au présent de l'indicatif, il a ces 3 radicaux devant les marques de personne.
Il n'a qu'un radical ***pren-*** devant les terminaisons de l'imparfait.

Il n'a qu'un radical ***prend-*** devant les terminaisons du futur.

INFO PARENTS

Le jeu du pendu est particulièrement efficace pour mémoriser les verbes du troisième groupe qui ne sont pas réguliers comme ceux des autres groupes.

Je m'entraine

1 QUIZ Coche Oui ou Non.

a. Le verbe *comprendre* se conjugue comme le verbe *rendre*. ☐ Oui ☐ Non

b. Le verbe *attendre* se conjugue comme le verbe *rendre*. ☐ Oui ☐ Non

c. Le verbe *entreprendre* se conjugue comme le verbe *prendre*. ☐ Oui ☐ Non

d. Le verbe *étendre* se conjugue comme le verbe *rendre*. ☐ Oui ☐ Non

2 Écris ces verbes à l'infinitif.

a. Je rends la monnaie. ……………

b. Tu tends la main. ……………

c. Il apprend un résumé. ……………

d. Je surprends le chat. ……………

e. Tu vends de tout. ……………

f. Il entend un cri. ……………

g. Nous fendons la foule. ……………

h. Elles étendent le linge. ……………

i. Vous répondez au professeur.

……………

j. Ils entreprennent un travail.

……………

3 Écris ces verbes au singulier (même temps, même personne).

a. Ils prenaient le métro.

……………

b. Vous nous surprenez au saut du lit.

……………

c. Nous comprenons l'anglais.

……………

d. Elles correspondront à vos souhaits.

……………

e. Les ascenseurs sont descendus lentement.

……………

f. Nous jouerons au tennis.

……………

4 Écris ces verbes au pluriel (même temps, même personne).

a. Tu attends l'autobus. ……………

b. Elle perdra ce tournoi. ……………

c. Il répond à vos questions. ……………

d. J'entends le chant du rossignol.

……………

e. Tu vendais des tableaux. ……………

jeu malin

Décode ce texte.

A ⇨	B ⇦	C ◤	D ▼	E ▽	F ↑	G ◀	H ▶
I ↓	J ↕	K ▲	L ↙	M ↖	N ☙	O ❻	P ⑨
Q α	R ε	S ψ	T π	U ⊥	V θ	W δ	X φ
Y χ	Z β						

↙▽ ◤▶▽θ⇨↙↓▽ε ⑨ε▽☙▼
⊥☙▽ ⑨❻π↓❻☙ ↖⇨◀↓α⊥▽ ⇨⊥
⑨▽π↓π ▼▽↕▽⊥☙▽ε. ⑨⊥↓ψ ↓↙
⑨ε▽☙▼ ψ⇨ ◤⇨⑨▽
▼↓☙θ↓ψ↓⇦↓↙↓π▽ ▽π ψ❻☙
▽⑨▽▽. ↖⇨↓ψ ▶▽↙⇨ψ ψ❻☙
◤▶▽θ⇨↙ ⇨ ⑨ε↓ψ ↙⇨
⑨❻⊥▼ε▽ ▼▽ψ◤⇨↖⑨▽ππ▽
α⊥⇨☙▼ ↓↙ ⇨εε↓θ▽. α⊥▽
↑⇨↓ε▽ ?

……………

……………

……………

Bravo, tu as terminé !

Entoure ton smiley.

Corrigés page 19 du *Guide parents*

10 L'impératif

Pour commencer

Si tu écris : « Lâche... ce ballon tout de suite. », mets-tu un s à *lâche* ou pas ?

J'apprends

▶ Conjugaison

L'impératif a deux temps : le présent et le passé.

Il se conjugue à trois personnes, la 2e personne du singulier, la 1re et la 2e personne du pluriel.

Les formes verbales sont employées sans pronom sujet.

Impératif présent	1er groupe	2e groupe	3e groupe
	chanter	finir	faire
2e personne du singulier 1re personne du pluriel 2e personne du pluriel	chante chantons chantez	finis finissons finissez	fais faisons faites

▶ Attention

Les verbes du premier groupe (en *-er*) ne prennent pas de *-s* à la 2e personne du singulier de l'impératif présent.

Les auxiliaires *être* et *avoir* et le verbe *aller* ont des formes d'impératif présent irrégulières qu'il faut apprendre par cœur.

Impératif présent	être	avoir	aller
2e personne du singulier 1re personne du pluriel 2e personne du pluriel	sois soyons soyez	aie ayons ayez	va allons allez

▶ Emploi

- Le mode impératif exprime :

– **un ordre ou une interdiction** *Donne-moi cette bille !* *Ne bougez pas !*

– **un conseil** *Prenons cette voiture et partons.*

Je comprends comment faire

▶ Pour orthographier les verbes à l'impératif

Verbes du 1er groupe et *offrir, cueillir, souffrir*	Autres verbes	Verbes terminés par *-ndre* et ses composés
e	s	ds → rends, réponds, prends
ons	ons	ons
ez	ez	ez

INFO PARENTS

Montrez à votre enfant que le *tu* à l'impératif a disparu, le *s* aussi pour les verbes du 1er groupe. *Tu regardes moins de films. Regarde moins de films.*

Je m'entraine

1 QUIZ Coche les verbes qui prennent un -*s* à la 2e personne du singulier de l'impératif présent.

☐ cacher ☐ gouter ☐ offrir ☐ parler
☐ souffrir ☐ venir ☐ reprendre
☐ aller ☐ avoir ☐ être
☐ faire ☐ dire ☐ cueillir

2 Souligne les verbes à l'impératif.

Un homme et un enfant rentrent par hasard dans un jardin pour suivre un magnifique papillon noir. Tout à coup ils entendent une voix qui aboie plus qu'elle ne parle :

« Eh, vous là-bas, sortez immédiatement de mon terrain !

– Monsieur, nous sommes désolés...

– Vos excuses ne m'intéressent pas, venez ici que je vous voie ! »

À ce moment-là son chien aboie.

« Sultan tais-toi, prends ce bout de viande et mange-le ! »

Le chasseur de papillons s'approche du monsieur grincheux et essaye de lui expliquer la raison pour laquelle ils sont dans son jardin.

3 Conjugue ces verbes à l'impératif présent.

a. prendre **b.** fuir **c.** dormir **d.** venir
e. manger **f.** dire **g.** faire

4 Écris ces verbes à l'impératif présent (garde la même personne).

a. Nous jouons. **b.** Vous serez. **c.** Tu avais.
d. Tu es allé. **e.** Nous marchons.

5 Réécris ce texte à la deuxième personne du singulier.

Recette
Prenez un toit de vieilles tuiles
Un peu après midi.
Placez tout à côté
Un tilleul déjà grand
Remué par le vent,
Mettez au-dessus d'eux
Un ciel de bleu, lavé
Par des nuages blancs.
Laissez-les faire.
Regardez-les.

Avec, E. Guillevic.

jeu malin

Méli-mélo de lettres
Les lettres de chaque mot ont été mélangées. **Remets-les dans l'ordre et forme des verbes à l'impératif. Tu peux enlever les accents sur la lettre e.**
coutée – amie – senti – rose – rite – sécha.

....
....
....
....
....
....

Bravo, tu as terminé !
Entoure ton smiley.

Corrigés page 19 du *Guide parents*

11 Le passé composé

Pour commencer
Quelle différence y a-t-il entre les temps simples et les temps composés ?

J'apprends

▶ Les temps simples et les temps composés

• Un verbe est conjugué à un temps simple lorsqu'il n'est **formé que d'un mot**. Le présent, l'imparfait et le futur de l'indicatif sont des temps simples.

La lune se lève. La lune se levait au-dessus de l'étang. La lune se lèvera bientôt.

• Un verbe est conjugué à un temps composé lorsqu'il est **formé** (composé de **deux mots**) **de l'auxiliaire *être* ou *avoir*, suivi du participe passé**. **Le passé composé est un temps composé.**

La lune s'est levée au-dessus de l'étang.

▶ Emplois du passé composé

• Quand on parle d'un événement passé par rapport au présent, on emploie le passé composé.

Aujourd'hui, je pars tôt; hier, je suis partie travailler à midi.

• Quand on constate le résultat présent d'une action passée, on emploie le passé composé.

Il a mangé toutes les pommes. (il n'y en a plus)

▶ Cas particuliers : les verbes pronominaux

• Les verbes pronominaux sont toujours accompagnés d'un pronom complément qui représente la même personne que le sujet.

Je me lave. Ils se saluent.

• Ces verbes se conjuguent avec l'auxiliaire *être* aux temps composés.

Je me suis lavée. Ils se sont salués.

Je comprends comment faire

▶ Pour employer le bon auxiliaire au passé composé

Verbes suivis d'un COD ou COI	Verbes non suivis par un COD ou COI	Verbes pronominaux	Quelques verbes de mouvement	Quelques verbes changent de sens selon l'auxiliaire
Auxiliaire *avoir*	Auxiliaire *être*	Auxiliaire *être*	Auxiliaire *être*	Auxiliaires *être* et *avoir*
J'ai oublié mon feutre.	*Je suis tombée dans la cour.*	*Ils se sont promenés.*	*Elle est partie à la pêche.*	*Il a changé de montre. Il est bien changé depuis son entrée au collège.*

INFO PARENTS

Inscrivez des verbes sur des morceaux de papier. Préparez 3 enveloppes : *avoir*, *être*, *avoir* et *être*. Demandez à votre enfant de placer chaque verbe dans la bonne enveloppe.

Je m'entraine

1 QUIZ Coche pour chaque verbe (A) pour *avoir* ou (E) pour *être*, en fonction de leur conjugaison.

a. revenir	☐ (A)	☐ (E)
b. s'enfuir	☐ (A)	☐ (E)
c. aller	☐ (A)	☐ (E)
d. apprendre	☐ (A)	☐ (E)
e. marcher	☐ (A)	☐ (E)
f. s'entrainer	☐ (A)	☐ (E)

2 Souligne les verbes conjugués au passé composé.

a. Il affirme qu'il a gelé la nuit dernière.

b. Je pense que tu as fait une erreur.

c. Aucune des graines que nous avons semées n'a germé.

d. Il a répondu longuement à la question que nous lui avons posée.

3 Dans le texte suivant, conjugue le verbe entre parenthèses au temps qui convient.

Te souviens-tu de Julie qu'on (rencontrer) .... l'été dernier ? Je pense que je (trouver) .... ce qui me plait en elle : elle est drôle. Rappelle-toi comme elle nous (faire) .... rire, l'été dernier. Elle (raconter) .... des histoires amusantes qu'elle avait inventées peu de temps auparavant. J'espère qu'elle reviendra, l'été prochain.

4 Conjugue le verbe entre parenthèses au passé composé.

a. Vous (rester) .... bloqués dans l'ascenseur.

b. Les oisillons (tomber) .... du nid.

c. Emma (peigner) .... la crinière de son cheval.

d. Emma ne (se peigner) .... pas .... ce matin.

e. Louise (prêter) .... son vélo à Léa.

f. À quelle heure (arriver) .... vos parents ?

g. Elles (se lever) .... très tard.

h. Ma grand-mère (apprivoiser) .... un hérisson.

jeu malin

**Colorie en bleu les verbes qui se conjuguent avec l'auxiliaire *être*.
Colorie en rouge les verbes qui se conjuguent avec l'auxiliaire *avoir*.
Colorie en violet les verbes qui peuvent se conjuguer avec les deux.**

Bravo, tu as terminé !

Entoure ton smiley.

🙁 🙂 😀

Corrigés page 19 du *Guide parents*

12 Le passé simple à la 3e personne du singulier et du pluriel

Pour commencer

Dans les phrases « Le chevalier dut dire adieu à sa Dame. Il fit son paquetage et partit. » Quel est l'infinitif des verbes *dut* et *fit* ?

J'apprends

▶ Conjugaison

Être	Avoir	Chanter	Aller
il/elle fut ils/elles furent	il/elle eut ils/elles eurent	il/elle chanta ils/elles chantèrent	il/elle alla ils/elles allèrent
Finir	**Prendre**	**Vouloir**	**Venir**
il/elle finit ils/elles finirent	il/elle prit ils/elles prirent	il/elle voulut ils/elles voulurent	il/elle vint ils/elles vinrent

▶ Emploi

Le passé simple est un temps du récit qu'on utilise pour raconter les événements du passé.

On l'emploie pour raconter **les actions principales et les actions ponctuelles**.

L'imparfait s'utilise davantage pour les actions secondaires ou qui durent, pour mettre en place le décor d'une histoire, décrire les personnages.

Le prince Guillaume était grand, jeune et beau. — présentation à l'imparfait

Un jour, il partit à la chasse. — action au passé simple

Je comprends comment faire

▶ Pour utiliser l'alternance imparfait-passé composé quand je parle

Il se promenait dans la rue. — décor à l'imparfait

quand il a rencontré un crocodile dans le caniveau. — action au passé composé

▶ Pour utiliser l'alternance imparfait-passé simple quand j'écris

• **Dans la langue écrite, je remplace le passé composé par le passé simple.**

Il se promenait dans la rue. — décor à l'imparfait

quand il rencontra un crocodile dans le caniveau. — action au passé simple

INFO PARENTS

Demandez à votre enfant d'inventer une phrase au passé qui commence par « Pendant longtemps,... » : il emploiera l'imparfait. Puis, il inventera une autre phrase avec « Soudain,... » : dans ce cas, il emploiera le passé simple.

Je m'entraine

1 QUIZ Coche *Pendant longtemps* ou *Soudain* pour débuter ces phrases.

a. ☐ Pendant longtemps, ☐ Soudain,
le roi Louis XIV monte sur le trône en 1643.

b. ☐ Pendant longtemps, ☐ Soudain,
les ressources de la planète dépassent largement les besoins des humains.

c. ☐ Pendant longtemps, ☐ Soudain,
je découvre le plaisir de lire en lisant Harry Potter.

d. ☐ Pendant longtemps, ☐ Soudain,
un bateau ennemi apparait à l'horizon.

2 Souligne les verbes conjugués au passé simple.

La fête qui eut lieu chez le Sultan dura trois jours et trois nuits. On but les meilleurs vins, on mangea les meilleurs mets, on écouta les plus belles musiques et on vit les plus belles danseuses du royaume. Au troisième matin, le Sultan annonça le mariage de la princesse.

3 Relie chaque forme verbale à son infinitif.

elles vinrent •	• vendre
elle rougirent •	• tenir
elle alla •	• venir
elle vendit •	• rougir
elle tint •	• aller

4 Réécris ces formes verbales au passé simple.

a. Il était. ……………………

b. Il a. ……………………

c. Ils iront. ……………………

d. Elles sont. ……………………

e. Ils vomissaient. ……………………

f. Ils ont mangé. ……………………

5 Relève les verbes au passé simple et donne leur infinitif.

Il était une fois un vieux monsieur fort fatigué. Il partit se promener dans un grand bois. Il croyait bien le connaitre, mais il se perdit. Il trouva une clairière. Il s'assit et s'endormit. Au milieu de ses rêves, il vit un lutin.

jeu malin

Mots croisés.

Vertical

1. Soudain, la mère (appeler) son enfant.
2. Soudain, le chevalier (rentrer) dans une colère noire.
3. Depuis longtemps, il (tracer) des cercles à la craie sur un mur.
4. Soudain, il (trier) ses papiers.

Horizontal

A. Soudain, le chevalier (partir) au galop.
B. Soudain, il (ennuyer) sa sœur.
C. Depuis longtemps, il (râper) son fromage.

Bravo, tu as terminé !
Entoure ton smiley.

Corrigés page 20 du *Guide parents*

13 Le féminin dans le groupe nominal

Pour commencer

Les noms féminins sont-ils toujours terminés par la lettre *e* ?

J'apprends

- **Quand je forme le féminin des noms de personnes ou d'animaux et des adjectifs :**

– J'ajoute un -e au déterminant *un* et rien ne change.
un arbitre juste/ une arbitre juste

– J'ajoute un -e à une voyelle et le féminin ne s'entend pas.
un ami étourdi/ une amie étourdie

– J'ajoute un -e à une consonne et il s'entend.
un petit cousin / une petite cousine

– Je double la consonne finale devant le -e des noms qui se terminent par *on, an, en, el, at, et, ot* et les adjectifs en *el, eil, ul, il, en, on, et, ot, s*.
un lion cruel / une lionne cruelle — *un gros chat / une grosse chatte*
un chien sot / une chienne sotte — *un gentil mécanicien / une gentille mécanicienne*

– Je transforme la fin du nom et de l'adjectif :

er / ère :	*un boucher / une bouchère*	*léger / légère*
eur / euse :	*un chanteur /une chanteuse*	*menteur / menteuse*
teur / trice :	*le directeur / la directrice*	*protecteur / protectrice*
eau / elle :	*un chameau /une chamelle*	*nouveau / nouvelle*

- **Autres cas :** *un loup / une louve ; vif / vive*

Je comprends comment faire

▶ Pour trouver le genre d'un nom

- Quand je ne sais pas si un nom est masculin ou féminin, **je cherche cette information dans un dictionnaire**.

pétale, oasis, atome

1. Je cherche ces mots dans un dictionnaire.

2. Je peux alors les utiliser avec le déterminant qui convient.

pétale, ***n. m.***	= nom masculin	→ un pétale.
oasis, ***n. f.***	= nom féminin	→ une oasis.
atome, ***n. m.***	= nom masculin	→ un atome.

INFO PARENTS

Demandez à votre enfant quel métier lui semble intéressant pour un homme ou pour une femme. Consultez avec lui le dictionnaire pour vérifier l'orthographe et le féminin de certains de ces mots.

Je m'entraine

1 QUIZ Coche les noms féminins.

- **a.** hémisphère ☐
- **b.** obélisque ☐
- **c.** oasis ☐
- **d.** interrogatoire ☐
- **e.** réfectoire ☐
- **f.** atmosphère ☐
- **g.** urticaire ☐
- **h.** autoroute ☐

2 Transforme au féminin.

- **a.** Un garçon amoureux et menteur.
- **b.** Un coq roux.
- **c.** Un gros chat.
- **d.** Un chien mignon mais voleur.
- **e.** Le premier fils.
- **f.** Un vieil homme un peu fou.
- **g.** Un papa inquiet.

3 Forme le féminin de ces noms.

- **a.** le boucher ……
- **b.** le pharmacien ……
- **c.** le prince ……
- **d.** le magicien ……
- **e.** le sorcier ……

4 Dans cette liste de noms masculins, souligne ceux qui n'ont pas de féminin et donne le féminin des autres.

- **a.** un arbre ……
- **b.** un héritier ……
- **c.** un citoyen ……
- **d.** un capitaine ……
- **e.** un ingénieur ……
- **f.** un champion ……
- **g.** un monstre ……
- **h.** un marin ……
- **i.** un étranger ……

5 Place un déterminant devant ces noms et écris leur terminaison en *-oir* ou *-oire*.

- **a.** …… balanç……
- **b.** …… pourb……
- **c.** …… esp……
- **d.** …… f……
- **e.** …… interrogat……
- **f.** …… hist……
- **g.** …… coul……
- **h.** …… réfect……
- **i.** …… mém……
- **j.** …… territ……
- **k.** …… compt……

jeu malin

Trouve le féminin de ces mots et barre-les dans cette grille.

chien – chat – coiffeur – lion – loup – ours – âne – chameau – coq

c	c	c	m	e	p	o	r	t
h	h	o	n	l	o	u	v	e
a	a	i	r	i	u	r	i	n
m	t	f	e	o	l	s	r	t
e	t	f	s	n	e	e	e	e
l	e	e	d	n	n	b	e	m
l	g	u	f	e	i	e	g	i
e	t	s	d	h	u	l	r	m
a	n	e	s	s	e	e	s	e

Bravo, tu as terminé !

Entoure ton smiley.

Corrigés page 20 du *Guide parents*

14 Le pluriel du groupe nominal

Pour commencer
Que dit-on : des festivals ou des festivaux ?

Orthographe

J'apprends

• **On forme le pluriel de la majorité des noms et des adjectifs en ajoutant un -*s*.**

un petit livre → des petits livres

les noms simples	règle du pluriel	exceptions
la plupart des noms *un enfant*	**-s** *des enfants*	
noms en **-s**, **-x** et **-z** *un tapis, un sphinx, un gaz*	**invariables** *des tapis, des sphinx, des gaz*	
noms en **-ou** *un trou*	**-s** *des trous*	**-x** pour 7 noms : **bijou, caillou, chou, genou, hibou, joujou, pou**
noms en **-al** *un journal*	**-aux** *des journaux*	**-s** pour quelques noms : **bal, cal, carnaval, chacal, festival, régal...**
noms en **-ail** *un éventail*	**-s** *des éventails*	**-aux** pour 8 noms : **ail, bail, corail, émail, soupirail, travail, vantail, vitrail**
noms en **-au**, **eau** et **-eu** *un tuyau, un moineau, un cheveu*	**-x** *des tuyaux, des moineaux, des cheveux*	**-s** pour **pneu, landau**

les adjectifs	règle du pluriel	exceptions
la plupart des adjectifs *un petit chat*	**-s** *des petits chats*	
adjectifs en **-s** et **-x** *un tabouret bas* *un enfant heureux*	**invariables** *des tabourets bas* *des enfants heureux*	
adjectifs en **-au** et **-eu** *un nouveau jouet*	**-x** *des nouveaux jouets*	**-s** pour **bleu**
adjectifs en **-al** *un palais royal*	**-aux** *des palais royaux*	**-s** pour quelques adjectifs : **banal, bancal, fatal, natal, naval...**

Je comprends comment faire

▶ Pour accorder le nom et l'adjectif au pluriel

Tu ranges tes vêtements propres.

À l'oral, je n'entends pas le **s** de *vêtements* qui marque le pluriel. **C'est le déterminant** *tes* qui m'indique qu'il y a plusieurs vêtements. → J'accorde l'adjectif *propre* avec le nom.

Ils rangent leurs vêtements propres.

À l'oral, je ne sais pas s'il y a plusieurs vêtements. Je m'appuie sur **le sens du texte** pour utiliser ou non le **s** du pluriel. → J'accorde l'adjectif avec le nom.

INFO PARENTS

Donnez cette astuce à votre enfant pour qu'il mémorise les pluriels irréguliers des mots en *-ail.* : *Abaco* (ail, bail, corail), *soutra* (soupirail, travail), *vanviem* (vantail, vitrail, émail).

Je m'entraine

1 QUIZ Dans chaque série, coche les mots qui font le pluriel en *-aux*.

a. ☐ portail ☐ vitrail ☐ email
☐ éventail ☐ corail ☐ canal

b. ☐ vertical ☐ amical ☐ naval
☐ bancal ☐ bal ☐ végétal

2 Écris ces groupes nominaux au pluriel.

a. un lièvre rapide ....
b. un cheveu blanc ....
c. un tuyau creux ....
d. un bijou précieux ....
e. un prix élevé ....
f. un carnaval célèbre ....
g. un cheval magnifique ....
h. un genou écorché ....
i. un bal masqué ....
j. un oiseau rare ....
k. un tapis rouge ....

3 Fais l'accord des mots à la rime.

Ce sont les mères des hibou............
Qui désiraient chercher des pou............
De leurs enfants, leurs petits chou............,
En les tenant sur les genou............
Leurs yeux d'or valent des bijou............
Leur bec est dur comme caillou............,
Ils sont doux comme des joujou............,
Mais aux hiboux point de genou............ !

Chantefables et Chantefleurs.

4 Réécris ces phrases au pluriel.

a. Le portail est fermé.
b. Ce tabouret est bancal.
c. Trace un trait vertical.
d. Cet accident est banal.
e. Le corail est rouge.

5 Complète avec l'adjectif *vert* correctement accordé.

a. des prairies ....
b. des fruits ....
c. des chapeaux ....
d. un mur ....
e. une chambre ....
f. une jupe ....
g. des chaussures ....
h. un perroquet ....

jeu malin

Colorie en bleu les noms et les adjectifs dont le pluriel est irrégulier et en vert les autres.

caillou – corail – bocal – canal – éventail – pneu – cheveu – moineau – écrou – genou – royal – banal – hibou – landau

Bravo, tu as terminé !

Entoure ton smiley.

Corrigés page 20 du *Guide parents*

Orthographe

15 L'accord du sujet et du verbe

Pour commencer

Qu'écris-tu ?
Tout le monde va à l'école ou tout le monde vont à l'école ?

J'apprends

- **Le sujet fait varier le verbe en nombre et en personne.**
- **Pour trouver le sujet**, on peut :
  - utiliser la tournure ***c'est... qui*** :
    Ma mère les attend. → C'est ma mère qui les attend. (ma mère : sujet)
  - remplacer le nom ou le groupe nominal par le pronom personnel ***il(s)*** ou ***elle(s)*** :
    Le père de mon copain est horloger. → Il est horloger.
- **Au passé composé, le verbe s'accorde en nombre (singulier, pluriel) et parfois en genre (masculin, féminin) avec le sujet.**
  Ton frère est venu. Tes sœurs sont venues.
- Un verbe peut avoir **deux sujets.**
  Mon père et son amie répétaient pour la centième fois.
  (Mon père et son amie : sujet = 2GN singulier ; répétaient : verbe pluriel)
- Un sujet peut commander **plusieurs verbes.**
  *Il **abandonne** ses outils et **se regarde** dans la glace.*
- **Un sujet peut être séparé du verbe par un groupe complément.**
  *Mon frère et son amie, ce soir-là, **décidèrent** de se promener.*
  (Mon frère et son amie : S ; ce soir-là : CC ; décidèrent : V)
- **Un sujet peut être placé après le verbe.** On dit qu'il est **inversé** :
  Que fait votre mari ?
  (fait : V ; votre mari : S)

Je comprends comment faire

▶ Pour accorder le verbe avec le sujet

sujet au singulier	sujet au pluriel	sujet au singulier et sujet au singulier	sujet séparé du verbe par un pronom	sujet séparé du verbe par une expansion du GN
verbe **au** singulier	verbe **au** pluriel	verbe **au** pluriel	accord du verbe avec le sujet	accord avec le nom noyau du GN expansé
L'élève bavarde.	*Les élèves bavardent.*	*Emma et Léo bavardent.*	*Le maitre les gronde.*	*Le maitre des CM1 lit une histoire.*

INFO PARENTS

Plus le sujet est éloigné du verbe, plus il est difficile pour votre enfant de le repérer. Faites-le-lui remplacer par les pronoms il(s) ou elle(s).

Je m'entraine

1 QUIZ Coche le bon sujet de ces phrases.

a. ☐ Tu ☐ Ils ☐ On écris à une amie.
b. ☐ Tu ☐ Ils ☐ On saluaient les spectateurs.
c. ☐ Tu ☐ Ils ☐ On apprenais ses leçons.
d. ☐ Tu ☐ Ils ☐ On joueras du piano.
e. ☐ Tu ☐ Ils ☐ On ne continue pas à jouer du piano.

2 Souligne les verbes et encadre les sujets.

La tortue cherchait femme à sa convenance. Elle rencontra une très jolie jeune fille qui lui convenait totalement. La tortue était charmée par sa beauté, sa douceur et son intelligence. Elle alla trouver son futur beau-père, mais celui-ci ne voulait pas avoir une tortue pour gendre. Il refusa. La tortue, qui était fort futée, réfléchit au moyen de le faire changer d'avis.

3 Conjugue les verbes au présent puis au passé composé dans les phrases suivantes.

a. Ma mère (attendre).
b. La petite souris (être) là.
c. Ma mère et Gérard me (regarder), attendris.
d. Les souris, à ce moment précis, (traverser) la pièce en courant.
e. Près de moi, se (dresser) de grands arbres.

4 Ces phrases n'ont pas de sujet. Inventes-en au moins deux pour chaque verbe.

a. ....
se disputent dans la cour.
b. ....
ont été punis par la maitresse.
c. ....
sont fermés à 21 heures.
d. ....
avaient été vus à l'aéroport.
e. ....
sommes de grandes amies.

5 Relie chaque sujet à son verbe.

Elle et moi •	• sont jolies.
Toi et moi •	• sommes jolies.
Elle et toi •	• êtes jolies.
Marie et Isabelle •	• sommes jolies.
Marie et toi •	• êtes jolies.

jeu malin

Rébus

a.

....

b.

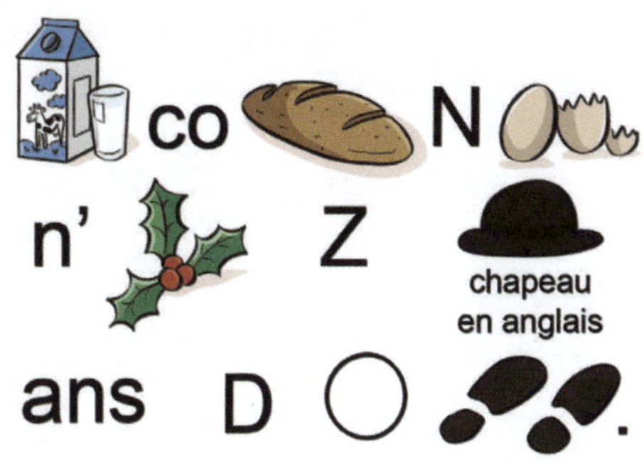

....

Bravo, tu as terminé !
Entoure ton smiley.

Corrigés page 20 du *Guide parents*

16 L'accord du participe passé

Pour commencer

À la fin de *j'ai di...*, écris-tu un *-t*, un *-s* ou rien ?

Orthographe

J'apprends

- **Tous les verbes ont un participe passé.**
- **Employé avec l'auxiliaire *être*, le participe passé s'accorde en genre (masculin, féminin) et en nombre (singulier, pluriel) avec le sujet.**

On ajoute un ***-e*** au féminin et un ***-s*** au pluriel.

__Max__ est parti pour la Guadeloupe. — *__La jeune femme__ s'est accoudée au balcon.*

__Les oiseaux__ sont morts de froid. — *__Les voisines__ sont arrivées rapidement.*

- **Employé avec l'auxiliaire *avoir*, le participe passé ne s'accorde jamais avec le sujet.**

Elles ont beaucoup mangé.

Quand le complément du verbe est placé **après** le groupe verbal, le participe passé reste invariable.

Elles ont mangé __des pommes__.

- **Attention**

Le participe passé employé comme adjectif s'accorde comme celui-ci en genre et en nombre avec le nom qu'il qualifie.

un __enfant__ renfermé — *une __forêt__ peuplée*

des __enfants__ renfermés — *des __forêts__ peuplées*

Je comprends comment faire

▶ Pour orthographier les participes passés

Quelle lettre à la fin du participe passé masculin singulier ?

- Verbes du 1er groupe → *-é* : *J'ai chanté.*
- Verbes du 3e groupe → *-u* : *J'ai entendu.*
- Verbes du 2e groupe → *-i* : *J'ai rougi.*
- Verbes du 3e groupe son « i » : *j'ai pris, j'ai dit, je suis parti* (au féminin : *prise, dite, partie*)

INFO PARENTS

Habituez votre enfant à mettre le participe passé des verbes du 3e groupe au féminin pour trouver la lettre muette finale du masculin. *surprise / surpris.*

Je m'entraine

1 QUIZ Coche la bonne case. Si on lit :

a. Vous êtes arrivée. Qui est arrivé ?
☐ Maman. ☐ La directrice de l'école.
☐ Papa et maman.

b. Vous êtes arrivés. Qui est arrivé ?
☐ Maman. ☐ La directrice de l'école.
☐ Papa et maman.

c. Vous êtes arrivées. Qui est arrivé ?
☐ Maman. ☐ La directrice de l'école.
☐ Léa et maman.

d. Vous êtes arrivé. Qui est arrivé ?
☐ Papa. ☐ Le directeur de l'école.
☐ Papa et maman.

2 Souligne les participes passés dans ces phrases.

a. Avez-vous essayé quelquefois de regarder une coccinelle dans les yeux ?

b. Elle est montée dans sa chambre, elle a soigneusement fermé la porte et elle s'est jetée sur son lit pour se calmer.

c. Sous mon lit, j'ai retrouvé l'ours en peluche de mon petit frère.

d. Elles sont arrivées trop tard.

3 Réécris ces phrases en les mettant au passé composé.

a. Théo sort à huit heures.
b. Louise se baigne dans la rivière.
c. Les garçons montent aux arbres.
d. Les fillettes se promènent dans la forêt.
e. Mon amie revient de Grèce.
f. Notre équipe gagne le tournoi.

4 Accorde les participes passés dans ce texte.

Un roi avait une fille qui était le vivant portrait de sa mère. Quand elle eut .... (grandir), le roi fut .... (frapper) de sa ressemblance avec l'épouse .... (perdre) et il voulut l'épouser. La princesse elle-même fut .... (épouvanter) en apprenant la décision de son père. Les conseillers furent .... (effrayer) mais le roi ne voulait pas changer d'avis.

D'après *Peau d'âne*.

jeu malin

Mots croisés
Remplis cette grille de mots croisés avec les participes passés des verbes suivants.

Horizontal :
1. sache
2. décevais
3. retient
4. rangeait
5. soutenons

Vertical :
A. détruis
B. surprendra
C. voyez

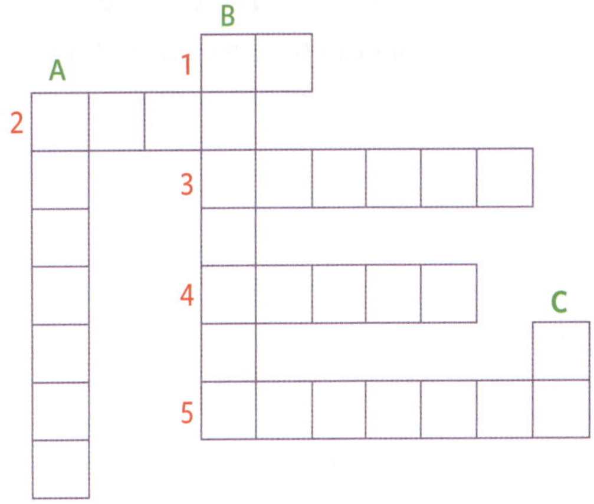

Bravo, tu as terminé !

Entoure ton smiley.

Corrigés page 20 du *Guide parents*

Orthographe

17 Les mots invariables

Pour commencer
À la fin de *toujour...*, écris-tu un *-s*, un *-t* ou rien ?

J'apprends

• **Certains mots ne changent jamais de forme. Ils sont invariables.**
On distingue les adverbes, les prépositions, les conjonctions de coordination.

• **Les adverbes**

L'adverbe est un mot invariable qui précise ou modifie le sens :
- d'un verbe : *Le chevalier Bayard combattait courageusement ses ennemis.*
- d'un adjectif qualificatif :
  À cause de la fonte des neiges, le torrent est presque infranchissable.
- d'un autre adverbe : *Tu roules trop vite.*

Adverbes marquant le temps : *hier*, *demain*, *maintenant*, *souvent*, *toujours*, *soudain*.
Adverbes marquant le lieu : *ici*, *là*, *loin*, *dehors, dedans*, *partout*.

• **Les prépositions**

La préposition est un petit mot qui **relie les mots entre eux**.
Elle introduit un complément de nom : *une tasse à café*, *une tasse de café*.
Elle introduit un complément d'objet indirect : *Je pense à mes amis.*
Elle introduit des compléments circonstanciels : *à minuit, la lune est pleine.*
Prépositions fréquentes: *à*, *de*, *pour*, *en*, *par*.
Prépositions pour se situer dans le temps : *à*, *pendant*, *avant*, *après*, *depuis*.
Prépositions pour se situer dans l'espace : *devant, derrière*, *entre*, *sur*, *sous*, *dans*, *chez*, *vers*.

• **Les conjonctions de coordination**

Les conjonctions de coordination relient des mots qui ont :
- la même nature ou classe grammaticales. *Julie est calme et patiente.* (adj et adj)
- la même fonction. *Je prendrai du fromage et un dessert.* (COD et COD)

Je comprends comment faire

▶ **Pour apprendre la liste des conjonctions de coordination**
J'apprends la phrase : Mais où est donc Ornicar ? = *mais-ou-et-donc-or-ni-car.*

INFO PARENTS
Pour mémoriser les prépositions les plus courantes, votre enfant peut apprendre :
Adam part pour Anvers avec deux cents sous sûr (à – dans – par – pour – en – vers – avec – de – sans – sous – sur).

Je m'entraine

1 QUIZ Coche les adverbes de cette liste.

☐ souvent ☐ soudain ☐ sous
☐ parmi ☐ avant ☐ dedans
☐ à ☐ dessus ☐ sur
☐ plutôt ☐ ici

2 Souligne la préposition et écris le contraire de ces expressions.

a. Avant la récréation.

....

b. Avec plaisir.

....

c. Sous la table.

....

d. Près de l'arbre.

....

e. Derrière la maison.

....

3 Souligne les adverbes et encadre les adjectifs qu'ils modifient.

a. Le ciel est très bleu.

b. Attention à ton cœur, fais un effort moins violent.

c. Ce chocolat me parait trop chaud.

d. Ce déguisement est très beau.

e. Cet exercice est plutôt facile pour toi.

4 Souligne les prépositions dans chaque phrase.

a. J'ai pris l'avion pour la Corse.

b. Rentre chez toi et va vite sous la couette.

c. La météo annonce une canicule sur toute la France.

d. Sur la plage, j'ai trouvé une belle coquille d'huitre nacrée.

e. Elle aime bien la peinture sur porcelaine.

f. Elle part à cheval se promener avec son copain.

5 Relie les mots qui vont ensemble.

des gants •	• sans faute
un moteur •	• en caoutchouc
un jus •	• sans devoir
une journée •	• de fruit
une dictée •	• à essence

jeu malin

Charades

a. Mon premier est une préposition.
Mon second souffle fort ou doucement.
Mon tout est un adverbe de temps.

Lequel ? ....

b. Mon premier est une préposition.
Mon second est un animal de la forêt cousin du cerf. Mon tout est aussi un adverbe de temps.

Lequel ? ....

c. Mon premier est une préposition commençant par *p*. Mon second est le contraire de tard. Mon tout est un adverbe de lieu.

Lequel ? ....

Bravo, tu as terminé !

Entoure ton smiley.

😐 🙂 😀

Corrigés page 20 du *Guide parents*

18 Les homophones *mais / mes, ces / ses, la / là / l'a*

Pour commencer

Combien de manières d'orthographier le mot « mé » connais-tu ?

J'apprends

• Les homophones sont des mots qui se prononcent de la même manière mais qui s'écrivent différemment.

• mais / mes

Mais est un mot invariable.

Il est grand mais il est menu.

Mes est un déterminant possessif, on peut le remplacer par *mon* ou *ma*.

J'aime mes amis.

• ces / ses

Ces est un déterminant démonstratif.

Ces oiseaux sont des perroquets.

Ses est un déterminant possessif.

Il a noué ses lacets.

• la / l'a / là

La est un article défini placé devant un nom ou un pronom personnel placé devant un verbe.

Elles veulent aller à la piscine. (article défini) *Je la vois.* (pronom personnel)

L'a est la forme conjuguée à la troisième personne du singulier du verbe **avoir** employé seul ou comme auxiliaire, on peut le remplacer par *l'avait* :

Ce conte, tout le monde l'a lu.

Là est un adverbe de lieu qu'on peut remplacer par *ici*. *Nous pouvons rester là.*

Je comprends comment faire

▶ Pour orthographier les homophones de *mais*

J'entends « mé », je peux écrire

- Mai le mois du calendrier
  En mai, fais ce qui te plait.
- Mes pluriel de *mon*
  J'ai oublié mes affaires.
- Mais = or
  Mais tu exagères !
- Mets ou met = verbe *mettre*
  Je mets des chaussettes vertes.
  Mon frère en met des rouges.

INFO PARENTS

Proposez à votre enfant de mémoriser la phrase suivante : *Mais il met mes chaussettes en plein mois de mai.*

Je m'entraine

1 QUIZ Coche la bonne réponse.

a. Je suis contente de ... notes. ☐ mes ☐ mais

b. La pièce était petite ... agréable à vivre. ☐ mes ☐ mais

c. Ce n'est pas de sa faute ... de la mienne. ☐ mes ☐ mais

d. Prends ... affaires, s'il te plait. ☐ mes ☐ mais

2 Copie les phrases en complétant par *l'a*, *la*, ou *là*.

a. Il est passé par ici, il repassera par ....

b. Passe par .... et tu trouveras .... sortie.

c. Ce stylo, il .... retrouvé au fond de son cartable.

d. .... vérité sort de .... bouche des enfants.

3 Complète avec *ses* ou *ces*.

a. J'ai acheté .... nouvelles chaussures.

b. As-tu vu toutes .... lumières sur la ville ?

c. Elle cherche toujours .... lunettes.

d. Les habitants de .... pays ensoleillés ont de la chance.

4 Complète les phrases avec le mot qui convient.

a. .... fourmi n'est pas prêteuse. C'est .... son moindre défaut.

« La cigale et la fourmi ».

b. On me .... dit, il faut que je me venge.
..................-dessus, au fond des forêts.
Le loup l'emporte et puis le mange,
Sans autre forme de procès.

« Le loup et l'agneau ».

5 Complète les phrases avec le mot qui convient.

Le Chat pour son anniversaire invita .... nombreux voisins : hirondelles, moineaux, souris, tous .... animaux vinrent sans méfiance. Le Chat était végétarien et .... amis l'aimaient beaucoup .... il faut se méfier du Chat.

6 Complète avec le mot qui manque.

Cette passion pour les chiens de traineaux, Tom .... connue ....-bas, lorsqu'il vivait au Canada. Tom ressent .... sentiment si fortement qu'il traite .... chiens comme .... égaux. Le matin, quand il vient voir sa meute avant le départ, il .... salue affectueusement. Il prend la tête des chiens entre .... mains et .... caresse rudement, ... qui plonge .... chiens dans le bonheur.

jeu malin

Méli-mélo
Forme un nouveau mot avec les lettres de chacun de ces mots.
mai – mais – ces – ravi – rose – nos – mon – as

....

....

....

....

....

Bravo, tu as terminé !
Entoure ton smiley.

Corrigés page 21 du *Guide parents*

19 Savoir relire sa dictée

Pour commencer

Tu dois te poser au moins deux questions sur les accords dans une phrase. Lesquelles ?

J'apprends

• **Après une dictée ou l'écriture d'un texte, je dois toujours me relire très attentivement pour éliminer mes erreurs.**

Voici ce que je dois vérifier.

Je vérifie les points suivants :	OUI	NON	Je ne sais pas	J'applique la règle :
• mon écriture est bien lisible	☐	☐	☐	
• la ponctuation	☐	☐	☐	de l'emploi des 3 points ., !, ?
• l'emploi des consonnes doubles	☐	☐	☐	des mots commençant par *app-* ou *acc-*, *aff-*, *eff-*,… .
• la place des lettres, *g* ou *c*, ou *n* dans les mots	☐	☐	☐	de *m* devant *m*, *b*, *p* et de *ge* / ç devant *a*, *o*, *u*.
• l'orthographe des sons « s » / « z »	☐	☐	☐	2 *s* entre deux voyelles pour « s », 1 seul *s* pour « z ».
• l'accord de la chaine du GN en genre	☐	☐	☐	de la formation du féminin des adjectifs.
• l'accord de la chaine du GN en nombre	☐	☐	☐	des pluriels irréguliers : al / ail / ou / eau / eu.
• l'accord du verbe avec le sujet	☐	☐	☐	trouver le sujet avec *c'est … qui*.
• l'accord du participe passé avec le sujet après l'auxiliaire *être*	☐	☐	☐	1er groupe : -é, 2e groupe : *-i*, 3e groupe : *-i*, *-u*, *-it*, *-is*.
• les homophones	☐	☐	☐	je repère la classe grammaticale du mot dans la phrase.

Je comprends comment faire

▶ Pour repérer les lettres muettes

• Si je ne sais pas si un nom ou un adjectif se termine par une consonne que l'on n'entend pas, j'essaie de le mettre au féminin.

Un rat gris/ une souris grise.

Le *-s* de gris permet de former le féminin « grise ».

• Je peux aussi chercher un mot de la même famille.

Rat / raton.

INFO PARENTS

Habituez votre enfant à relire sa dictée au moins 3 fois. Une fois pour vérifier les accords dans le GN, une fois pour vérifier les accords sujet / verbe et participe passé, une fois pour le reste.

Je m'entraine

1 QUIZ Coche Oui ou Non.

À la fin d'un mot, la lettre *s* peut :

a. transcrire le son « s ». ☐ Oui ☐ Non

b. marquer le pluriel dans le GN. ☐ Oui ☐ Non

c. être une lettre muette. ☐ Oui ☐ Non

d. être une terminaison de verbe au pluriel. ☐ Oui ☐ Non

2 Lis ce texte et réponds aux questions.

Le gentilhomme qui faisait l'essai de la pantoufle, ayant regardé attentivement Cendrillon, et la trouvant fort belle, dit que cela était très juste et qu'il avait ordre de l'essayer à toutes les filles. Il fit asseoir Cendrillon, et, approchant la pantoufle de son petit pied, il vit qu'il y entrait sans peine, et qu'elle y était juste comme de cire.

L'étonnement des deux sœurs fut grand, mais plus grand encore quand Cendrillon tira de sa poche l'autre petite pantoufle qu'elle mit à son pied.

On la mena chez le jeune prince, parée comme elle était. Il la trouva encore plus belle que jamais ; et, peu de jours après, il l'épousa.

D'après Charles Perrault, *Cendrillon*.

a. Pourquoi le verbe *essayer* est-il à l'infinitif ? Quand tu hésites sur la terminaison d'un verbe du premier groupe, remplace-le par un verbe du troisième groupe. Pourquoi ?

b. Pourquoi le verbe approcher commence-t-il par deux « app » ?

c. Avec quel nom s'accorde le participe passé pris comme adjectif *parée* ?

d. Jamais prend un *-s*. Quels autres mots invariables qui se terminent par un *-s* connais-tu ?

e. Pourquoi faut-il un accent sur le « à » devant *son pied* ?

f. Pourquoi faut-il un *-s* à *toutes* dans le GN *toutes les filles* ?

g. Lis bien ce texte et demande à quelqu'un de te le dicter.

3 Classe les mots soulignés dans les colonnes du tableau.

Depuis hier, je suis malade. J'ai mal aux oreilles et à la gorge. Le médecin dit que je vais guérir vite. Il veut bien que je boive du jus d'orange et que je suce des glaces. Mes frères qui sont plus jeunes que moi ne doivent pas me déranger, car je dois me reposer. J'en profite pour me faire dorloter.

Mots invariables à connaitre par cœur	Graphie du son « g » et « j »
....	....
....	....
Je cherche le sujet qui peut être loin du verbe.	**Accord de l'adjectif attribut du sujet**
....	....
Emploi de l'infinitif après un verbe conjugué	
....	

jeu malin

Trouve des mots que l'on peut écrire avec les lettres du mot *papillons*.

a. 1 mot de 8 lettres.

....

b. 2 mots de 5 lettres.

....

c. 3 mots de 4 lettres.

....

d. 3 mots de 3 lettres.

....

Bravo, tu as terminé !

Entoure ton smiley.

Corrigés page 21 du *Guide parents*

20 Un mot et son synonyme

Pour commencer
Si anonyme veut dire sans nom que veut dire *nymos* en grec ?

J'apprends

• Les synonymes sont des mots qui ont le même sens ou un sens très voisin et qui appartiennent à la même classe grammaticale.

– Deux mots peuvent avoir un sens très proche.
On peut dire : *Fêter un événement* ou *célébrer un événement*.
Fêter et *célébrer* sont des **verbes synonymes**.

– Un synonyme peut être plus précis qu'un terme générique.
Ce gâteau est bon. = délicieux *Cet homme est bon. = gentil*
un bon chien = un chien fidèle

• Parfois l'un des deux mots a un sens plus fort que l'autre.

Les mots *émouvant* et *attachant* expriment l'idée d'émotion mais à des degrés différents.

L'histoire d'amour entre Lassie et son maitre est émouvante.
→ C'est une relation très forte.

Le petit chien des voisins est attachant.
→ La relation est beaucoup moins forte.

• Des synonymes peuvent appartenir à des niveaux de langage différents.

Langage **recherché** :
Les petites filles modèles donnent un baiser à leur père.

Langage plus **familier** :
Toi, tu fais un bisou à tes parents avant de t'endormir.

Je comprends comment faire

▶ Pour utiliser un mot qui convient dans le contexte de ce que j'ai écrit

Je cherche un mot précis

Je cherche dans un dictionnaire des synonymes :
La mer est haute. = pleine

Je remplace *dire*, *faire*, *chose* par des mots précis.
Je fais du pain.
Je fabrique du pain.

J'adapte mon niveau de langue à mon interlocuteur
Je kiffe les frites. (je parle à un copain)
J'aime les frites. (je parle à un adulte)

INFO PARENTS

Proposez à votre enfant d'inscrire dans un carnet les mots nouveaux qu'il rencontre, qui lui plaisent et de les illustrer comme il veut.

Je m'entraine

1 QUIZ Indique pour chaque paire de mots s'ils sont synonymes ou non.

a. maison / habitation	☐ Oui	☐ Non
b. ressentir / prouver	☐ Oui	☐ Non
c. souple / liane	☐ Oui	☐ Non
d. fête / fêter	☐ Oui	☐ Non
e. danger / péril	☐ Oui	☐ Non
f. bruit / clapotement	☐ Oui	☐ Non

2 Trouve un synonyme pour chaque mot souligné. Aide-toi d'un dictionnaire.

La mer n'a pas de couleur propre. Elle n'est qu'une vaste réverbération du ciel ! Est-elle bleue ? Ce n'est pas avec du bleu qu'on peut la peindre ! Est-elle verte ? Ce n'est pas avec du vert ! On la saisirait plutôt dans ses fureurs, quand elle est sombre, livide, méchante, lorsqu'il semble que le ciel y mélange tous les nuages qu'il tient en suspension au-dessus d'elle ! Ah ! Miss Campbelle, plus je le vois, plus je le trouve sublime, cet océan ! Océan ! Ce mot dit tout.

D'après *Le Rayon vert*.

....

....

....

....

....

3 Trouve un synonyme du mot souligné. Aide-toi d'un dictionnaire.

a. Le vieillard habitait dans la maison près du lac.

....

b. L'homme très robuste souleva le fardeau.

....

c. Ce morceau de musique est plein de joie.

....

d. C'était un après-midi de pluie qui faisait naitre la morosité.

....

e. Il faut fixer ce miroir au mur.

....

4 Remplace le verbe *monter* par un synonyme choisi dans cette liste : *grimpe – prépare – augmente.*

a. La troupe monte une nouvelle pièce de théâtre.

....

b. Avec les pluies, le niveau d'eau des rivières monte. ....

c. L'alpiniste monte au sommet de la montagne.

....

jeu malin

Collecte les lettres pour écrire le verbe précis qui correspond au cri de chacun de ces animaux.

a. La baleine .... c n t a e h

b. L'âne .... b a i t r

c. Le dindon .... g t u l o u g e o l

d. La grenouille .... c s a o s e

e. Le loup .... u h r l e

Bravo, tu as terminé !

Entoure ton smiley.

Corrigés page 21 du *Guide parents*

21 Le champ lexical

Pour commencer

Donne un synonyme du mot *lexique.*

Vocabulaire

J'apprends

• Dans un texte **le champ lexical est constitué par les mots qui se rapportent au même thème** ou à la même idée.

Il pleure dans mon cœur
Comme il pleut sur la ville ;
Quelle est cette langueur
Qui pénètre mon cœur ?

Ô bruit doux de la pluie
Par terre et sur les toits
Pour un cœur qui s'ennuie
Ô le chant de la pluie !

Verlaine, *Romances sans paroles.*

• Les mots d'un champ lexical peuvent **appartenir à des classes grammaticales différentes** : *pleuvoir*, *pluie*.
Ils peuvent appartenir **à la même famille** : *pluie*, *pleuvoir*.
Ils peuvent être synonymes, le poète aurait pu utiliser le mot *averse*.

• Le champ lexical permet de **dégager le thème** d'un texte.

Je comprends comment faire

▶ Pour dégager le thème d'un texte

Sur la maison du rire
Un oiseau rit dans ses ailes.
Le monde est si léger
Qu'il n'est plus à sa place
Et si gai
Qu'il ne lui manque rien.

Paul Éluard, *Mourir de ne pas mourir.*

• Quand on me demande de quoi parle un texte, je cherche le **champ lexical principal**.
Je relève tous les mots qui expriment la même idée : *rire, rit, léger, gai*. Ce poème évoque une maison heureuse mais plus généralement un moment de bonheur.

• Trouver les **termes génériques ou les mots étiquettes** permet de mieux nommer les thèmes d'un texte.

INFO PARENTS

Jouez avec votre enfant à l'oral. Choisissez un thème, dites chacun un mot ou une expression appartenant à ce champ lexical en allant très très vite : le premier qui s'arrête ou qui dit n'importe quoi a perdu.

Je m'entraine

1 QUIZ Coche les bonnes réponses.

a. Le mot *pluvieux* est de la famille de *pluviomètre*. ☐

b. *Averse*, *pluie*, *tempête*, *gris* sont des mots qui appartiennent au même champ lexical. ☐

c. Les mots d'un champ lexical appartiennent à la même classe grammaticale comme les synonymes. ☐

d. Trouver le champ lexical d'un texte est un travail grammatical. ☐

2 Barre l'intrus de chaque liste de mots.

a. soleil – ensoleillé – parasol – plage – bitume.

b. jeu – récréation – cour – joyau – ballon.

c. violon – piano – salle – partition – jouer – ballon.

3 Dans le tableau, classe les mots :
marteau, clouer, train, arroser, bagages, perceuse, embarquer, anémone, excursions, tulipe, planter.

Champ lexical du bricolage	Champ lexical du jardinage	Champ lexical du voyage
....	....	....
....	....	....
....	....	....
....	....	....

4 Quel champ lexical évoquent les mots suivants ?

clown – lion – baguette – dompteur – jongler – jongleur – effrayant – éléphant – cerceaux – applaudir – acrobate – courageusement – merveilleux – lancer – nez rouge – chevaux – spectaculaire.

....

5 Souligne, dans le texte suivant, les termes qui appartiennent au champ lexical de la cuisine.

Un matin, Sophie jouait ; sa bonne lui avait donné du pain qu'elle avait coupé en petits morceaux, des amandes et des feuilles de salade ; elle demanda de l'huile et du vinaigre pour faire la salade.

« Non, répondit la bonne ; je veux bien vous donner du sel, mais pas d'huile ni de vinaigre qui pourrait tacher votre robe.

– Si j'avais quelque chose à saler ? se dit Sophie. Je ne peux pas saler du pain ; il me faudrait de la viande ou du poisson... Oh ! La bonne idée ! Je vais saler les petits poissons de maman ; j'en couperai quelques-uns en tranches avec mon couteau, je salerai les autres tout entiers. »

D'après la Comtesse de Ségur, *Les Malheurs de Sophie*.

jeu malin

Colorie en vert les mots qui appartiennent au champ lexical de la *taille*.
Colorie en jaune les mots qui appartiennent au champ lexical de la *grenouille*.
Colorie en noir les mots qui appartiennent au champ lexical de la *mare*.

Bravo, tu as terminé !
Entoure ton smiley.

😐 🙂 😃

Corrigés page 21 du *Guide parents*

22 Préfixes et suffixes

Pour commencer
Où se trouve le préfixe dans un mot ?

J'apprends

- **Un mot peut être formé de différents éléments :**

– le **radical**, ou racine, est le mot ou la partie d'un mot qui se retrouve dans tous les mots de la même famille : *terr → terrain, terrasse, territoire, atterrir*

– le **préfixe** modifie le sens d'un mot, il se place devant le radical et permet d'obtenir des mots dérivés : *heureux → malheureux*

– le **suffixe** change souvent la nature du mot ou en modifie le sens ; il se place après le radical et permet d'obtenir des mots dérivés : *laver → lavable ; poil → poilu ; jour → journée*

- **Voici quelques préfixes qui permettent de modifier le sens du radical.**

Préfixe	Rôle	Exemple
in-/im- mal-, ir-, il-	**Ils indiquent le contraire.**	**mal**honnête **il**lisible
re-	**Il indique la répétition.**	**re**dire
pré-	= **avant, devant.**	la **Pré**histoire : *période avant l'Histoire.*
pro-	= **en avant de.**	**pro**jeter : *jeter en avant.*
en-/em-	= **mettre en ou mettre dans.**	**em**prisonner : *mettre en prison.* **en**filer : *passer un fil dans une aiguille.*
sur-, super-	**Ils marquent la supériorité.**	**sur**voler, **super**poser
sou-	Il a généralement le même sens que **sous**.	un **sou**terrain
mono-	= **un.**	un **mono**ski
bi-	= **deux.**	une **bi**cyclette : *un cycle à 2 roues.*
a- é-	= **rendre plus.**	**a**maigrir : *rendre plus maigre.* **é**claircir : *rendre plus clair.*
inter-	= **entre.**	**inter**venir : *venir entre.*

Je comprends comment faire

▶ **Pour retenir l'orthographe des mots de la même famille**

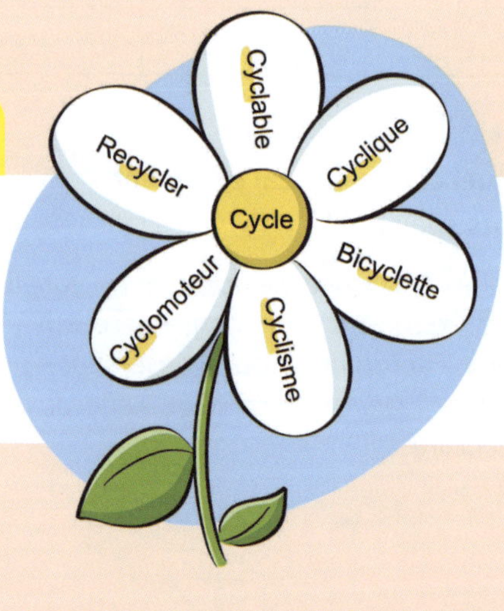

INFO PARENTS

Créez des mots puzzles avec votre enfant. À lui de trouver des formes qui permettront d'emboiter ces 4 préfixes (*in-, re-, dé-, im-*) à de nombreux radicaux : *partir / repartir*, etc.

Je m'entraine

1 QUIZ Coche Oui ou Non.

a. *illisible* est de la famille de *lire*.
☐ Oui ☐ Non

b. *respirable* est de la famille d'*irrespirable*.
☐ Oui ☐ Non

c. *supporter* est de la famille d'*importer*.
☐ Oui ☐ Non

d. *babiller* est de la famille d'*habiller*.
☐ Oui ☐ Non

2 Souligne le radical qui sert à former chacun des mots en gras.

a. une trainée **noirâtre**

b. la **vitrine** du coiffeur

c. **emmagasiner** des informations

d. la **bicyclette** de Victoria

e. un enfant **désobéissant**

f. une situation **désespérante**

3 Forme le contraire des mots suivants en ajoutant un préfixe. Souligne ton préfixe.

a. honnête ....

b. logique ....

c. aimé ....

d. correct ....

e. adapté ....

f. probable ....

g. respirable ....

h. ordonné ....

i. habiller ....

j. aperçu ....

4 Pour chaque mot souligné donne un mot de la même famille.

a. un enfant facile

....

b. la fin de la journée

....

c. une mousse au chocolat

....

d. Il va devoir déménager.

....

e. Le pharmacien a fermé son magasin.

....

f. La fillette a dormi longtemps.

....

jeu malin

Mots mêlés

Retrouve les noms formés à partir des verbes suivants : expulser, prononcer, élire, agir, agresser, inverser

e	x	p	u	l	s	i	o	n	a
l	y	r	y	u	p	i	c	t	g
e	l	o	a	c	n	j	d	e	r
c	o	n	d	l	u	o	g	t	e
t	p	o	c	m	t	n	i	o	s
i	h	n	v	e	t	w	s	n	s
o	o	c	b	s	a	v	s	n	i
n	n	i	m	a	c	x	i	a	o
b	e	a	c	t	i	o	n	n	n
o	u	t	i	l	l	s	o	t	e
u	m	i	b	r	e	s	f	v	c
s	d	o	u	r	t	i	o	n	s
e	i	n	v	e	r	s	i	o	n

Bravo, tu as terminé !

Entoure ton smiley.

Corrigés page 21 du *Guide parents*

23 Le dictionnaire

Pour commencer
Quelle est la différence entre un dictionnaire et une encyclopédie ?

Vocabulaire

J'apprends

• Pour chaque mot de la langue française, le dictionnaire fournit des renseignements dans un texte appelé article.

• Le dictionnaire donne des renseignements de grammaire et d'orthographe.
Il permet de contrôler l'orthographe du mot.

Des abréviations indiquent la nature des mots, le genre des noms, le nombre de certains mots, etc.

abréviation	signification de l'abréviation	exemple
n. m.	nom masculin	*pneu*
n. f.	nom féminin	*poésie*
adj.	adjectif	*pluvieux*
adv.	adverbe	*plutôt*
v.	verbe	*pocher*
pl.	pluriel	*plusieurs*
prép.	préposition	*sans*

Je comprends comment faire

▶ Pour trouver le sens d'un mot dans un dictionnaire

le mot expliqué en caractères gras

l'abréviation
Je sais donc que *décorer* est un verbe.

l'emploi du mot dans une phrase d'exemple en italique

le numéro indique qu'il y a plusieurs emplois du mot ; selon le contexte, je choisis le sens qui convient.

> **décorer** v. 1. *Pour Noël, on a **décoré** la salle à manger*, on y a mis des objets pour l'embellir (= orner). 2. *M. Dupont **est décoré** de la Légion d'honneur*, il a reçu cette distinction honorifique.
> ■ **décor** n.m. SENS 1 *Au deuxième acte de la pièce, les **décors** changent*, les accessoires qui représentent le lieu de l'action.
> ■ **décorateur** n. SENS 1 *Le métier du **décorateur** consiste à décorer les appartements ou à faire des décors de théâtre.*
> ■ **décoratif** adj. SENS 1 *Ce lustre est très **décoratif**, il fait un bel effet.*
> ■ **décoration** n.f. SENS 1 *Que faut-il acheter pour la décoration de la salle?* (= ornement). SENS 2 *La Légion d'honneur, la croix de guerre sont des **décorations**.*
>
> Larousse Maxi Débutants.

la définition (l'explication du mot)

le signe signalant un synonyme

les mots de la même famille

INFO PARENTS

Faites la course au dictionnaire avec votre enfant. Chacun le sien. Prenez au hasard un mot dans un texte. Le premier qui le retrouve dans son dictionnaire a gagné.

Je m'entraine

1 QUIZ La classe des mots indiquée est-elle correcte ? Coche la bonne réponse.

a. débit : v. ☐ Oui ☐ Non
b. enfin : prép. ☐ Oui ☐ Non
c. muet : adj. ☐ Oui ☐ Non
d. enflammer : v. ☐ Oui ☐ Non
e. dynastie : n.m. ☐ Oui ☐ Non
f. grognon : n.m. ☐ Oui ☐ Non

2 Numérote les mots suivants de 1 à 4 par ordre alphabétique. Indique à chaque fois le nombre de lettres que tu as prises en compte pour le faire.

complice .... (.................... lettres.)
composant .... (.................... lettres.)
complément .... (.................... lettres.)
complexe .... (.................... lettres.)

3 Range les ouvrages suivants dans ta bibliothèque par ordre alphabétique de noms d'auteurs. Numérote-les de 1 à 4.

Perrault C., *Contes*. ....
Verne J., *L'Île mystérieuse*. ....
Scott W., *Ivanhoé*. ....
Bosco H., *Le Renard dans l'île*. ....

4 Tu reçois trois nouveaux livres. Où les mettras-tu dans la bibliothèque que tu viens de ranger ? (Écris le nom des auteurs.)

Grimm J. et W., *Le Roi Grenouille et autres contes* sera rangé entre .... et ....
Christie A., *Mort sur le Nil* sera rangé entre .... et ....
Kipling R., *Le Livre de la jungle* sera rangé entre .... et ....

5

pâte n.f. **1.** *Mme Durand fait une pâte à tarte, elle mélange et pétrit de la farine avec de l'eau.* **2.** *Les* ***pâtes*** *de fruits, la* ***pâte*** *dentifrice, la* ***pâte*** *à modeler sont des matières molles.* **3.** (au plur.) *Les macarons, les spaghettis, etc., sont des variétés de pâtes,* des aliments préparés à partir de semoule de blé dur. (= nouilles).
■ **pâteux** adj. SENS 2 *Ce gâteau est pâteux,* trop mou.
Larousse Maxi Débutants.

a. Combien de sens a le mot *pâte* ?
b. Quel est le synonyme de *pâtes* ?
c. Quel adjectif est dérivé du mot *pâte* ?

jeu malin

Remplis cette grille et découvre dans une des lignes verticales ce que le voleur a dérobé chez le roi.

1. Tu en reçois un le jour de ton anniversaire.
2. Il peut être plus ou moins précieux et se vend en bijouterie.
3. Elle s'enfile au doigt.
4. Tu en as deux, une droite et une gauche.
5. Elle peut être dans un jardin ou dans un pot.
6. Elle est versée pour libérer un prisonnier.
7. L'or en est un précieux.

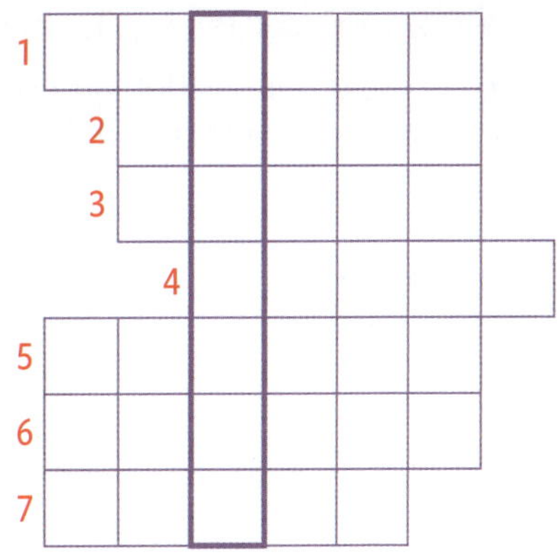

....

Bravo, tu as terminé !
Entoure ton smiley.

Corrigés page 21 du *Guide parents*

24 Le dialogue

Pour commencer
Quels sont les signes de ponctuation du dialogue ?

J'apprends

• **Un dialogue permet d'animer un récit en faisant parler des personnages.**

• **La ponctuation du dialogue**

Dans le récit, les **guillemets** ouvrent et ferment le dialogue. À chaque fois qu'un personnage différent parle, on met un **tiret**.

« Bonjour, Monsieur le lapin.

– Bonjour, Monsieur le loup. »

Pour que le lecteur ne confonde pas les personnages, **on précise qui parle**.

Nicolas (S) *lui dit* (V) *: « Bonjour. Comment vas-tu ? »*

« Bonjour, lui dit (V) *Nicolas* (sujet inversé)*. Comment vas-tu ? »*

On utilise beaucoup les synonymes du verbe *dire* : *signaler*, *répondre*, *répliquer*, *déclarer*, etc.

« Bonjour », lui répondit Pimprenelle.

Si le verbe annonce le dialogue, il est suivi de **deux-points**.

Jeannot répéta : « Bonjour. »

Je comprends comment faire

▶ **Pour utiliser les outils du dialogue**

• J'utilise la ponctuation qui convient et je n'oublie pas **les deux-points**, **les guillemets**, **et si nécessaire le tiret** et **le retour à la ligne**.

J'utilise le verbe *dire* ou un synonyme.

Je fais suivre le verbe *dire* ou son synonyme de **deux-points**.

J'ouvre le dialogue avec les **guillemets**.

Monsieur Oiselet dit :
« Les fantômes existent, j'en ai vu !
– Je sais bien, répondit Madame Oiselet, j'en ai vu moi aussi.
– Non, non, répliqua Monsieur Oiselet, les miens étaient verts ! »

J'utilise un **tiret** et je vais **à la ligne** quand l'interlocuteur change.

Je ferme le dialogue avec les **guillemets**.

INFO PARENTS

Lisez des parties dialoguées de romans avec votre enfant en jouant chacun son rôle. Discutez ensemble du ton que vous devez adopter respectivement en fonction du personnage choisi.

Je m'entraine

1 QUIZ Coche Oui ou Non.

a. Dans un dialogue il y a au moins deux personnes qui parlent. ☐ Oui ☐ Non

b. On emploie les pronoms *je*, *tu*, *nous*, *vous* dans un dialogue. ☐ Oui ☐ Non

c. Les guillemets ne sont pas obligatoires quand on rapporte les paroles de quelqu'un. ☐ Oui ☐ Non

d. On ne trouve des tirets que dans les dialogues. ☐ Oui ☐ Non.

2 Lis le texte et réponds aux questions.

a. Entoure les deux guillemets.

b. Combien y a-t-il de personnages qui parlent ? Qui sont-ils ?

c. Combien y a-t-il de tirets ?

d. Sur quel ton répond le louveteau ?

e. Relève les synonymes du verbe *dire*.

Fi-Loup arriva sur les terres du cerf. Il ne s'était pas avancé de vingt pas qu'une voix retentit, menaçante :

« Quel est ce freluquet, ce bout de poil, qui se risque sur mon domaine ?

– Je ne fais que passer, messire, fit humblement le louveteau.

– Si je cède le passage, répliqua le redoutable animal, qu'en sera-t-il bientôt du respect qu'on me doit ? »

D'après *Quand on parle du loup...*

3 Dans ces phrases, remplace le verbe *dire* par un verbe plus approprié choisi dans la liste suivante : *annoncer – prétendre – révéler*.

a. Jules dit qu'il gagne tous les tournois d'échecs.

b. Sophie dit à ses amies qu'elle va épouser Léo.

c. Le détective dit la vérité sur ce nouveau crime.

4 Réécris ce texte en mettant la ponctuation du dialogue qui convient et en allant à la ligne si nécessaire.

Vous n'avez pas honte ? a dit le surveillant à Alceste, profiter d'un camarade physiquement diminué ? Au piquet ! C'est ça ! a dit Clotaire. Alors, a dit Alceste, qui a fini par avaler son chocolat, s'il se casse un bras en faisant le guignol, il faut que je lui donne à manger ? C'est vrai, a dit Geoffroy, chaque fois qu'on lui parle, on va au piquet ; il nous embête, à la fin, avec son bras !

Les Récrés du petit Nicolas.

5 Relie les termes qui vont ensemble.

Un personnage est très en colère. •	• Il murmure, chuchote.
Il est surpris. •	• Il s'étonne, s'exclame.
Il est mécontent. •	• Il ronchonne, grogne.
Il est discret. •	• Il hurle, vocifère.

jeu malin

Patapouf a du mal à prononcer ces verbes d'un dialogue. **Retrouve-les. Il y a 8 verbes.**

Poufchuchoterpatapoufmurmurerpouf déclarerpoufpoufhurlerpatapropoufclamer pataploufproposerpoufronchonploufnerpouf poufaffirmerpataplouf.

....

....

....

....

Bravo, tu as terminé !

Entoure ton smiley.

Corrigés page 22 du *Guide parents*

25 Le portrait

Pour commencer

Tu es plutôt style décontracté ? Chic ? Sportif ? Très à la mode ?

J'apprends

- **Un portrait décrit un personnage ou un animal.**
- Pour faire un portrait, on peut donner divers éléments :

– **une impression générale :**

Mon chat Amliche est en promenade. Il a le port d'un véritable seigneur.

La description qui suit doit confirmer l'impression générale, ici la majesté du chat.

– **les différentes parties du corps :**

Il est haut sur pattes, sa fourrure est tigrée.

– **le caractère, les sentiments :**

Il est indépendant mais affectueux.

Je comprends comment faire

▶ Pour rédiger un portrait

Quand j'ai fini de rédiger un portrait je vérifie les éléments suivants :

- J'ai bien utilisé :

– des adjectifs ;

– des GN expansés ;

– des verbes d'état : *sembler, paraitre, ressembler* ;

– des comparaisons.

Mon chat, à la fourrure rousse, ressemble à un jeune lionceau.

- J'ai bien parlé de l'allure générale.
- J'ai bien parlé de détails significatifs.

Il marche sur le bout des pattes avec élégance, mais bondit sur sa proie.

INFO PARENTS

Demandez à votre enfant quels sont les détails dans les illustrations d'un album ou d'une BD qui rendent un personnage sympathique ou antipathique.

Je m'entraine

1 QUIZ Coche Vrai ou Faux.

a. On parle de portrait pour un personnage ou un animal et de description pour le cadre où se passe une histoire. ☐ Vrai ☐ Faux

b. Le mot portrait s'emploie aussi en peinture. ☐ Vrai ☐ Faux

c. Les nobles commandaient des portraits aux peintres avant l'invention de la photographie. ☐ Vrai ☐ Faux

2 Souligne en vert le passage qui donne une impression générale du personnage, en bleu ceux qui décrivent son visage, en rouge ceux qui décrivent son caractère.

Quel extraordinaire petit homme que ce M. Wonka ! Il était coiffé d'un chapeau haut de forme noir. Il portait un habit à queue d'un beau velours couleur de prune. Son pantalon était vert bouteille. Une petite barbiche noire taillée en pointe – un bouc – ornait son menton. Et ses yeux – ses yeux étaient d'une merveilleuse limpidité. Tout son visage était illuminé de gaieté et de bonne humeur. Et, oh ! comme il avait l'air futé.

D'après *Charlie et la chocolaterie*.

3 Souligne dans ce texte deux adjectifs, deux compléments de nom et un verbe d'état.

Pour commencer, Charlotte Parlotte n'est pas n'importe qui. Elle a la tête d'un cochon d'Inde qui va loin. Ses yeux brillants, ses longues moustaches, son poil lustré et surtout, surtout ses amours de fossettes qui lui font deux si jolis retroussis de fourrure à la place de la queue, bref, toute sa personne dégage un certain charme, et même un charme certain.

Charlotte Parlotte.

4 Rédige le portrait de ce chien en utilisant au moins deux adjectifs, deux compléments de nom, un verbe d'état.

jeu malin

Devinettes

a. Quel est le comble pour un kangourou ?

....

b. Qu'est-ce qui commence par la lettre e, finit par la lettre e et qui ne contient qu'une seule lettre ?

....

c. Qu'est-ce qui est à la fin de la terre et au milieu de la mer ?

....

d. Quelles sont les 3 lettres de l'alphabet que les parents utilisent le plus ?

....

Bravo, tu as terminé !

Entoure ton smiley.

Corrigés page 22 du *Guide parents*

MATHÉMATIQUES

→ Des exercices interactifs sur
www.hatier-entrainement.com

Nombres et calculs

Date | Évaluation

Espace et géométrie

Grandeurs et mesures

Problèmes

1 Les grands nombres

Pour commencer

Quel est le nombre qui suit 999 999 ?

J'apprends

- **Les nombres qui s'écrivent avec plus de 3 chiffres contiennent des milliers.**

On écrit d'abord le nombre de milliers, puis le nombre d'unités simples.

classe des milles			classe des unités simples			on lit :
centaines	dizaines	unités	centaines	dizaines	unités	
		7	2	3	5	sept-mille-deux-cent-trente-cinq
	9	6	3	4	0	quatre-vingt-seize-mille-trois-cent-quarante
1	0	3	5	7	5	cent-trois-mille-cinq-cent-soixante-quinze
4	0	0	0	0	0	quatre-cent-mille

- **Il existe aussi la classe des millions.**

millions			mille			unités simples			on lit :
c	d	u	c	d	u	c	d	u	
	1	2	5	6	2	0	0	0	douze-millions-cinq-cent-soixante-deux-mille
5	1	0	0	0	0	0	0	0	cinq-cent-dix-millions

Je comprends comment faire

▶ Pour distinguer un nombre et un chiffre

7235 : nombre de milliers → 7 ; chiffre des **unités de mille** → 7

96340 : nombre de milliers → 96 ; chiffre des **unités de mille** → 6 ; chiffre des **dizaines de mille** → 9

▶ Pour décomposer un grand nombre

7235	96340	103506
7000 + 200 + 30 + 5	90000 + 6000 + 300 + 40	100000 + 3000 + 500 + 6
7 × 1000 + 2 × 100 + 3 × 10 + 5	9 × 10000 + 6 × 1000 + 3 × 100 + 4 × 10	1 × 100000 + 3 × 1000 + 5 × 100 + 6

INFO PARENTS

Pour aider votre enfant à écrire un nombre en lettres, dites-lui de le lire d'abord à haute voix. Pour écrire un nombre en chiffres, faites-lui repérer le nombre de millions et veiller à la présence d'un espace entre les classes des millions, des mille et des unités.

Je m'entraine

1 QUIZ Coche les bonnes réponses.

Le 4 janvier 1912, on mesura la plus petite distance en km du XXe siècle entre la Terre et la Lune : 356 375.

a. Le chiffre des unités de mille est 3. ☐
b. Le chiffre des dizaines est 7. ☐
c. Le nombre de dizaines de mille est 3. ☐
d. Le nombre de centaines de mille est 35. ☐

2 Le 2 mars 1984, on mesura la plus grande distance en km du XXe siècle entre la Terre et la Lune : 406 711.
Quel est :

a. le nombre de milliers ?

b. le nombre de dizaines de mille ?

c. le chiffre des dizaines de mille ?

d. le chiffre des centaines ?

e. le chiffre des unités de mille ?

3 Décompose ces nombres.

a. 203 872
b. 17 458
c. 4 500 600
d. 5 780 200

4 Voici le nombre d'habitants de quelques villes. Écris ces nombres en chiffres.

a. Tokyo : treize-millions-huit-cent-trente-et-un-mille-quatre-cent-vingt-et-un.

b. Paris : deux-millions-cent-quatre-vingt-dix-mille-trois-cent-vingt-sept.

c. Amsterdam : huit-cent-cinquante-et-un-mille-cinq-cent-soixante-treize.

d. Stockholm : neuf-cent-soixante-deux-mille-cent-cinquante-quatre.

5 Voici des superficies en km². Écris ces nombres en lettres.

a. Argentine : 2 766 889
b. Iran : 1 648 000
c. France : 547 026
d. Mali : 1 240 000
e. Espagne : 504 782

jeu malin

Complète la grille en écrivant ces nombres en chiffres.

- un-million-deux-cent-cinquante-mille
- quatre-cent-quarante-deux
- deux-millions-quatre-cent-cinquante-mille-six-cent-cinquante
- huit-cent-cinquante-et-un
- vingt-deux-mille-six-cent-quinze
- quarante-trois-mille-cinq-cent-douze

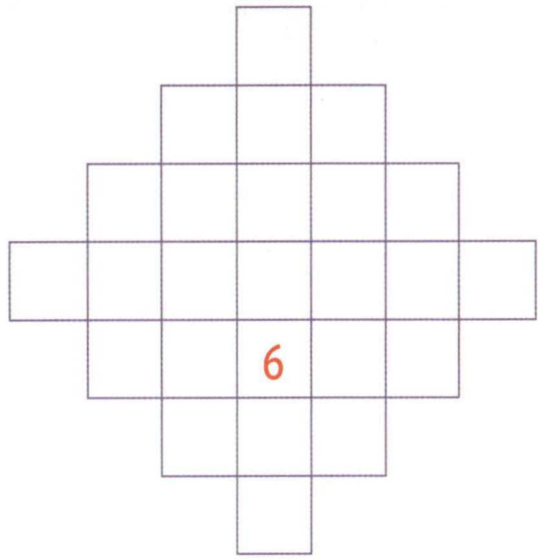

Bravo, tu as terminé !
Entoure ton smiley.

Corrigés page 22 du *Guide parents*

2 La comparaison des nombres entiers

Pour commencer

Quel est le plus grand nombre : 111 111 ou 99 999 ?

J'apprends

▶ Pour ranger des nombres entiers

- 4512 < 7845 < 8458 < 10215 < 31058

J'ai rangé ces nombres **par ordre croissant**, c'est-à-dire **du plus petit au plus grand**.

- 89000 > 45256 > 10582 > 7748 > 742

J'ai rangé ces nombres **par ordre décroissant**, c'est-à-dire **du plus grand au plus petit**.

▶ Pour encadrer un nombre entier

- J'ai 17000 < 17854 < 18000
- C'est un **encadrement** du nombre 17854 **au millier près**.

- Je peux trouver un autre encadrement plus précis :

J'ai 17800 < 17854 < 17900

C'est un **encadrement** de 17854 **à la centaine près**.

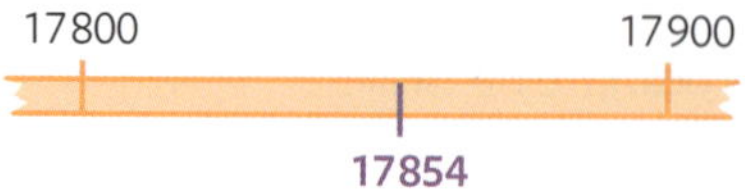

Je comprends comment faire

▶ Pour comparer deux nombres

Le plus grand est celui qui s'écrit avec le plus de chiffres.

↓

7 945 s'écrit avec 4 chiffres et 27 123 avec 5 chiffres. Donc 27 123 > 7 945.

Deux nombres s'écrivent avec autant de chiffres :

↓

le plus grand est celui dont le premier chiffre de gauche est le plus grand.

↓

41 667 et 85 454 sont deux nombres à 5 chiffres : 8 > 4 donc 85 454 > 41 667.

→ quand le premier chiffre à gauche est le même, on compare le deuxième chiffre. Si on ne peut pas conclure, on passe au chiffre suivant, etc.

↓

85907 et 80769 sont deux nombres à 5 chiffres. Ils ont 8 comme premier chiffre à gauche. Il faut comparer le chiffre suivant, ici le chiffre des milliers : 5 > 0 donc 85 907 > 80 769.

INFO PARENTS

Demandez à votre enfant de deviner un nombre auquel vous pensez. Il vous proposera un nombre et vous lui répondrez uniquement «trop grand» ou «trop petit». Il peut utiliser une feuille pour contrôler ses propositions ou retrouver ses erreurs.

Je m'entraine

1 QUIZ Coche Vrai ou Faux.

a. 450 145 < 715 212 ☐ Vrai ☐ Faux
b. 102 873 < 99 999 ☐ Vrai ☐ Faux
c. 78 854 < 78 600 ☐ Vrai ☐ Faux
d. 12 540 < 12 874 ☐ Vrai ☐ Faux

2 Range ces ponts par ordre croissant de longueur.

a. Hartland (Canada) : 391 m
b. Lac de Pontchartrain (États-Unis) : 38 422 m
c. Seto-O-hashi (Japon) : 13 100 m
d. Pockville (États-Unis) : 1 160 m
e. Île de Ré (France) : 3 840 m

3 Range ces pays par ordre décroissant de superficie.

a. Mexique : 1 972 547 km²
b. Angola : 1 246 700 km²
c. Indonésie : 1 904 569 km²
d. Mali : 1 240 000 km²
e. Niger : 1 267 000 km²
f. Inde : 3 287 590 km²

4 Utilise les chiffres 2, 7, 3, 8 et 1 une seule fois pour écrire :

a. le plus grand nombre à 5 chiffres possible ;
b. le plus petit nombre à 5 chiffres possible.

5 Donne un encadrement à la centaine près de ces nombres.

a. 4 562 ....
b. 12 870 ....
c. 4 962 ....
d. 3 025 ....
e. 742 ....

6 Donne un encadrement au millier près de ces nombres.

a. 9 527
b. 12 515
c. 315 200
d. 127 412
e. 5 200

7 Place sur la droite les entiers 647, 652 et 658.

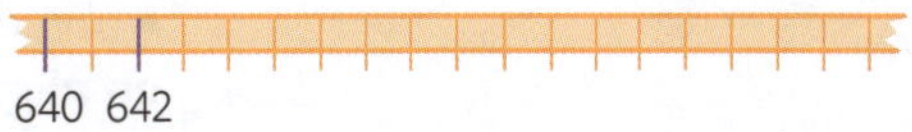

8 Complète.

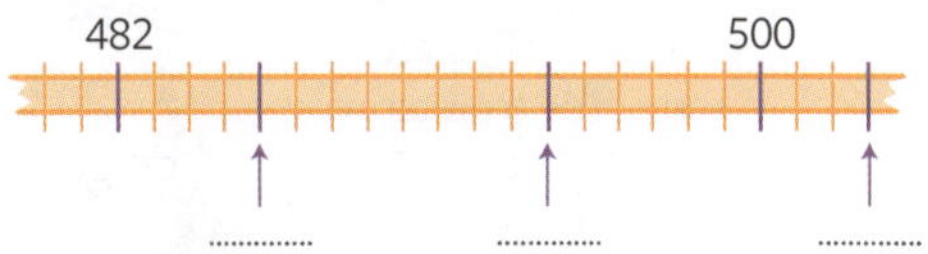

9 Complète par les signes < ou > sans effectuer les opérations.

a. 145 × 122 .... 7 × 10
b. 45 × 100 .... 22 × 1 000
c. 789 + 456 .... 1 045 – 231
d. 7 895 – 4 521 .... 45 123 – 44 089
e. 4 925 – 2 005 .... 7 450 – 6 420

jeu malin

Trace le chemin du départ jusqu'à l'arrivée où les nombres rencontrés sont rangés par ordre croissant.

Départ: 500 — 2 897 — Arrivée: 75 456

29 458 — 954 — 12 987

1 028 — 15 458 — 4 000 — 2 879

Bravo, tu as terminé !

Entoure ton smiley.

Corrigés page 22 du *Guide parents*

3 L'addition

Pour commencer
Calcule
5 555 + 6 666.

J'apprends

$$\begin{array}{rccccc} & & {}^{2}4 & {}^{2}5 & {}^{2}2 & 6 \\ & & 2 & 5 & 8 & 7 \\ + & & 3 & 8 & 9 & 7 \\ \hline & 1 & 1 & 0 & 1 & 0 \end{array}$$

On dit que 11 010 est la somme de trois termes : 4 526, 2 587 et 3 897.

▶ Poser une addition

- On dispose les nombres les uns en dessous des autres **en alignant à droite les chiffres des unités**.
- On **ajoute** les chiffres d'une même colonne en commençant par la colonne de **droite** des unités et en allant vers celle de **gauche**.
- On place les **retenues**, quand il y en a, en haut de la colonne de gauche suivante.

▶ Attention

- Il ne faut pas oublier **les retenues** d'une addition quand il y en a.
- Une addition ne change pas quand on change l'ordre de ses termes :
268 + 957 = 957 + 268 = 1 225.

Je comprends comment faire

▶ Pour reconnaitre les problèmes additifs

- **Calculer une dépense totale**

Madame Simon achète un rateau et une pelle pour 78 €, une brouette à 123 € et une scie à 69 €.
Quelle est sa dépense totale?
Je calcule la somme : 78 + 123 + 69 = 270
→ La dépense totale est de 270 €.

- **Avancer sur la droite numérique**

Pablo Picasso est né en 1881. Il est mort à l'âge de 92 ans.
Quelle est l'année de sa mort?

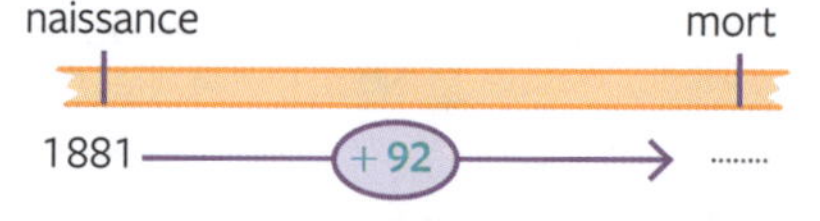

Je calcule la somme : 1881 + 92 = 1973
→ Pablo Picasso est mort en 1973.

- **Calculer un périmètre**

Quel est le périmètre du triangle suivant?
Je calcule la somme :
32 + 23 + 47 = 102
→ Le périmètre est de 102 mètres.

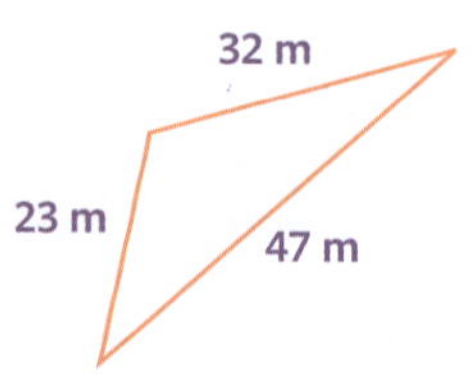

INFO PARENTS
Lorsque vous faites les courses avec votre enfant, demandez-lui de calculer la dépense totale avec 2 ou 3 prix exprimés en euros.

Je m'entraine

1 QUIZ Coche les bonnes réponses.

- a. 45 036 + 17 985 = 64 021 ☐
- b. 106 458 + 98 234 = 204 692 ☐
- c. 5 789 + 6 987 = 12 767 ☐
- d. 10 025 + 30 980 = 41 005 ☐

2 Pose ces additions puis calcule-les.

a. 847 + 12 624 + 8 087 =

b. 1 458 + 785 + 2 048 =

c. 5 487 + 9 653 + 4 782 =

3 Quel est le périmètre de cette figure géométrique?

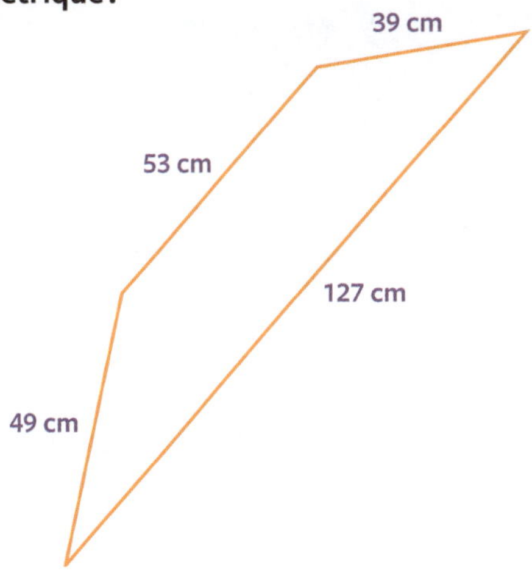

4 Trouve le terme qui manque.

a. 458 + ... = 1 264

b. 1 254 + ... = 2 650

c. .... + 4 587 = 12 587

5 Complète ces additions.

```
    4  3  2  ...
+  ... ... 5  4
---------------
    6  2  ...  9
```

```
    ...  3  5  ...
+    7   8 ...  4
------------------
 ...  0 ...  2  1
```

6 Quelle est la distance entre Paris et Marseille?

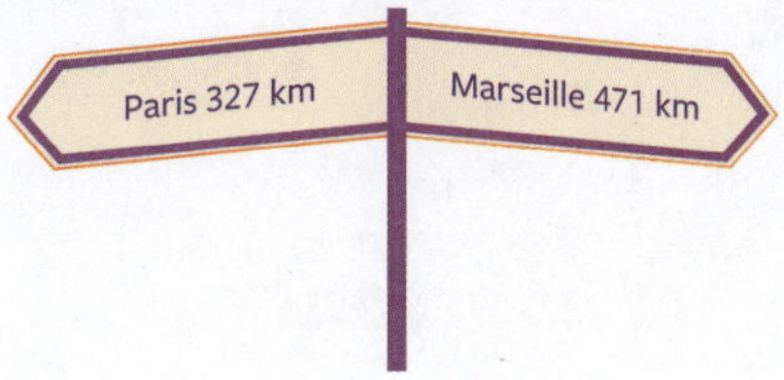

7 Molière est né en 1622, il est mort à l'âge de 51 ans. **En quelle année est-il mort?**

....

8 Complète le tableau.

Année	Population au 1er janvier		
	département du Bas-Rhin	département du Haut-Rhin	Total Alsace
2000	1 032 519	712 169	....
2010	1 095 905	749 782	....

jeu malin

Si l'on fait la somme de tous les nombres situés sur une même ligne, sur une même colonne ou sur une même diagonale, on trouve toujours le même nombre 93.
Complète ce carré magique.

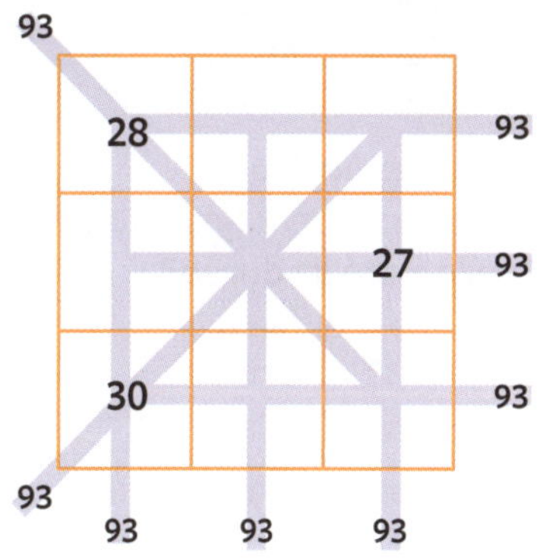

Bravo, tu as terminé !

Entoure ton smiley.

Corrigés page 22 du *Guide parents*

4 La soustraction

Pour commencer
Si je paye un achat de 173 € avec un billet de 200 €, combien me reste-t-il ?

J'apprends

▶ Poser une soustraction

- On écrit **toujours** le plus **grand nombre** d'abord.
- On dispose le 2e nombre en dessous de l'autre **en alignant à droite les chiffres des unités**.
- On **soustrait** les chiffres d'une même colonne en commençant par la colonne de **droite** des unités et en allant vers celle de gauche.

$$\begin{array}{r} 8\ {}^{1}2\ {}^{1}6 \\ -\ 5_{1}\ 7_{1}\ 8 \\ \hline 2\ \ 4\ \ 8 \end{array}$$

On dit que 248 est la différence de deux termes : 826 et 578.

1re étape : la soustraction 6 – 8 est impossible.
2e étape : on ajoute 10 unités à 6 et une dizaine à 7.
3e étape : 16 – 8 = **8**.
4e étape : la soustraction 2 – (7 + 1) est impossible.
5e étape : on ajoute 10 dizaines à 2 et une centaine à 5.
6e étape : 12 – (7 + 1) = **4**.
7e étape : 8 – (5 + 1) = **2**.

Je comprends comment faire

▶ Pour reconnaitre les problèmes soustractifs

- **Reculer sur la droite numérique**

Napoléon est mort en 1821 à l'âge de 52 ans.
En quelle année est-il né?
Je calcule la différence :
1821 – 52 = 1769
→ Il est né en 1769.

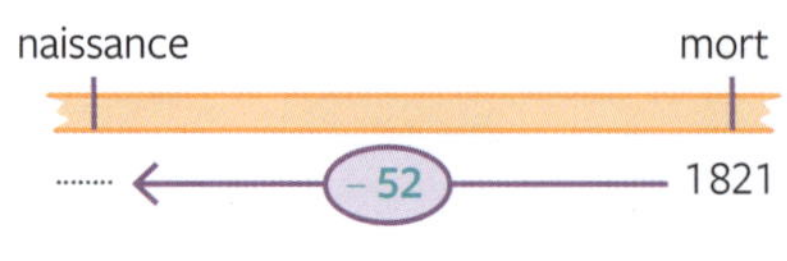

- **Calculer un écart**

La guerre de Cent Ans a commencé en 1337 et s'est achevée en 1453.
Quelle a été sa durée?
Je calcule la différence :
1453 – 1337 = 116
→ Elle a duré 116 ans.

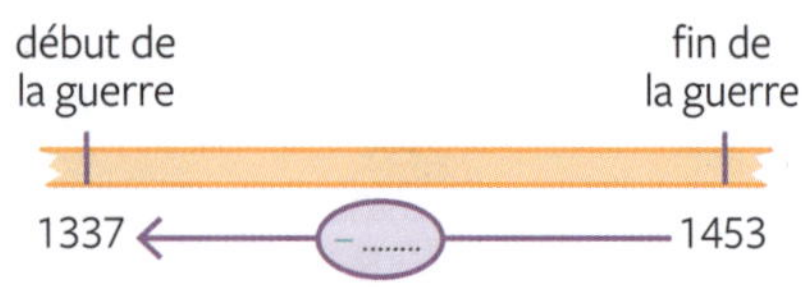

- **Calculer une partie d'un ensemble**

Sur les 37 265 personnes inscrites sur les listes électorales de la commune de Villefranche, il y a 19 234 électrices.
Quel est le nombre d'électeurs?
Je calcule la différence : 37 265 – 19 234 = 18 031
→ Il y a 18 031 électeurs.

INFO PARENTS
Si votre enfant a des difficultés à différencier les problèmes additifs des problèmes soustractifs, demandez-lui de raconter l'action décrite par l'énoncé et de nommer ce que l'on cherche et ce que l'on connait.

Je m'entraine

1 QUIZ **Coche Vrai ou Faux.**

a. 45 036 – 17 985 = 27 051 ☐ Vrai ☐ Faux
b. 106 458 – 98 234 = 8 124 ☐ Vrai ☐ Faux
c. 5 789 – 987 = 4 812 ☐ Vrai ☐ Faux
d. 10 025 – 3 098 = 6 927 ☐ Vrai ☐ Faux

2 **Pose la soustraction et calcule-la.**

a. 125 478 – 97 854
b. 45 025 – 12 745
c. 784 236 – 432 654
d. 12 587 – 9 741

3 **Trouve le terme qui manque.**

a. .... – 2 368 = 5 478

b. 7 458 – .... = 257

4 Un triangle a pour périmètre 458 m. Deux de ses côtés mesurent 159 m et 72 m. **Quelle est la longueur du troisième côté du triangle?**

5 La comète de Halley passe à proximité de la Terre tous les 76 ans. **Sachant qu'elle est passée près de la Terre en 1986, quelle était l'année de son précédent passage?**

6 **Complète ces soustractions.**

```
    7 ...  4
–  ... 1  ...
    3  0  7
```

```
   2  7 ...  5
–  1 ...  2  7
      7  8  ...
```

7 **Complète ces soustractions.**

```
  ... ... ... ...
–  7   4   9   7
   2   5   4   8
```

```
1   2   4   1   8
–  ... ... ... ...
    7   9   2   4
```

8 En 2017, il y a eu 730 242 naissances en France. Parmi ces bébés, il y eut 356 526 filles **Calcule le nombre de garçons qui sont nés cette année-là.**

9 Il y avait en région Provence-Alpes-Côte d'Azur :

- 4 882 913 habitants en 2008;
- 5 021 928 habitants en 2016.

Calcule l'augmentation de la population entre ces deux années.

jeu malin

Dans un autobus, au premier arrêt, il est monté 12 personnes. Au deuxième arrêt, il est monté 15 personnes. Il y a maintenant 46 passagers dans l'autobus. **Combien de personnes sont montées au départ?**

....

Bravo, tu as terminé !

Entoure ton smiley.

Corrigés page 23 du *Guide parents*

5 Quand multiplier ?

Pour commencer
Élise a 9 billets de 10 € dans sa tirelire. Combien a-t-elle ?

J'apprends

$675 \times 7 = 4\,725$

facteurs (675 et 7) — produit des deux facteurs (4 725)

- **On fait une multiplication dans les problèmes suivants :**

– **Pour calculer la dépense totale quand on achète des objets au même prix**

Un voyage pour une personne aux États-Unis coute 452 €.
Quel est le prix total pour 6 personnes?
$6 \times 452 = 2\,712$ → le prix pour 6 personnes est de 2 712 €.

– **Pour calculer un nombre d'objets disposés de façon régulière en rectangle**

Pour carreler une pièce rectangulaire, un maçon dispose 13 carreaux sur la longueur et 8 carreaux sur la largeur.
Combien faut-il de carreaux pour couvrir le sol de la pièce?
$13 \times 8 = 104$ → Il faut 104 carreaux.

– **Pour dénombrer un ensemble dont les parties ont toutes le même nombre d'objets**

Dans un parking souterrain à 6 niveaux, chaque niveau peut accueillir 127 voitures.
Combien de voitures peuvent stationner dans ce parking?
$127 \times 6 = 762$ → Le parking peut contenir 762 voitures.

Je comprends comment faire

▶ Pour additionner 2 produits

Dans la page d'un album, on dispose 5 rangées de 12 timbres italiens et dessous 3 rangées de 12 timbres espagnols.
Quel est le nombre total de timbres rangés dans cette page?

- Je peux calculer ce nombre de deux façons :

$(12 \times 5) + (12 \times 3) = 60 + 36 = 96$
ou $12 \times (5 + 3) = 12 \times 8 = 96$

→ On a rangé 96 timbres dans la page.

- Je peux écrire :

$(12 \times 5) + (12 \times 3) = 12 \times (5 + 3)$

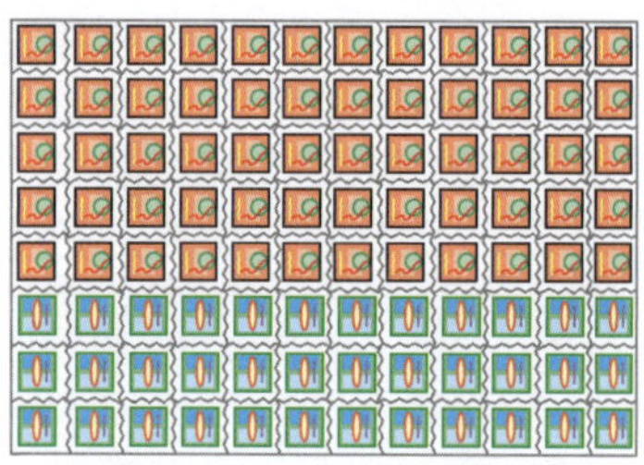

INFO PARENTS
Lorsque vous rencontrez des objets rangés suivant une disposition rectangulaire, vous pouvez demander à votre enfant de dire la multiplication correspondante ainsi que son résultat.

Je m'entraine

1 QUIZ Coche les problèmes qui utilisent une multiplication.

a. Un fleuriste fabrique 25 bouquets comportant chacun 12 roses.
Combien de roses a-t-il utilisées? ☐

b. Pablo a 12 ans. Théo, son grand frère, a 25 ans.
Combien d'années séparent la naissance de Théo de celle de Pablo? ☐

c. Paul a reçu 25 € de sa grand-mère et 12 € de son grand-père.
Combien a-t-il reçu de ses grands-parents? ☐

d. Une chaise coute 109 €.
Combien coutent 6 chaises? ☐

2 Dans une boite de sardines, il y a 8 sardines. Dans un carton, il y a 72 boites de sardines.
Combien y a-t-il de sardines dans un carton?

3 Un escargot peut parcourir 50 m en 1 heure, alors qu'une tortue parcourt 250 m durant le même temps.
Si les deux animaux partent ensemble et suivent le même chemin, quelle distance les séparera au bout d'un trajet de 7 jours?

4 En 1957, une expédition britannique a traversé l'Antarctique en 99 jours.
Elle progressait en moyenne de 35 km par jour.
Quelle distance a-t-elle parcourue?

5 Complète cette facture.

Désignation	Prix unitaire en €	Quantité	Prix total en €
Lits	152	20	....
Tables	120	15	....
Chaises	55	30	....
Armoires	280	10	....
		Total	....

6 Pour planter un massif de fleurs rectangulaire, un jardinier dispose 128 tulipes par rangée sur 25 rangées. Il regroupe toutes les tulipes rouges en un carré de 11 fleurs de côté.
Quel est le nombre de tulipes qui ne sont pas rouges?

7 Calcule le nombre d'étoiles en faisant :

a. des multiplications et des additions.

b. des multiplications et des soustractions.

8 Résous ce problème.

Dans une boite de sucre, il y a 10 morceaux dans la longueur, 5 dans la largeur et 4 en hauteur.
Quel est le nombre total de morceaux de sucre contenus dans la boite?

....

jeu malin

Casse-tête
Au zoo, dans l'enclos des chameaux et des dromadaires je compte 12 têtes et 19 bosses. **Quel est le nombre de chameaux et de dromadaires?**

....

Bravo, tu as terminé !
Entoure ton smiley.

Corrigés page 23 du *Guide parents*

6 La multiplication

Pour commencer
À quoi est égal 222 x 30 ?

J'apprends

▶ Poser une multiplication du type 453 × 7

$$\begin{array}{r} 453 \\ \times\quad 7^{\,2} \\ \hline 1 \end{array}$$

7 × 3 = 21
J'écris **1** je retiens **2**.

$$\begin{array}{r} 453 \\ \times\quad 7^{\,\not{2}\,3} \\ \hline 71 \end{array}$$

7 × 5 = 35
35 + 2 = 37
J'écris **7** je retiens **3**.

$$\begin{array}{r} 453 \\ \times\quad 7^{\,\not{2}\,\not{3}} \\ \hline 3171 \end{array}$$

7 × 4 = 28
28 + 3 = 31
J'écris **31**.

▶ Multiplier par 10 ou par 100

Pour multiplier un nombre par **10**, on écrit **un zéro à droite** de ce nombre.
23 × 10 = 230
Pour multiplier un nombre par **100**, on écrit **deux zéros à droite** de ce nombre.
45 × 100 = 4500

▶ Poser une multiplication du type 453 × 70

Pour multiplier par 70, on multiplie par 7 et on écrit un zéro à la droite du résultat car multiplier par 70, c'est multiplier par 7 puis ensuite par 10.

$$\begin{array}{r} 453 \\ \times\quad 70 \\ \hline 31710 \end{array}$$

Je comprends comment faire

▶ Pour poser une multiplication du type 453 × 79

- **Je commence par multiplier 453 par 9** comme dans l'exemple 453 × 7 [→ J'apprends].

$$\begin{array}{r} 453 \\ \times\quad 79 \\ \hline 4077 \\ \dots\dots \\ \hline \dots\dots \end{array}$$

- **J'écris un zéro** en dessous du chiffre des unités, puis **je multiplie 453 par 7**. Je mets ce zéro sur la deuxième ligne de la multiplication, car c'est le produit de 453 par 70 que j'écris sur cette ligne.

$$\begin{array}{r} 453 \\ \times\quad 79 \\ \hline 4077 \\ 31710 \\ \hline \dots\dots \end{array}$$

- **J'additionne** les deux nombres trouvés.

$$\begin{array}{r} 453 \\ \times\quad 79 \\ \hline 4077 \\ 31710 \\ \hline 35787 \end{array}$$

INFO PARENTS
Vous pouvez demander à votre enfant de calculer mentalement des produits comme 458 x 10 pour l'aider à bien mémoriser la multiplication par 10.

Je m'entraine

1 QUIZ **Coche les bonnes réponses.**

a. $126 \times 7 = 882$ ☐
b. $95 \times 8 = 860$ ☐
c. $230 \times 9 = 2\,070$ ☐
d. $52 \times 60 = 3\,020$ ☐

2 Pose ces multiplications, puis calcule-les.

a. $59 \times 7 =$
b. $217 \times 40 =$
c. $265 \times 36 =$
d. $205 \times 2 =$
e. $423 \times 200 =$

3 Pose ces multiplications, puis calcule-les.

a. $526 \times 9 =$
b. $247 \times 8 =$
c. $314 \times 27 =$
d. $572 \times 38 =$

4 Effectuer ces multiplications.

		7	8	9
×			4	5
	....	....	....	....
....	....	....	....	
....	....	....	....	....

		6	0	5
×			7	4
	....	....	....	....
....	....	....	....	
....	....	....	....	....

		6	3	8
×			8	6
	....	....	....	....
....	....	....	....	
....	....	....	....	....

5 Complète ces multiplications.

		5	1	5
×			....	....
	3	6	0	5
2	0	6	0	
2	4	2	0	5

		....	....	....
×			4	3
	2	2	2	6
2	9	6	8	
3	1	9	0	6

6 Complète ces multiplications.

1	4	2	5
×			....
2	....	5	0

	4	....	3
×		....	8
....	3	8	4
8	....	....	
....	....	....	4

jeu malin

Si on fait le produit de tous les nombres situés sur une même ligne, sur une même colonne ou sur une même diagonale, on trouve toujours le même nombre.
Vérifie si le carré est magique.

....				
	2	64	32	....
	256	16	1	....
	8	4	128	....
....	....	....	....	

Bravo, tu as terminé !
Entoure ton smiley.

Corrigés page 23 du *Guide parents*

7 Les multiples

Pour commencer

Si le 14 juillet est un dimanche, quel jour sera-t-on le 21 juillet ? Quel jour était-on le 7 juillet ?

J'apprends

- 140 et 56 sont des **multiples** de 7.
car 56 = 7 × 8 et 140 = 7 × 20

- **Les nombres pairs sont des multiples de 2.**
0, 2, 4, 6, 8, 10, 12, 14, 16, 18, 20, 22, 24 sont des nombres pairs.

- **Les multiples de 10 se terminent par 0.**
En effet, **10 divise** les nombres qui se terminent par **0**.
450 = 45 × 10, donc 450 est un multiple de 10.

- **Les multiples de 100 se terminent par 00.**
En effet, **100 divise** les nombres qui se terminent par **00**.
7800 = 78 × 100 donc 7800 est un multiple de 100.

- **Les multiples de 5 se terminent par 0 ou par 5.**
45 = 9 × 5 donc 45 est un multiple de 5.

Je comprends comment faire

▶ Pour utiliser les multiples dans les problèmes de répartition

Un maraicher doit envoyer 420 tomates qu'il emballe dans des cageots contenant 12 tomates.

Combien de cageots doit-il prévoir ?

- Pour calculer ce nombre, j'écris la table de multiplication de 12.
- 420 n'est pas dans la table,
mais il est compris entre 360 et 480.
Je lis : 12 × 30 = 360
Le maraicher peut déjà remplir **30 cageots**.
Il lui reste 60 tomates à emballer
car 420 – 360 = 60.
- 60 est dans la table des multiples.
Je lis : 12 × 5 = 60
Le maraicher peut donc encore remplir **5 cageots**.
→ Il a rempli en tout **35 cageots** car 30 + 5 = 35.

12 × 1 = 12	12 × 8 = 96
12 × 2 = 24	12 × 9 = 108
12 × 3 = 36	12 × 10 = 120
12 × 4 = 48	12 × 20 = 240
12 × 5 = 60	12 × 30 = 360
12 × 6 = 72	12 × 40 = 480
12 × 7 = 84	...

INFO PARENTS

Proposez à votre enfant un nombre et demandez-lui de vous donner de mémoire une multiplication dont le résultat est le nombre proposé.

Je m'entraine

1 **QUIZ** **Coche Vrai ou Faux.**

a. 450 est un multiple de 100. ☐ Vrai ☐ Faux
b. 34 est un nombre pair. ☐ Vrai ☐ Faux
c. 155 est un multiple de 2. ☐ Vrai ☐ Faux
d. 305 est un multiple de 5. ☐ Vrai ☐ Faux

2 **Cherche les multiples de 25 afin de trouver le nombre qui manque dans l'égalité.**

175 = 25 × ……

3 a. **Complète l'égalité.**

450 = 45 × ……

b. **Complète les phrases suivantes :**

450 est un …… de 10.

450 est un …… de 45.

4 **En partant de 290, qui est un multiple de 29, cherche le multiple suivant de 29.**

……

5 **À partir de 99, qui est un multiple de 11, cherche le multiple précédent de 11.**

……

6 **Parmi les nombres notés dans le tableau, quels sont :**

Hauteur en mètres	
Flèche de l'église Saint-Nicolas (Hambourg)	145
Pyramide de Snéfrou (Égypte)	104
Tour Eiffel (Paris)	320
Empire State Building (New York)	332
Standard Bank (Johannesburg)	135

a. les multiples de 10 ?

……

b. les multiples de 5 ?

……

c. les multiples de 2 ?

……

d. les multiples de 5 et de 2 ?

……

7 Des carreaux sont vendus par cartons de 25. **Combien de cartons doit acheter un carreleur qui a besoin de 900 carreaux ?**

……

8 Un marchand de coquillages doit expédier 2 160 huitres.

a. **S'il utilise des caissettes contenant 48 huitres, combien de caissettes doit-il remplir ?**

……

b. **S'il utilise des paniers contenant 36 huitres, combien de paniers doit-il remplir ?**

……

9 Un libraire dispose de cartons pouvant contenir 12 livres, 15 livres, 20 livres ou 25 livres. Il doit emballer 345 livres dans des cartons contenant tous le même nombre de livres. **Quelle taille de cartons doit-il choisir s'il veut que tous les cartons soient pleins ?**

……

jeu malin

Devinette
Je suis un multiple de 5. Je suis compris entre 600 et 700. Je ne suis pas pair. Mon chiffre des dizaines est la moitié de mon chiffre des centaines. **Qui suis-je ?**

……

Bravo, tu as terminé !
Entoure ton smiley.

Corrigés page 23 du *Guide parents*

8 Quand diviser ?

Pour commencer

À la banque, Madame Marton retire 600 € en billets de 50 €. Combien aura-t-elle de billets ?

J'apprends

• **On fait une division dans les problèmes de partage, quand les parts sont toutes les mêmes.**

Une fermière ramasse 27 œufs dans son poulailler.
Pour les vendre, elle les place dans des boites contenant 6 œufs.

Combien peut-elle remplir de boites?

On a l'encadrement : $24 < 27 < 30$, c'est-à-dire $4 \times 6 < 27 < 5 \times 6$

D'où : $27 = (6 \times 4) + 3$ avec $3 < 6$

→ La fermière peut remplir 4 boites, il restera 3 œufs.

On a divisé 27 par 6.

On écrit 27 : 6. On lit : 27 divisé par 6.

On pose l'opération ainsi

dividende →	27	6 ← diviseur
	− 24	4 ← quotient
reste →	3	

Je comprends comment faire

▶ Pour trouver la valeur de la part de chacun

Une grand-mère partage 1 500 € entre ses 6 petits-enfants.

Quelle est la part de chacun?

Je peux chercher la part de chacun en faisant des essais :

• Si chaque enfant a 200 €,
j'ai $200 \times 6 = 1200$ ← Ce n'est pas assez car $1200 < 1500$.

• Si chaque enfant a 300 €,
j'ai $300 \times 6 = 1800$ ← C'est trop car $1800 > 1500$.

• Si chaque enfant a 250 €,
j'ai $250 \times 6 = 1500$ ← C'est la somme recherchée.

j'ai $1500 = 250 \times 6$ donc $\mathbf{1500 \div 6 = 250}$ → Chaque enfant aura 250 €.

▶ Pour trouver le nombre de parts

Des pilotes de Formule 1 ont parcouru 270 km sur un circuit de 3 km.

Quel est le nombre de tours de circuit effectués par les pilotes?

• Je sais déjà calculer la distance parcourue par une automobile tournant sur un circuit de 3 km : il faut multiplier 3 par le nombre de tours.

• Pour calculer le nombre de tours de circuit, je cherche le nombre qui, multiplié par 3, donne 270.

Je dois donc faire l'opération inverse de la multiplication.

$270 = 3 \times ...$ Comme $3 \times 9 = 27$, je sais donc que $\mathbf{3 \times 90 = 270}$.

→ Les pilotes ont effectué 90 tours.

INFO PARENTS

Avec un jeu de 52 cartes, demandez à votre enfant de faire 5 tas équivalents et de vous dire le nombre de cartes qu'il lui reste. Faites le même exercice avec 4, 3 ou 6 tas.

Je m'entraine

1 QUIZ Coche les problèmes qui utilisent une division.

a. La fermière a rempli 25 boites de 6 œufs. **Combien d'œufs ont été rangés?** ☐

b. On partage 500 € entre 4 personnes. **Quelle est la part de chacun?** ☐

c. Léa et Maxime se partagent 200 €. **Si Maxime a 120 €, quelle est la part de Léa?** ☐

d. On distribue 52 cartes à 4 joueurs. **Combien de cartes reçoit chaque joueur?** ☐

2 On range 276 livres dans une bibliothèque de 12 étagères qui contiennent le même nombre de livres sur chaque étagère. **Combien de livres porte chaque étagère?**

3 Un père partage 8524 €. Il donne la même somme à ses 4 enfants.

a. **Donne un encadrement de cette somme :**
- au millier d'euros près;
- à la centaine d'euros près;
- à la dizaine d'euros près.

b. **Quelle est cette somme?**

4 Trouve le nombre qui manque.

a. 67 = (7 × ....) + 4

b. .... = (9 × 12) + 7

c. 166 = (12 × 13) + ...

5 Un vigneron fait vieillir son vin dans des tonneaux de 225 litres. Quand il vide sa cuve, il remplit 37 tonneaux dont le dernier ne contient que 172 litres. **Quelle quantité de vin contenait sa cuve?**

....

6 Une imprimante peut imprimer 6 pages à la minute. **Quel est le temps nécessaire pour imprimer un document de 144 pages.**

....

7 Dans un gratte-ciel, pour aller du rez-de-chaussée au 58e étage, il faut monter 754 marches.

a. **Quel est le nombre de marches entre deux étages?**

....

Pour chaque étage, la hauteur du sol au plafond est 247 cm.

b. **Quelle est la hauteur d'une marche?**

....

8 Baptiste dit à Clara : « J'ai divisé 342 par 12 et j'ai trouvé que le reste était 18. » Immédiatement Clara lui dit : « Tu t'es surement trompé : recommence ta division. » **Pourquoi Clara sait-elle que la division de Baptiste est fausse?**

....

9 148 élèves et 6 institutrices font une sortie scolaire. Ils utilisent des autocars qui peuvent contenir 45 passagers maximum. **Combien faut-il d'autocars pour transporter tous les passagers?**

....

jeu malin

En 2025, le 1er janvier est un mercredi. **À quelle date sera le dernier mercredi de janvier?**

....

Bravo, tu as terminé !

Entoure ton smiley.

😐 🙂 😀

Corrigés page 23 du *Guide parents*

9 La division

Pour commencer

176 est-il un multiple de 16 ?

J'apprends

▶ Poser une division du type 738 ÷ 14

• **1re étape : on cherche le nombre de chiffres du quotient.**

On encadre 738 par des multiples de 14 du type 140, 1 400, 14 000, etc.

$140 < 738 < 1\,400$

c'est-à-dire $14 \times 10 < 738 < 14 \times 100$

Le quotient est compris entre 10 et 100.

→ C'est un nombre à **2** chiffres.

On pose la division en indiquant le nombre de chiffres du quotient avec des points.

```
738 | 14
    |----
    | . .  ← unités
      ↖ dizaines
```

• **2e étape : on cherche le chiffre des dizaines du quotient.**

$14 \times 50 = 700$

$14 \times 60 = 840$

$700 < 738 < 840$

$14 \times 50 < 738 < 14 \times 60$

→ Le chiffre des **dizaines** du quotient est 5.

On calcule la différence : 738 – 700 = 38

```
               738 | 14
14 × 50  →   - 700 | 5.
              ---- |
                38 |
```

• **3e étape : on cherche le chiffre des unités du quotient.**

On continue en divisant le reste 38.

$14 \times 2 = 28$

$14 \times 3 = 42$

$28 < 38 < 42$

$14 \times 2 < 38 < 14 \times 3$

→ Le chiffre des **unités** du quotient est 2.

On calcule la différence 38 – 28 = 10

On a $10 < 14$

Le reste est inférieur au diviseur : la division est terminée.

```
               738 | 14
             - 700 | 52
              ---- |
                38 |
14 × 2   →    - 28 |
              ---- |
                10 |
```

Je comprends comment faire

Dans une division, le reste est toujours inférieur au diviseur.

▶ Pour vérifier une division

Je fais le calcul suivant :

$$738 = (14 \times 52) + 10 \qquad \text{et } 10 < 14$$

dividende → 738 ; diviseur → 14 ; quotient → 52 ; reste → 10

INFO PARENTS

Avant de commencer la division, dites à votre enfant de bien chercher le nombre de chiffres du quotient.
Il faut ensuite vérifier que les restes sont bien inférieurs au diviseur.

Je m'entraine

1 QUIZ Coche Vrai ou Faux.

a. Dans la division de 457 par 10, le reste est 7.
☐ Vrai ☐ Faux

b. Dans la division de 352 par 7, le reste est 5.
☐ Vrai ☐ Faux

c. Dans la division de 178 par 9, le reste est 11.
☐ Vrai ☐ Faux

d. Dans la division de 245 par 12, le quotient est 20.
☐ Vrai ☐ Faux

2 Complète ces divisions.

				1 7
	3	2	7	1 7
–	......	......	......	1 9
	1	5	7	
–	......	......	......	
			4	

				2 3
	2	7	8	2 3
–	2	3	0	....
		4	8	
	–	4	6	
			2	

				2 1
	5	5	2	2 1
–	4	2	0	2 6
	......	......	......	
–	1	2	6	
		......	......	

3 Pose et effectue ces divisions.

a. 2289 : 15 b. 1212 : 4

4 Dans un élevage industriel, on récolte 1370 œufs en un jour. Ils sont emballés dans des boites contenant 6 œufs.
Combien de boites complètes peut-on remplir?

....

5 Les 224 enfants d'une colonie de vacances sont répartis dans 14 groupes qui ont tous le même effectif.
Quel est le nombre d'enfants par groupe?

....

6 Effectue ces divisions.

4 7 5 4 | 3 2 6 2 7 5 | 1 2

7 À partir de la division suivante :

				8
1	8	7	2	8
1	6			2 3 4
	2	7		
	2	4		
		3	2	
		3	2	
			0	

Complète ces divisions sans effectuer d'opération.

1 8 7 2 0 | 8

1 8 7 2 0 0 | 8

jeu malin

Je suis plus petit que 50. Quand on me divise par 5, le reste est 4 et quand on me divise par 4, le reste est 3. **Qui suis-je?**

....

Bravo, tu as terminé !
Entoure ton smiley.

🙁 🙂 😀

Corrigés page 23 du *Guide parents*

10 La proportionnalité

Pour commencer

John est 2 fois plus âgé que Dave. Est-ce que John est 2 fois plus lourd que Dave ?

J'apprends

▶ Reconnaitre une situation de proportionnalité dans un tableau

double (3 → 6) ; somme (8 et 10 → 18)

Nombre de collants	3	6	8	10	18
Prix à payer en €	12	24	32	40	72

double (12 → 24) ; somme (32 et 40 → 72)

Je calcule tous les quotients.
J'ai : (12 : 3) = (24 : 6) = (32 : 8) = (40 :10) = (72 : 18) = 4
J'observe que **tous ces quotients sont égaux.**

→ *C'est un tableau de proportionnalité.*

Je remarque que :
6 est le **double** de 3, de la même façon que 24 est le **double** de 12 ;
18 est la **somme** de 8 et de 10, de la même façon que 72 est la **somme** de 32 et 40.

▶ Repérer une situation de proportionnalité

Je vois par exemple que 6 est le double de 3 alors que 10 n'est pas le double de 6.

Nombre d'heures	1	2	3	4	5	6
Prix à payer en €	2	4	6	8	9	10

→ *Ce n'est pas un tableau de proportionnalité.*

Je comprends comment faire

▶ Pour résoudre un problème de proportionnalité

On utilise les multiples pour résoudre des problèmes de proportionnalité.

Par exemple : si 8 chemises coutent 220 €, combien coutent 18 chemises ?

8 (4 × 2) et 18 (9 × 2) sont des multiples de 2

On divise 220 € par 4 pour trouver le prix de 2 chemises. C'est 55 €.

On multiplie par 9 pour trouver le prix de 18 chemises. C'est 495 €.

INFO PARENTS

Dans la vie courante, les situations liées au commerce sont souvent des situations de proportionnalité sauf lors des promotions. Incitez votre enfant à raisonner à partir des doubles ou des triples pour résoudre des problèmes de proportionnalité.

Je m'entraine

1 QUIZ Coche les bonnes réponses.

Pour une omelette au lard pour 4 personnes, il faut :
- battre 8 œufs;
- ajouter 100 g de lard et une pincée de sel.
- puis faire cuire à la poêle.

a. Pour 8 personnes, il faut 200 g de lard. ☐
b. Pour 2 personnes, il faut 2 œufs. ☐
c. Pour 6 personnes, il faut 150 g de lard. ☐
d. Pour 10 personnes, il faut 300 g de lard. ☐

2 Une boulangère s'est fabriqué ce tableau :

Tarte	1	2	3	4	5	6
Prix en €	5					

a. Complète le tableau.

b. Est-ce une situation de proportionnalité? Pourquoi?

c. Représente graphiquement ce tableau en prenant 1 cm horizontalement pour 1 tarte et 1 cm verticalement pour 5 €.

3 Un marchand vend 12 kg de champignons au prix de 45 €. **À quel prix vendra-t-il 20 kg de champignons?**

4 Voici un tableau qui donne la croissance d'un arbre.

Âge en années	1	2	3	5	10
Hauteur en m	0,5	1	2	3	5

Peut-on dire que la hauteur de l'arbre est proportionnelle à son âge? Pourquoi?

5 Promotion : «Le saumon : c'est bon! 4 boites pour le prix de 3.»

a. Complète le tableau.

Boites	1	2	3	4	5
Prix en €	4,70	....	....	....	....

b. Est-ce une situation de proportionnalité? Pourquoi?

....

....

....

....

6 Voici les ingrédients d'une recette de pâte à crêpes pour 4 personnes :
- 250 g de farine;
- 4 œufs;
- 50 cL de lait;
- 50 g de beurre;
- 2 cuillères à soupe de sucre.

Quelles sont les quantités à prévoir pour 6 personnes?

....

....

....

7 Complète ce tableau de proportionnalité.

Durée en heures	1	....	6	....	11	....
Durée en minutes	....	240	....	600	....	2400

jeu malin

Devinette
Dans un poulailler, 3 poules pondent 3 œufs en 3 jours. Alors 9 poules pondent 9 œufs en 9 jours! C'est faux dit le coq!
Pourquoi?

....

....

Bravo, tu as terminé !
Entoure ton smiley.

Corrigés page 24 du *Guide parents*

11 Les fractions

Pour commencer
Dans une classe de 24 élèves, la moitié des élèves sont des filles. Quel est le nombre de filles ?

Nombres et calculs

J'apprends

- **Les fractions servent à exprimer des partages.**

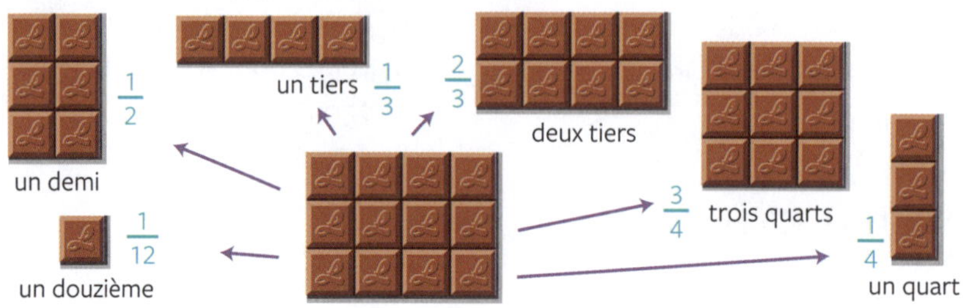

- **Une fraction décimale a pour dénominateur 10, 100 ou 1000.**

$\frac{1}{10}$ un dixième, $\frac{1}{100}$ un centième, $\frac{1}{1000}$ un millième sont des fractions décimales.

- On a

$$\frac{1}{3}+\frac{1}{3}+\frac{1}{3}=3\times\frac{1}{3}=\frac{3}{3}=1$$

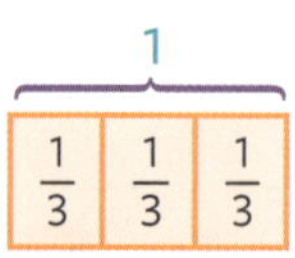

$$\frac{2}{4}=\frac{1}{2}$$

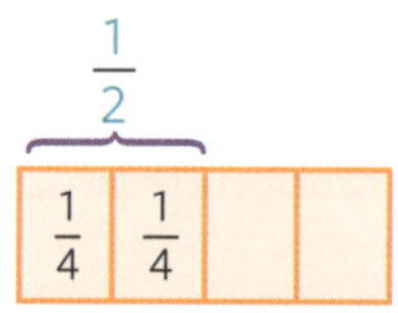

Je comprends comment faire

▶ Pour repérer un point

J'utilise les fractions pour graduer la droite numérique.

Pour repérer les points **A** et **B**, je peux partager le segment unité en 5 parties identiques qui représentent chacune $\frac{1}{5}$:

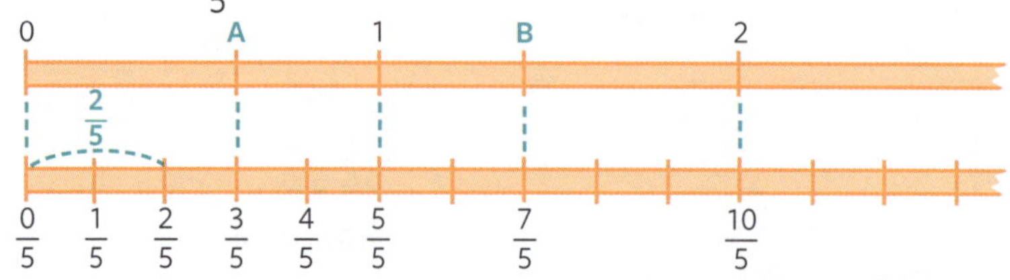

A est repéré par $\frac{3}{5}$ **B** est repéré par $\frac{7}{5}$

- $\frac{3}{5}$ est une fraction **plus petite** que 1, car **A** est avant 1.
- $\frac{7}{5}$ est une fraction **plus grande** que 1, car **B** est après 1.
- $\frac{10}{5}$ est une fraction **égale** à 2.

Je peux écrire : $\frac{7}{5}=\frac{5}{5}+\frac{2}{5}=1+\frac{2}{5}$

INFO PARENTS

Pour bien comprendre les fractions, il faut les représenter. Si la fraction est plus petite que 1, un dessin avec des carreaux est utile. Si la fraction est supérieure à 1, un dessin avec une droite graduée est indispensable.

Je m'entraine

1 QUIZ Coche les bonnes réponses.

a. 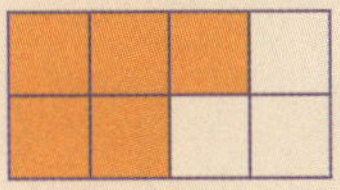 $\frac{5}{8}$ ☐

b. 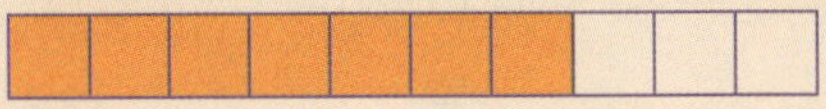 $\frac{6}{10}$ ☐

c.  $\frac{1}{2}$ ☐

b.  $\frac{4}{6}$ ☐

2 Trouve la fraction représentée.

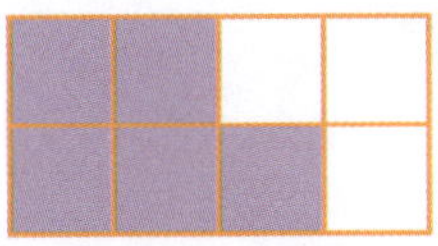

a. ....

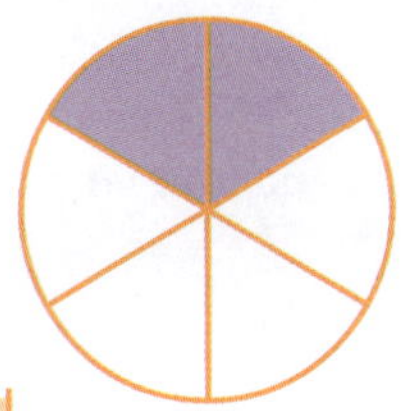

b. ....

c. ....

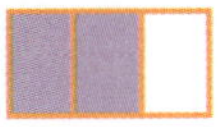

d. ....

e. ....

3 Complète.

a. .... 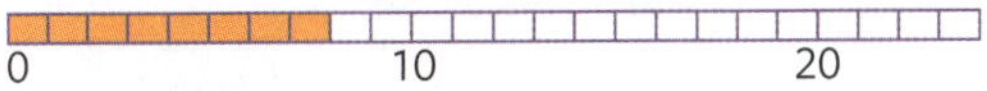

b. .... 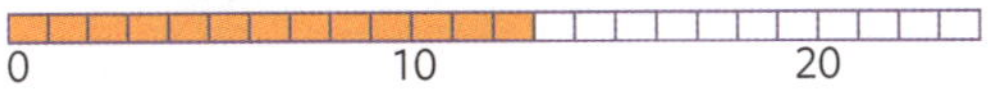

c. .... 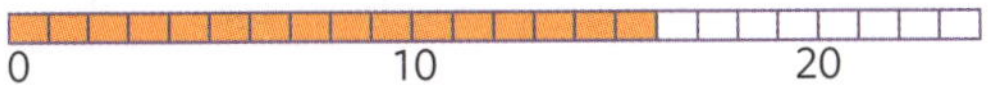

d. .... 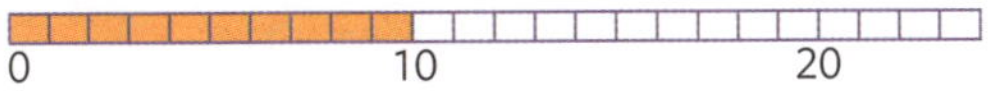

e. .... 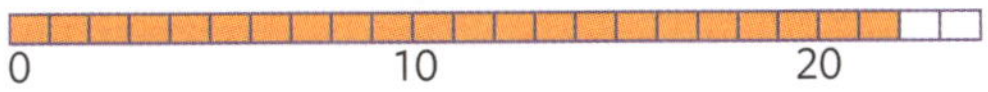

4 Complète.

a. $\frac{1}{2} = \frac{\dots}{4}$

b. $\frac{2}{10} = \frac{1}{\dots}$

c. $\frac{1}{3} = \frac{\dots}{6}$

d. $\frac{3}{4} = \frac{\dots}{8}$

5 Place les points sur le chemin en partant du point de départ.

- A est à la moitié.
- B est aux trois quarts.
- C est aux deux tiers.
- D est au quart.

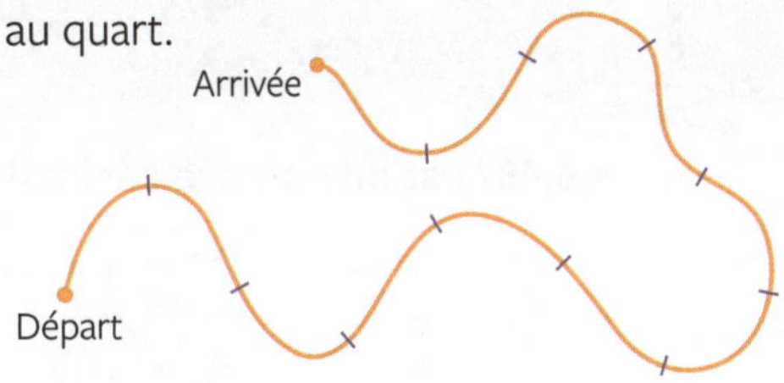

6 Place les fractions sur la droite numérique.

$\frac{5}{8}$; $\frac{11}{8}$; $\frac{8}{8}$

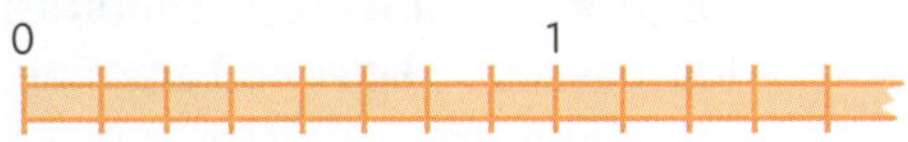

7 Écris les fractions qui repèrent les points A, B, C, D et E.

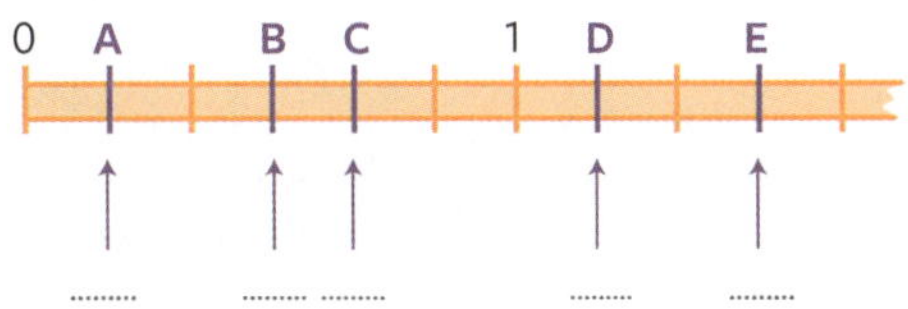

jeu malin

4 enfants se partagent une tablette de chocolat de 16 carrés.
Le premier en prend la moitié. Le deuxième prend la moitié de ce qui reste. Le troisième prend la moitié de ce qui reste.
Le quatrième prend la moitié de ce qui reste.
Combien reste-t-il de carrés de chocolat après le partage?

....

Bravo, tu as terminé !

Entoure ton smiley.

Corrigés page 24 du *Guide parents*

12 Les nombres décimaux

Pour commencer
Dans une tablette de chocolat de 20 carrés, j'en ai mangé 5/10. Combien reste-t-il de carrés ?

J'apprends

- **6,437 est un nombre décimal.**

partie entière → 6 ; partie décimale → 437

6,437

chiffre des unités : 6 ; chiffre des dixièmes : 4 ; chiffre des centièmes : 3 ; chiffre des millièmes : 7

C'est le nombre qui correspond à la **fraction décimale** : $\frac{6437}{1000}$

On peut l'écrire sous la forme :

$6 + \frac{437}{1000}$ ← partie décimale

- On utilise les nombres décimaux pour indiquer :
– **les prix :** 75 euros et 25 centimes. On écrit : 75,25 €.
– **les masses :** 3 kg et 450 grammes. On écrit : 3,450 kg.
– **les longueurs :** 3 mètres et 42 centimètres. On écrit : 3,42 m.

- **Un nombre décimal peut s'écrire de deux façons : avec une virgule ou sous forme de fraction décimale.**

$4{,}48 = \frac{448}{100}$ $\quad 0{,}478 = \frac{478}{1000}$ $\quad 789{,}5 = \frac{7895}{10}$

Je comprends comment faire

▶ Pour décomposer un nombre décimal

Partie entière				Partie décimale		
centaines	dizaines	unités		dixièmes	centièmes	millièmes
2	5	6	,	4	7	8
	8	5	,	6	4	0
	3	7	,	0	0	0

- **256,478** $= (2 \times 100) + (5 \times 10) + 6 + (4 \times \frac{1}{10}) + (7 \times \frac{1}{100}) + (8 \times \frac{1}{1000})$
- **85,640** $= (8 \times 10) + 5 + (6 \times \frac{1}{10}) + (4 \times \frac{1}{100})$
- **85,640** $= (8 \times 10) + 5 + (6 \times \frac{1}{10}) + (4 \times \frac{1}{100}) + (0 \times \frac{1}{1000})$

Je vois que 85,64 = 85,640

Je peux donc écrire un nombre entier sous la forme d'un nombre décimal : 37 = 37,000.

INFO PARENTS

Pour aider votre enfant à écrire un nombre décimal sous forme de fraction décimale, faites-lui bien identifier la partie décimale. Par exemple, dans 4,48 la partie décimale est 48 centièmes, donc le nombre sera $\frac{448}{100}$.

Je m'entraine

1 QUIZ Coche les bonnes réponses.

a. $\frac{45}{10} = 450$ ☐

b. $2{,}60 = 2 + \frac{6}{100}$ ☐

c. Dans 6,45 le chiffre des centièmes est 5. ☐

d. $2{,}7 = 2 + \frac{7}{10}$ ☐

2 Décompose ces nombres décimaux.

a. 45,78

b. 12,895

c. 0,74

d. 6,205

e. 14,08

3 Écris ces nombres décimaux en chiffres.

a. quarante-cinq et deux-cent-trente-sept millièmes

....

b. soixante-quinze virgule vingt-huit

....

c. quatre-cent-trente-deux et cinq dixièmes

....

d. douze et trois centièmes

....

e. vingt et dix-sept millièmes

....

4 Complète.

a. $2{,}56 = \ldots + \frac{\ldots}{100}$

b. $12{,}478 = \ldots + \frac{\ldots}{1000}$

c. $43{,}09 = \ldots + \frac{\ldots}{100}$

5 Écris ces nombres décimaux sous forme de fraction décimale.

Envergure en mètres	
a. Grue blanche	2,28
b. Aigle royal	2,3
c. Pigeon ramier	0,75
d. Papillon	0,020
e. Chauve-souris	0,18
f. Grand corbeau	1,2

6 La vitesse de la lumière en km/s est : 299 792,458. **Quel est le chiffre :**

a. des dixièmes? ....

b. des unités? ....

c. des millièmes? ....

d. des centièmes? ....

e. des dizaines? ....

7 Écris tous les nombres décimaux qui ont 45 comme partie entière, 2 chiffres après la virgule et 9 comme chiffre des centièmes.

....

....

jeu malin

Devinette

Je m'écris avec 4 chiffres tous différents de 0.
Mon nombre d'unités est 12.
Mon chiffre des centièmes est égal à mon chiffre des dizaines.
Mon chiffre des dixièmes est le triple de mon chiffre des unités.
Qui suis-je?

....

Bravo, tu as terminé !

Entoure ton smiley.

Corrigés page 24 du *Guide parents*

13 La comparaison des nombres décimaux

Pour commencer

Julien pèse 32,5 kg et Johan pèse 35 kg. Qui est le plus lourd ?

J'apprends

▶ Pour encadrer un nombre décimal

• J'ai $47{,}6 < 47{,}63 < 47{,}7$

J'ai écrit un **encadrement** du nombre 47,63 **au dixième près**.

▶ Pour ranger des nombres décimaux

• $4{,}47 < 5{,}03 < 9 < 10{,}451 < 10{,}6$

J'ai rangé ces nombres **par ordre croissant**, c'est-à-dire **du plus petit au plus grand**.

• $78{,}45 > 78{,}233 > 45 > 32{,}5 > 32{,}08$

J'ai rangé ces nombres **par ordre décroissant**, c'est-à-dire **du plus grand au plus petit**.

Je comprends comment faire

▶ Pour comparer des nombres décimaux

Le plus grand nombre est celui qui a **la plus grande partie entière.**

↓

72 > 23 donc **72,45 > 23,78**

Quand les 2 nombres ont la même partie entière :

↓

on compare les chiffres des dixièmes. Le plus grand est celui qui a le plus grand chiffre des dixièmes.

↓

2 > 1 donc **46,23 > 46,108**

Quand le chiffre des dixièmes est le même, on compare le chiffre des centièmes. Si on ne peut pas conclure, on passe au chiffre des millièmes.

↓

5 > 2 donc **36,45 > 36,423**

INFO PARENTS

En faisant vos courses vous pouvez demander à votre enfant d'arrondir un prix donné sous forme décimale. Il pourra ainsi mieux comprendre la notion d'encadrement et de partie entière.

Je m'entraine

1 QUIZ Coche Vrai ou Faux.

a. 4,72 > 14,1 ☐ Vrai ☐ Faux
b. 8,25 < 8,9 ☐ Vrai ☐ Faux
c. 10,5 < 8,5 ☐ Vrai ☐ Faux
d. 12,54 < 12,58 ☐ Vrai ☐ Faux

2 Complète par le signe qui convient : <, > ou =.

a. 45,12 89,6

b. 12,302 12,78

c. 45 45,00

d. 7,65 7,62

3 Complète ces phrases.

a. Quand on range les nombres décimaux du plus petit au plus grand, on dit qu'ils sont rangés par ordre ....

b. Quand on range les nombres décimaux du plus grand au plus petit, on dit qu'ils sont rangés par ordre ....

4 Trouve le chiffre qui manque.

a. 41,2 > 4.....,745
c. 4,9 < 4,.....2
b. 7,12 > 7,.....3
d. 6,15 > 6,.....8

5 Range ces animaux du plus lent au plus rapide.

Vitesse en km/h	
boa	0,36
cochon	17,6
lévrier afghan	69,16
pigeon voyageur	170,68
escargot	0,4
cheval	69,300

6 Place ces nombres sur la droite numérique :

17,650 17,78 17,7

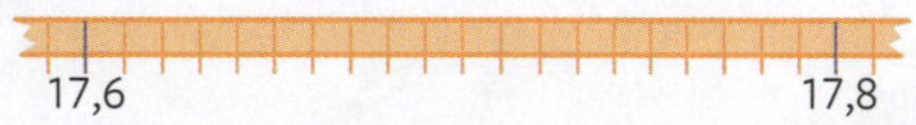

7 Écris les nombres décimaux qui repèrent les points A, B et C.

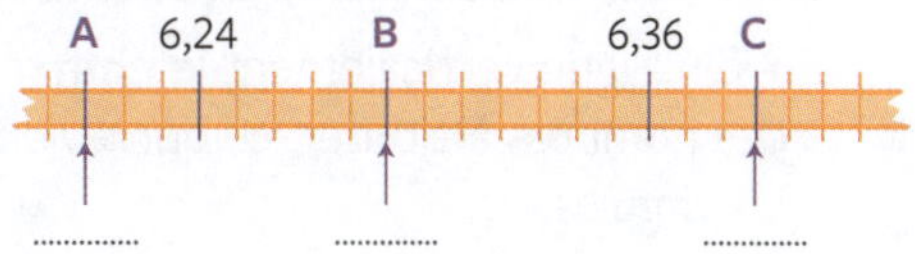

8 Aux Jeux Olympiques d'Atlanta en 1996, le vainqueur du 100 m, Donovan Bailey, a couru à la vitesse de 36,585 km/h.
Écris un encadrement de ce nombre :

a. au centième près ....

b. au dixième près ....

9 Trouve tous les nombres décimaux ayant deux chiffres après la virgule compris entre 45,3 et 45,4.

jeu malin

En te déplaçant horizontalement ou verticalement, relie la case départ à la case d'arrivée. Attention, tu dois aller sur la case voisine où le nombre décimal est le plus grand possible.

					Arrivée	
	0,59	1,58	1,669	8,78	28,78	25
Départ	0,5	0,6	1,66	1,74	26,8	15,97
	0,48	1,2	1,78	1,58	10,02	15,9
	0,7	2,47	2,9	3	2,99	12,1
	9,9	47,1	2,69	6,02	5,47	12,03
	0,04	52,4	5	6,2	6,8	8,6
	0,6	0,58	14	3,78	4,14	7,58

Bravo, tu as terminé !
Entoure ton smiley.

Corrigés page 24 du *Guide parents*

14 Addition et soustraction des nombres décimaux

Pour commencer

Calcule 12 458 + 3 589 et 10 536 − 7 647.

J'apprends

▶ Poser une addition avec des nombres décimaux

- On aligne verticalement **le chiffre des unités** de chacun des nombres à ajouter, ce qui revient à aligner verticalement les virgules.
- On ajoute les chiffres d'une même colonne **en commençant par la colonne la plus à droite** et en allant vers celle de gauche.
- On place **les retenues**, quand il y en a, dans la colonne de gauche suivante.
- On place la virgule du résultat sous les autres virgules.

```
  2 2
   1 2 , 8
+  1 7
+    0 , 9 5
+  1 9 , 5
-----------
   5 0 , 2 5
```

▶ Poser une soustraction avec des nombres décimaux

- On écrit **le plus grand nombre d'abord**.
- On dispose le 2e nombre en dessous en alignant verticalement **le chiffre des unités** de chacun des deux nombres, ce qui revient à aligner verticalement les virgules.
- On soustrait les chiffres d'une même colonne en commençant par la colonne la plus à **droite** et en allant vers celle de gauche.
- On place la virgule du résultat sous les autres virgules.

```
     1  1              1  1
 1 6 , 2 3         1 9 , 0 0
-  3 , 5 6       -   7 , 1 2
   1    1            1    1
-----------      -----------
 1 2 , 6 7         1 1 , 8 8
```

Je comprends comment faire

▶ Pour vérifier une soustraction

- **J'ajoute le résultat de la soustraction au plus petit des deux termes donnés au départ.**

→ La soustraction est juste si le résultat de l'addition correspond au plus grand des deux termes de la soustraction.

```
soustraction          vérification
   1  1 1               1  1 1
 4 5 , 0 3             2 8 , 7 5
-2 8 , 7 5          +  1 6 , 2 8
 1 1   1
-----------         -----------
 1 6 , 2 8             4 5 , 0 3
```

INFO PARENTS

Demandez à votre enfant de bien disposer en colonne les nombres à ajouter ou à soustraire en alignant bien les virgules verticalement, de bien former ses chiffres et de bien noter les retenues.

Je m'entraine

1 QUIZ **Coche les bonnes réponses.**

- a. 45,36 + 9,85 = 55,21 ☐
- b. 106,58 + 98,4 = 116,42 ☐
- c. 7,89 – 6,9 = 1,20 ☐
- d. 100,25 – 30,98 = 69,27 ☐

2 Calcule en posant les opérations.

a. 45,7 + 123,09 + 405,125 =

b. 789,45 + 62,054 + 49 + 85,6 =

3 Calcule en posant les opérations.

a. 78,05 – 42,21 =

b. 32,24 – 25,58 =

4 Complète ces égalités.

a. 45,7 + ... + 74 = 201,3

b. 12,6 – .... = 7,92

c. .... – 40,58 = 36,099

5 Dans une course d'endurance, Mathilde a parcouru 1,750 km de plus que Rachel. **Sachant que Mathilde a couru 12,450 km, quelle distance a parcouru Rachel ?**

....

6 Complète ce ticket de caisse de supermarché.

Pâtisserie	8,95
Boucherie	14,50
Pull	18,75
Pantalon	35,48
CD	....
Total	105,58
Encaissé	200
Rendu	....

7 Calcule sans poser l'opération.

a. 47,532 – 21,532 = ...

b. 76,75 – 19,25 = ...

c. 145,55 + 39,45 = ...

8 Quel est le périmètre de ce quadrilatère ?

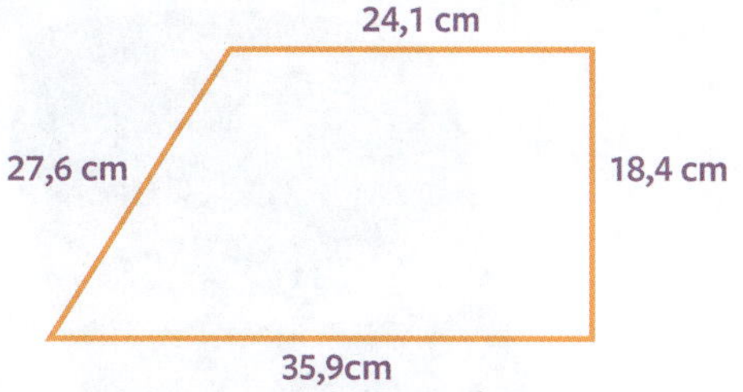

9 Un triangle dont deux côtés mesurent 21,4 cm et 37,9 cm a un périmètre égal à 84,5 cm. **Quelle est la mesure du troisième côté ?**

....

10 Complète ces opérations.

		4	.....	,	7	9	
		2	5	,	2	.....	3
+	1	5	8	,	.....		
	.....	.....	3	,	4	7	.....

	1	2	.....	,	4	.....
–		7	4	,	.....	3
		.....	5	,	7	2

jeu malin

Les virgules ont été effacées dans les trois nombres. **Peux-tu les retrouver pour que l'opération soit juste.**

1267 + 3442 + 1315 = 162,435

Bravo, tu as terminé !

Entoure ton smiley.

Corrigés page 25 du *Guide parents*

15 La calculatrice

Pour commencer

Quelle touche correspond à la virgule sur une calculatrice ?

J'apprends

▶ Ajouter 2 nombres décimaux

Pour calculer 4,85 + 25,8

on tape [4] [.] [8] [5] [+] [2] [5] [.] [8] [=]

30.65 s'affiche à l'écran.

→ La somme de 4,85 et de 25,8 est égale à 30,65.

▶ Soustraire 2 nombres décimaux

Pour calculer 75,8 – 5,69

on tape : [7] [5] [.] [8] [−] [5] [.] [6] [9] [=]

70.11 s'affiche à l'écran.

→ La différence entre 75,8 et 5,69 est égale à 70,11.

Je comprends comment faire

▶ Pour trouver le quotient

Pour calculer 862 ÷ 8

on tape [8] [6] [2] [÷] [8] [=]

107.75 s'affiche à l'écran.

→ Le quotient de 862 divisé par 8 est égal à 107,75.

107 est le quotient entier.

▶ Pour trouver le reste

On calcule : $107 \times 8 = 856$

On calcule : $862 - 856 = 6$

Le reste est 6.

On a : $862 = 107 \times 8 + 6$

INFO PARENTS

La plupart des erreurs de calcul avec une calculatrice proviennent d'une mauvaise saisie des nombres. Il est donc utile de prévoir un ordre de grandeur du résultat pour le comparer au résultat donné par la calculatrice.

Je m'entraine

1 QUIZ Coche Vrai ou Faux.

a. 4,58 + 2,7 = 7,28 ☐ Vrai ☐ Faux
b. 89,45 – 20,58 = 68,87 ☐ Vrai ☐ Faux
c. 7 895,5 + 58,89 = 7 854,39 ☐ Vrai ☐ Faux
d. 4 369,21 – 2 105,78 = 2 273,41
☐ Vrai ☐ Faux

2 a. Tape puis complète les opérations.

4 . 8 7 + 2 5 . 8 3 + 1 4 8 . 6 =

b. 584,8 + 569,54 + 106,5 = ...

c. 409,56 + 987,65 = ...

d. 789,502 + 98,412 = ...

3 a. Tape puis complète les opérations.

3 6 . 0 8 – 1 9 . 5 3 =

b. 45,12 – 29,125 = ...

c. 287,55 – 197,95 = ...

d. 45,206 – 29,781 = ...

e. 8095,14 – 759,652 = ...

f. 302,22 – 195,92 = ...

4 a. Tape.

6 5 9 × 3 2 =

Complète.

b. 4 758 × 89 = ...

c. 854 × 48 = ...

d. 7 589 × 39 = ...

e. 6 275 × 205 = ...

f. 3 999 × 505 = ...

5 Complète.

a. Dans la division 748 ÷ 9, le quotient entier est ...., le reste est ....

b. Dans la division 598 ÷ 45, le quotient entier est ...., le reste est ....

c. Dans la division 1 257 ÷ 23, le quotient entier est ...., le reste est ....

d. Dans la division 15 842 ÷ 257, le quotient entier est ...., le reste est ....

6 Complète.

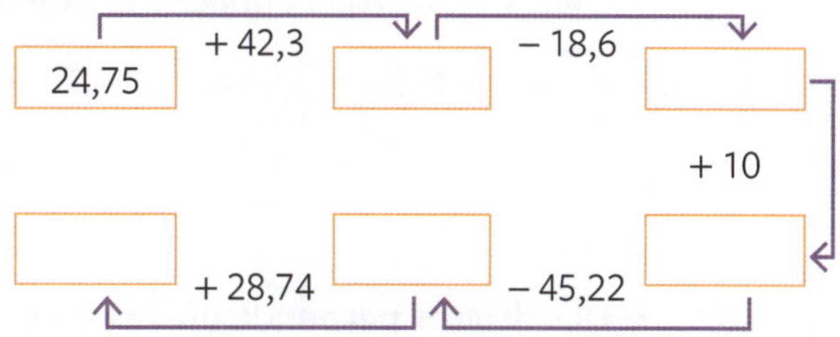

7 Complète.

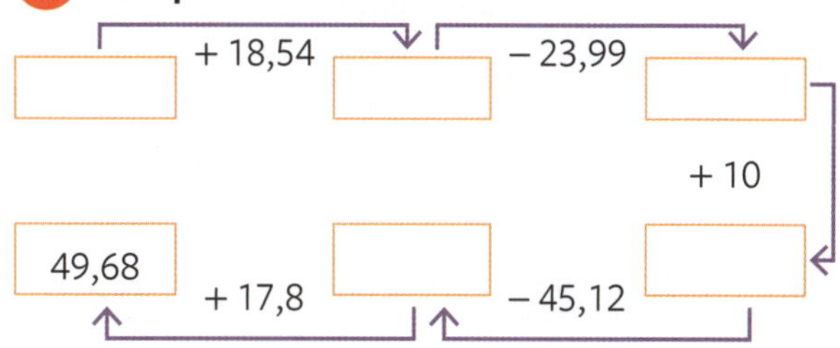

jeu malin

Comment obtenir 500 par une addition ne comportant que des 4 ?

....

....

Bravo, tu as terminé !
Entoure ton smiley.

😐 🙂 😀

Corrigés page 25 du *Guide parents*

16 Les droites et les angles

Pour commencer

Quel instrument de géométrie utilise-t-on pour tracer une droite ?

J'apprends

▶ Droite, segment de droite

d est une **droite**. Elle est illimitée.

[AB] est un **segment** de la droite *d*. Il est limité par ses deux **extrémités** A et B.

▶ Deux demi-droites qui ont la même origine forment un angle.

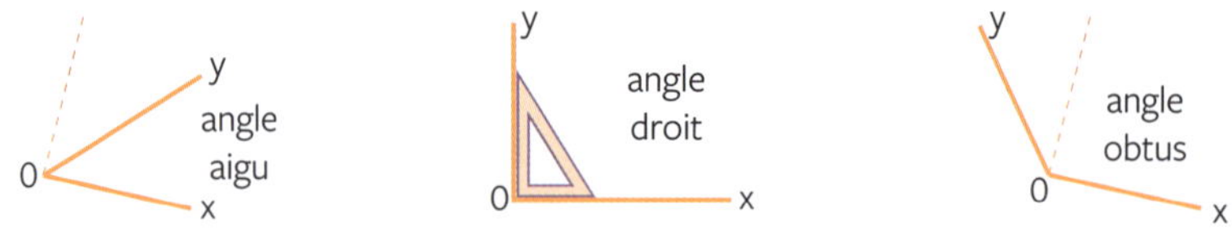

▶ Des droites perpendiculaires se coupent en formant un angle droit.

On le vérifie avec une équerre.

Les droites *d1* et *d2* ne se coupent pas.
Elles sont **parallèles**.

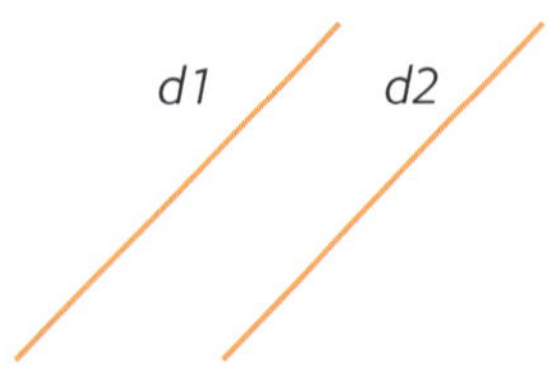

Les droites *d3* et *d4* se coupent.
Elles sont **sécantes**.

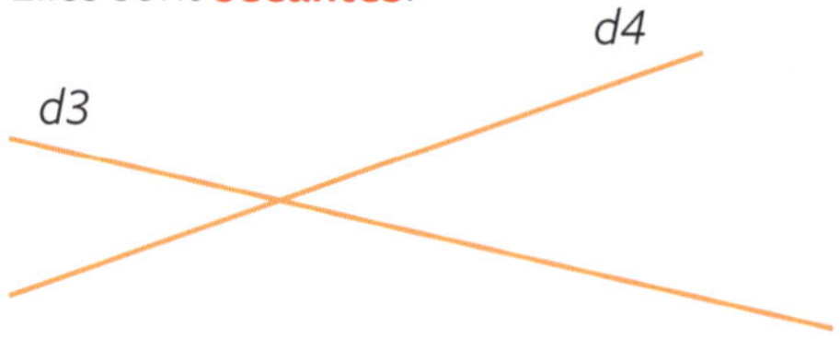

Je comprends comment faire

▶ Pour construire une droite perpendiculaire passant par un point

- **Je place l'équerre** avec un des 2 côtés de l'angle droit sur la droite *d*.
- **Je fais glisser l'équerre** le long de la droite pour amener l'autre côté de l'angle droit au point A.
- **Je trace la droite** passant par A en suivant le bord de l'équerre.
- **Je prolonge à la règle.**

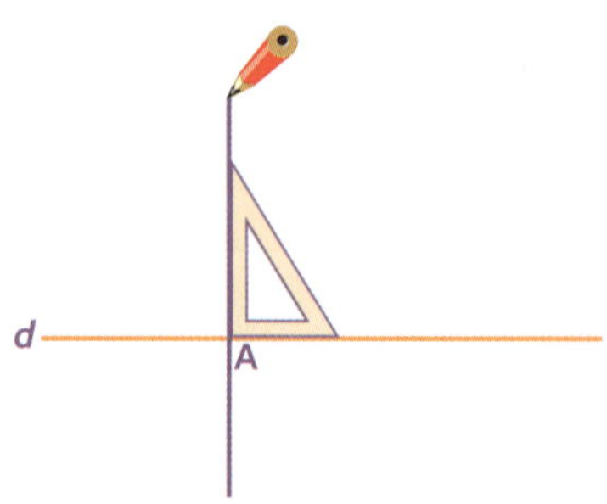

INFO PARENTS

Proposez à votre enfant de faire des tracés de droites perpendiculaires sur du papier non quadrillé sans tracer de droites verticales ou horizontales.

Je m'entraine

1 QUIZ Coche les bonnes réponses.

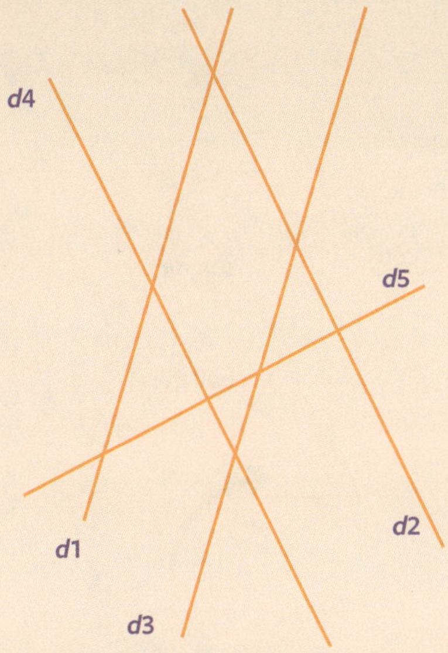

a. *d4* et *d5* sont perpendiculaires. ☐
b. *d2* et *d5* sont parallèles. ☐
c. *d2* et *d4* sont parallèles. ☐
d. *d1* et *d4* forment un angle droit. ☐

2 Comment appelle-t-on :

a. un angle qui est plus petit qu'un angle droit?

....

b. un angle qui est plus grand qu'un angle droit?

....

3 Observe la figure et complète la phrase.

M et N sont les ....

du .... de droite.

4 Observe ce dessin et nomme :

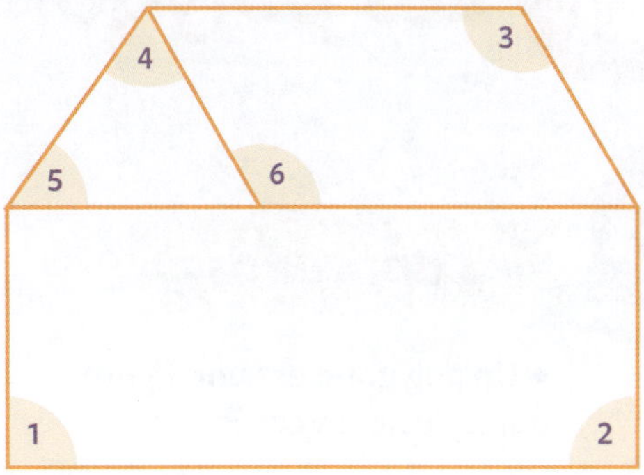

a. les angles aigus : ....

b. les angles obtus : ....

c. les angles droits : ....

5 a. Reproduis puis termine le dessin en suivant les instructions.

- Trace la droite *d1*, perpendiculaire à *d* passant par A.
- Trace la droite *d2* perpendiculaire à *d1* passant par B.
- Nomme I le point d'intersection des deux droites que tu viens de tracer.

b. Que peux-tu dire des droites *d* et *d2*?

jeu malin

Combien de segments faut-il tracer pour relier tous les points entre eux?

Bravo, tu as terminé !

Entoure ton smiley.

Corrigés page 25 du *Guide parents*

17 Les polygones

Pour commencer
Comment s'appelle une figure plane qui a 3 côtés ?

J'apprends

- **Un polygone est une figure qui a plusieurs côtés.**

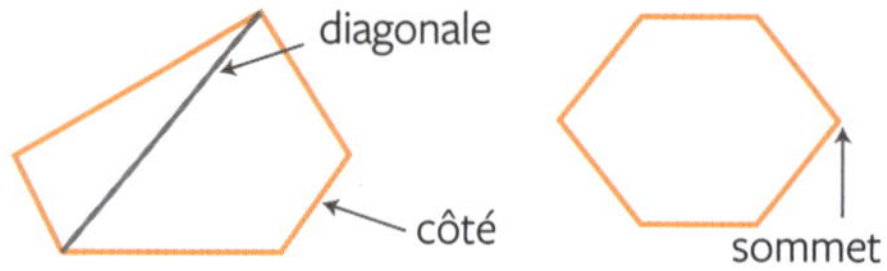

- **Un triangle est un polygone à 3 côtés.** Il peut être :

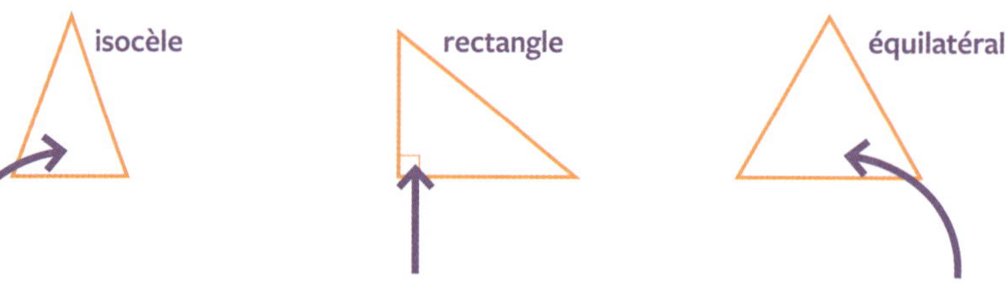

isocèle :
- 2 côtés de même longueur
- 2 angles égaux

rectangle :
- 1 angle droit

équilatéral :
- 3 côtés de même longueur
- 3 angles égaux

- **Un quadrilatère est un polygone à 4 côtés.**

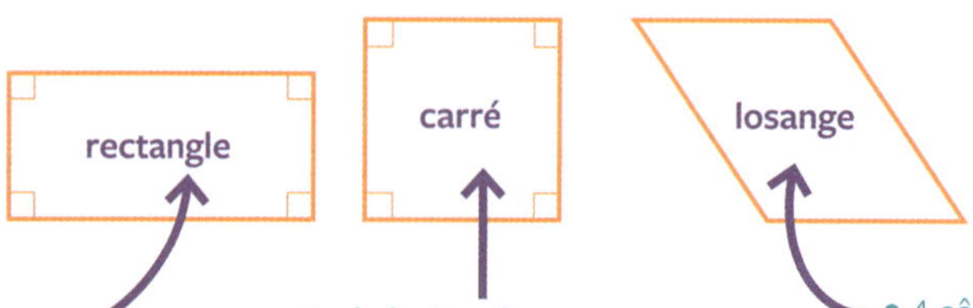

rectangle :
- côtés opposés de même longueur
- 4 angles droits

carré :
- 4 côtés de même longueur
- 4 angles droits

losange :
- 4 côtés de même longueur
- angles opposés égaux

Je comprends comment faire

▶ Pour vérifier qu'un triangle est équilatéral

Avec un compas, je vérifie que l'écartement est le même pour les 3 côtés.

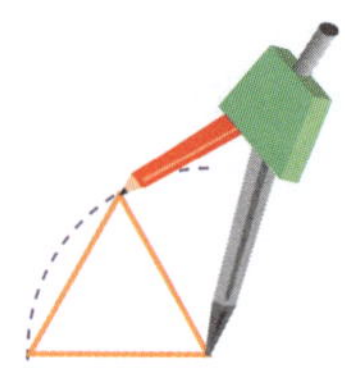

▶ Pour vérifier qu'un quadrilatère est un carré

Avec un compas, je vérifie que l'écartement est le même pour les 4 côtés.

Avec une équerre, je vérifie qu'il y a un angle droit à chaque sommet.

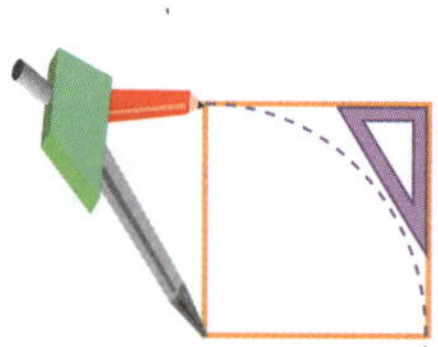

INFO PARENTS

Pour bien identifier un polygone à partir du nom de ses sommets, votre enfant peut repasser en couleur le contour du polygone en partant du premier sommet jusqu'au dernier et en revenant à son point de départ.

Je m'entraine

1 QUIZ Coche les bonnes réponses.

a. Un quadrilatère a 3 sommets. ☐

b. Un triangle équilatéral a 3 côtés de même longueur. ☐

c. Un rectangle a 4 angles droits. ☐

d. Un losange a 6 côtés. ☐

2 Complète ces phrases.

a. Je suis un triangle qui a 2 côtés de même longueur, je suis donc un triangle

……………………………………………

b. J'ai aussi un angle droit, je suis donc un triangle

……………………………………………

c. On m'obtient à partir d'un carré en traçant la

……………………………………………

3 Complète cette grille de mots croisés.

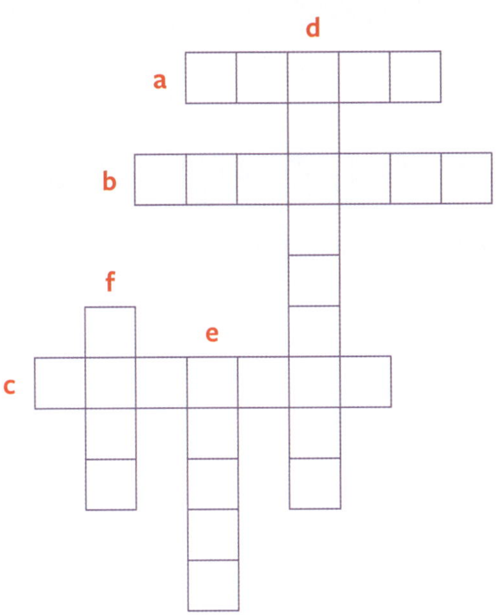

a. J'ai 4 angles droits et 4 côtés de même longueur.

b. Je suis un triangle qui a 2 côtés de même longueur.

c. J'ai 4 côtés de même longueur.

d. J'ai 4 angles droits.

e. Je suis droit dans un rectangle.

f. Je joins 2 sommets.

4 Observe cette construction et complète les phrases.

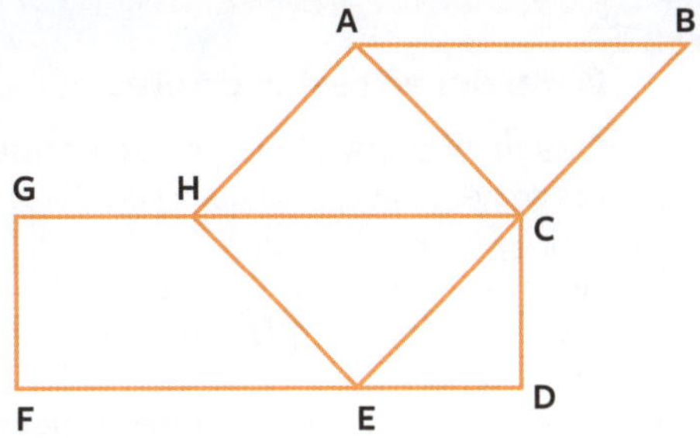

a. La figure HCE est un …………………… .

b. La figure ACEH est un …………………… .

c. La figure CDFG est un …………………… .

d. La figure ABCH est un …………………… .

jeu malin

Combien de triangles comptes-tu sur ce cerf-volant?

……………………………………………

Bravo, tu as terminé !

Entoure ton smiley.

Corrigés page 25 du *Guide parents*

18 Les constructions géométriques

Pour commencer

Quel instrument de géométrie utilise-t-on pour tracer des droites perpendiculaires ?

J'apprends

▶ Reconnaitre des droites parallèles

Des droites parallèles ne se coupent jamais.

Les droites *d1* et *d2* sont perpendiculaires,
ainsi que *d1* et *d3*.
Les droites *d2* et *d3* sont parallèles.
Les droites *d3* et *d4*, qui ne sont pas parallèles,
sont **sécantes**.
Le point A, où elles se coupent, est le **point d'intersection**.

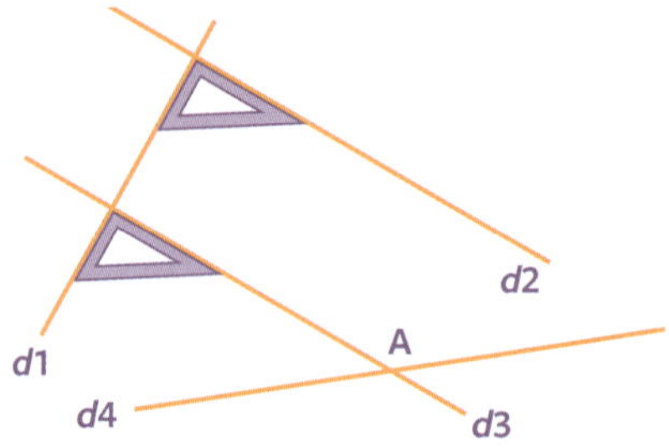

▶ Décrire une figure

Pour décrire une figure, on indique les différents éléments qui la composent.
On donne la position des différents éléments.

C'est un carré avec ses deux diagonales.
Il y a un demi-cercle qui a pour diamètre un côté du carré.
Le demi-cercle est à l'extérieur du carré.

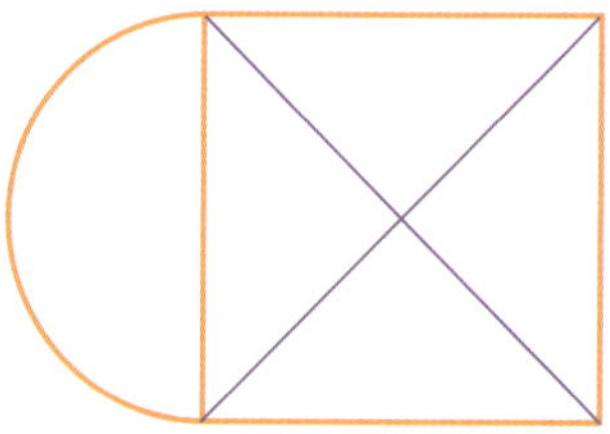

Je comprends comment faire

▶ Pour tracer un carré

- Je veux tracer un carré dont les côtés mesurent 5 cm.

Je trace un segment AB de 5 cm qui sera un côté du carré.
Je trace les droites perpendiculaires au segment à chaque extrémité du segment.
Je place du même côté de la droite AB un point C sur une perpendiculaire à 5 cm de B et un point D sur l'autre perpendiculaire à 5 cm de C.
Je trace le carré ABCD.

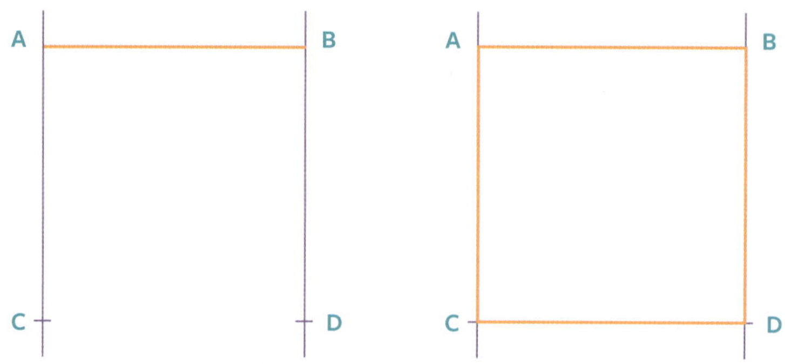

INFO PARENTS

Vous pouvez demander à votre enfant de prolonger des droites pour mieux voir la situation. En effet, des droites qui ne se coupent pas dans la feuille mais à l'extérieur de celle-ci sont considérées comme des droites sécantes. Elles ne sont pas parallèles.

Je m'entraine

1 QUIZ Coche Vrai ou Faux.

Sur cette figure il y a :

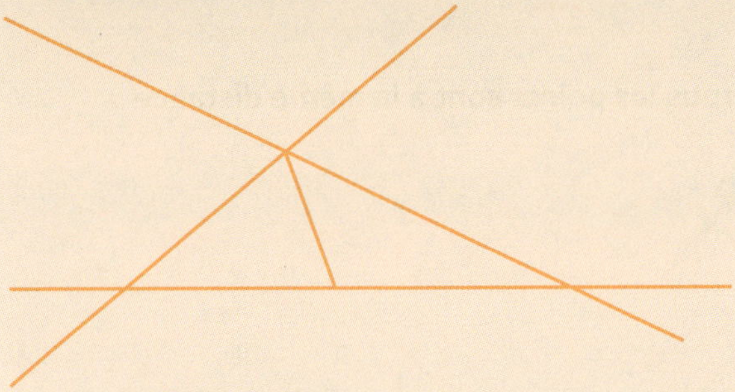

a. des droites perpendiculaires. ☐ Vrai ☐ Faux
b. des droites parallèles. ☐ Vrai ☐ Faux
c. un milieu de segment. ☐ Vrai ☐ Faux
d. des droites sécantes. ☐ Vrai ☐ Faux

2 Trace un triangle équilatéral. Place le milieu de chacun des 3 côtés. Trace le triangle ayant pour sommet les 3 milieux. Que peux-tu dire de ce triangle?

3 Trace un carré de 6 cm de côté. Trace les diagonales du carré.

4 Trace un triangle rectangle dont les côtés perpendiculaires mesurent 3 et 4 cm. À l'extérieur du triangle, trace un carré qui a pour côté le côté qui mesure 4 cm.

5 Écris un message qui permettrait à une personne qui ne voit pas cette figure de la tracer.

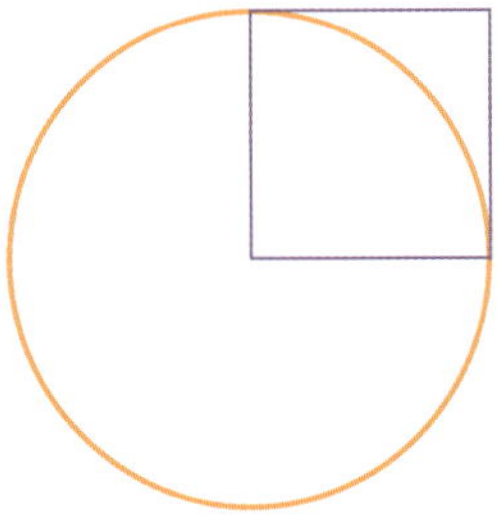

6 Écris un message qui permettrait à une personne qui ne voit pas cette figure de la tracer.

7 Place les milieux de chaque côté du rectangle. Trace le quadrilatère qui a pour sommets les 4 milieux.

Complète : ce quadrilatère est un ....

....

8 Trace cette figure.

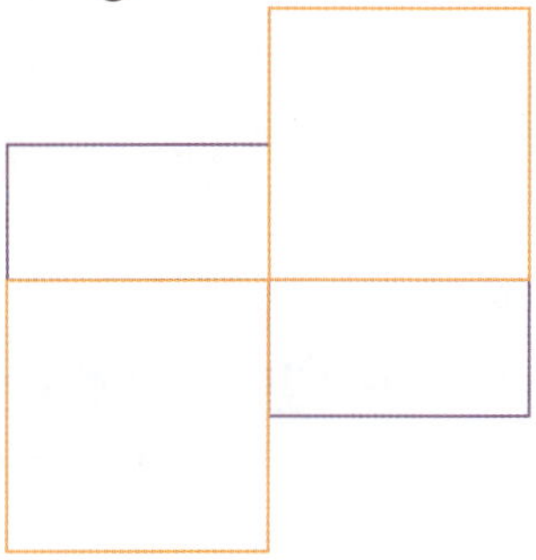

jeu malin

En déplaçant 3 allumettes, tu peux obtenir une figure avec 5 triangles équilatéraux. À toi de jouer!

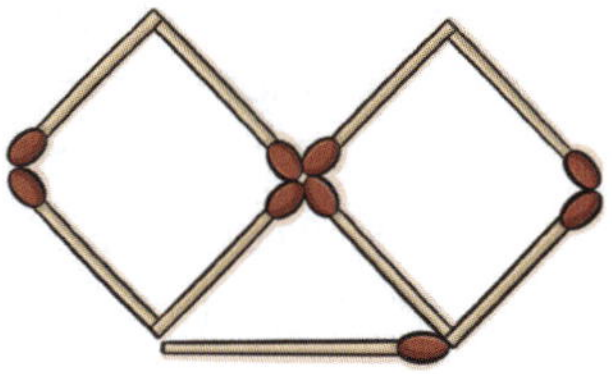

Bravo, tu as terminé !

Entoure ton smiley.

Corrigés page 25 du *Guide parents*

19 Le cercle

Pour commencer

Lors des nuits de pleine lune, quelle forme géométrique voit-on dans le ciel ?

J'apprends

• **Un cercle est une ligne courbe fermée dont tous les points sont à la même distance du centre.**
Cette distance s'appelle le **rayon**.

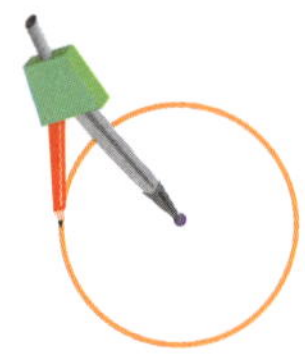

• **Un cercle se trace avec un compas**.
Pour le tracer, on place la **pointe** du compas sur le **centre** du cercle.

• L'**écartement** du compas correspond au **rayon**.
Un **diamètre** est un segment qui joint deux points du cercle en passant par le centre.

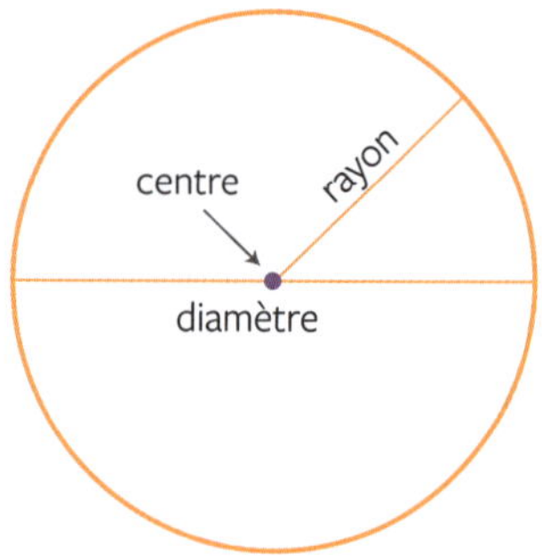

• **Un disque est la surface délimitée par un cercle.**

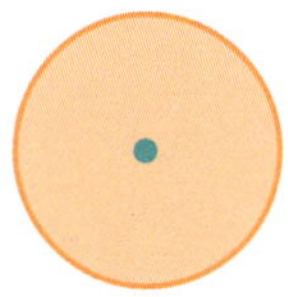

Je comprends comment faire

▶ Pour calculer le diamètre ou le rayon

• Le **diamètre** est égal au **double du rayon**.

Si un cercle a un rayon de 7 cm, alors son diamètre est le double, il mesure donc 14 cm.

• Le **rayon** est égal à la **moitié du diamètre**.

Si un cercle a un diamètre de 9 cm, alors son rayon est la moitié, il mesure 4,5 cm.

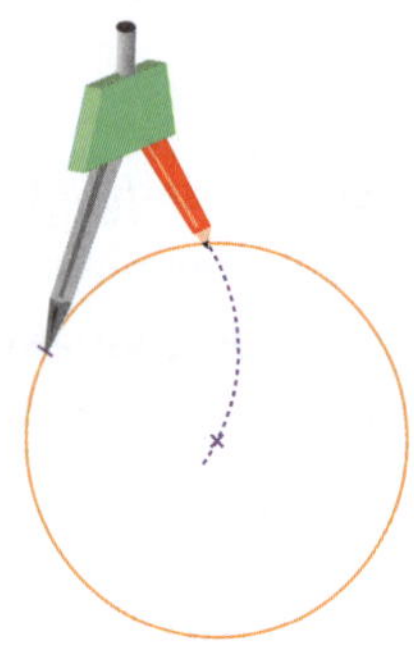

▶ Pour tracer un hexagone régulier

Un hexagone régulier a **6 côtés de même longueur**.

• **Je trace un cercle.** À partir d'un point A du cercle **je reporte le rayon**.

• **Je recommence** à partir du point obtenu à reporter le rayon, jusqu'à revenir au point A.

• **Je joins tous les points du cercle** pour obtenir les côtés.

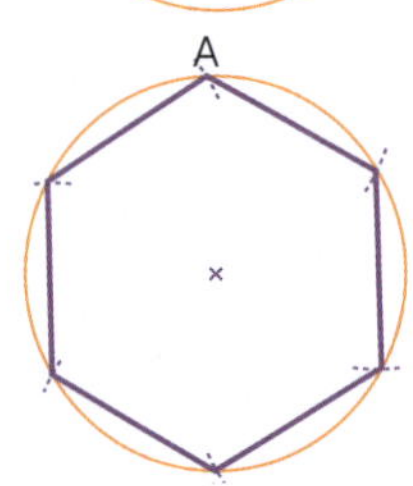

INFO PARENTS

Faites tracer et découper un cercle sur une feuille de papier à votre enfant. Montrez-lui un diamètre par pliage en superposant les deux demi-cercles. En mettant en évidence un deuxième diamètre, on obtient aussi le centre du cercle.

Je m'entraine

1 QUIZ Coche les bonnes réponses.

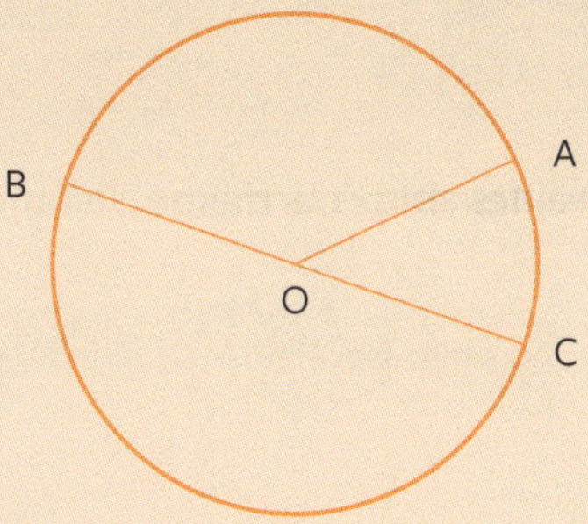

a. Le segment [BC] est un diamètre. ☐
b. A est le centre du cercle. ☐
c. Le cercle passe par O. ☐
d. Le segment [OA] est un rayon. ☐

2 Quel est le diamètre d'un cercle de rayon 12 cm? ....

3 Quel est le rayon d'un cercle de diamètre 22 mm? ....

4 Trace un hexagone régulier à partir d'un cercle de 5 cm de rayon.

5 Reproduis ce dessin puis continue-le.

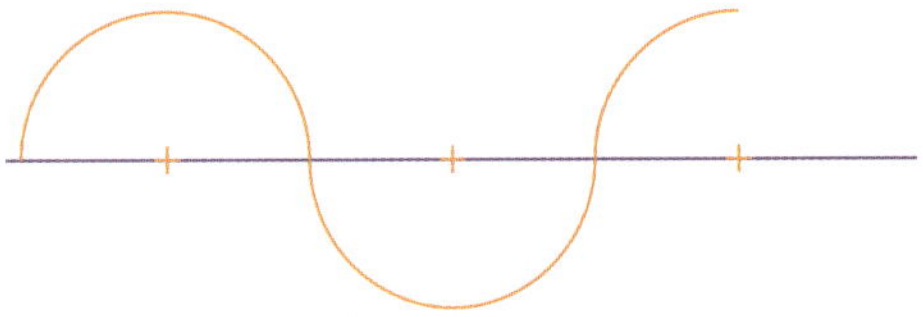

6 Écris une description de cette figure.

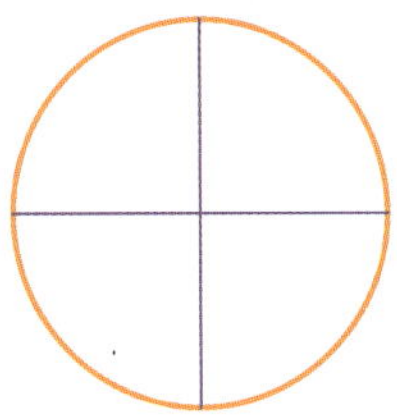

7 Écris un message qui permettrait à une personne qui ne voit pas cette figure de la tracer.

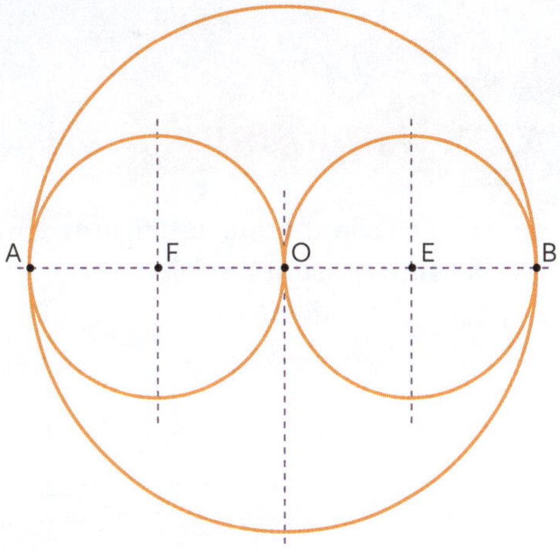

8 Résous ce problème.

On veut ranger des boites de conserve cylindriques dans un carton. Les boites ont un rayon de 3,5 cm. Le fond du carton fait 49 cm de longueur et 28 cm de largeur.

Combien peut-on ranger de boites? ....

jeu malin

Voici 2 arbres voisins d'âge différent coupés la même année.
On détermine l'âge d'un arbre en comptant les cercles (il y en a 1 par an).
Quel est l'arbre le plus âgé? Quel est son âge?

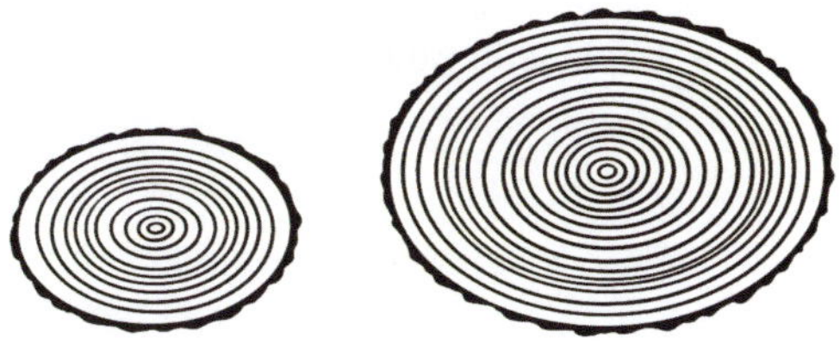

Bravo, tu as terminé !
Entoure ton smiley.

Corrigés page 25 du *Guide parents*

20 La symétrie

Pour commencer

La lettre N possède-t-elle un axe de symétrie ?

J'apprends

• Si on plie chacune des figures suivant la droite en pointillé, **les deux parties se superposent parfaitement**.

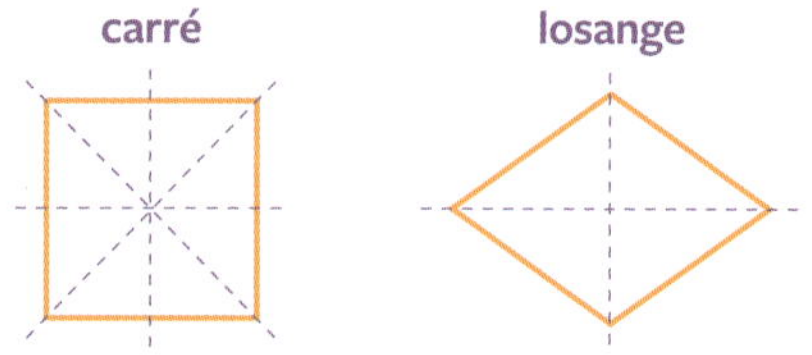

Le **carré** a quatre axes de symétrie.
Le **losange** a deux axes de symétrie.
Le **triangle isocèle** a un axe de symétrie.

• Les deux figures sont symétriques par rapport à la droite *d*.
Le point A1 est le **symétrique** du point A.
B et B1 sont des **points symétriques**.
Le milieu du segment [AA1] est sur l'axe de symétrie.

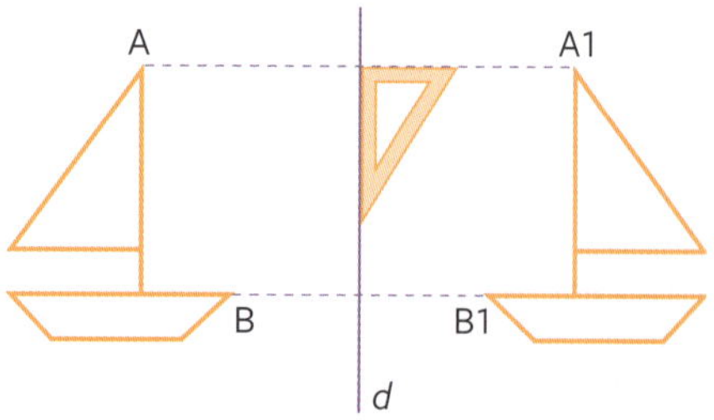

Je comprends comment faire

▶ Pour tracer le symétrique d'une figure sur un quadrillage

• Je trace la droite passant par A et perpendiculaire à *d*.

• Je reporte sur cette droite de l'autre côté de *d* la distance entre A et la droite *d*.

• **Je place le point A_1.** Je fais de même pour les autres points.

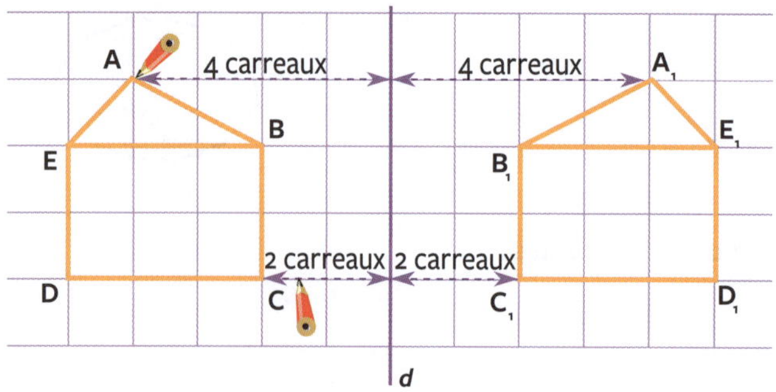

INFO PARENTS

Proposez à votre enfant de construire des figures géométriques (rectangle, cercle, carré...) avec des feuilles de papier puis faites-lui vérifier par pliage la présence d'un axe de symétrie dans la figure.

Je m'entraine

1 QUIZ Coche les lettres qui ont deux axes de symétrie.

a. I ☐

c. Y ☐

b. X ☐

d. E ☐

2 Quel est le nombre d'axes de symétrie d'un triangle équilatéral?

....

3 Les diagonales d'un rectangle sont-elles des axes de symétrie?

....

4 Complète cette figure qui a pour axe de symétrie la droite *d*.

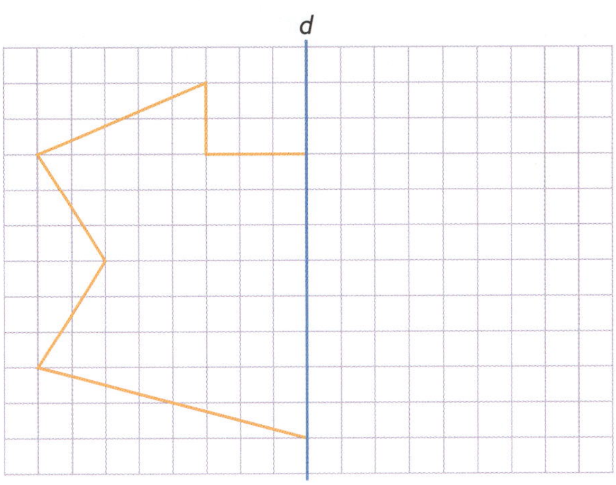

5 Trace la figure symétrique par rapport à la droite bleue, puis par rapport à la droite verte.

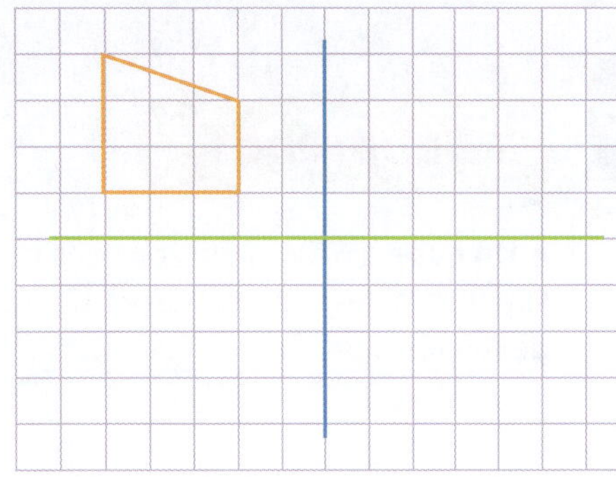

jeu malin

Trouve l'erreur.

Bravo, tu as terminé !

Entoure ton smiley.

Corrigés page 25 du *Guide parents*

21 Les solides

Pour commencer
Comment s'appelle le solide qui est utilisé comme emballage des packs de lait ?

J'apprends

- **Un cube** a 6 faces qui sont des carrés superposables, 8 sommets et 12 arêtes de même longueur.

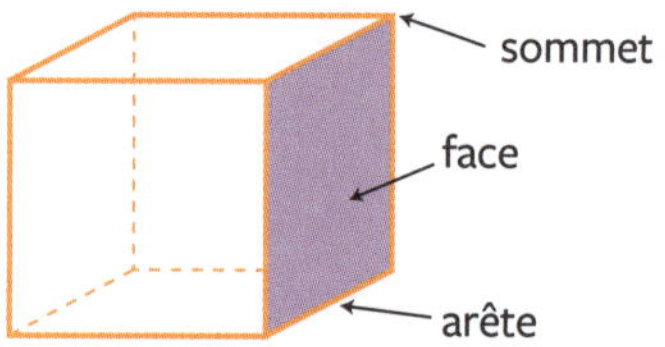

- **Un pavé droit** a 6 faces qui sont des rectangles, 8 sommets et 12 arêtes.

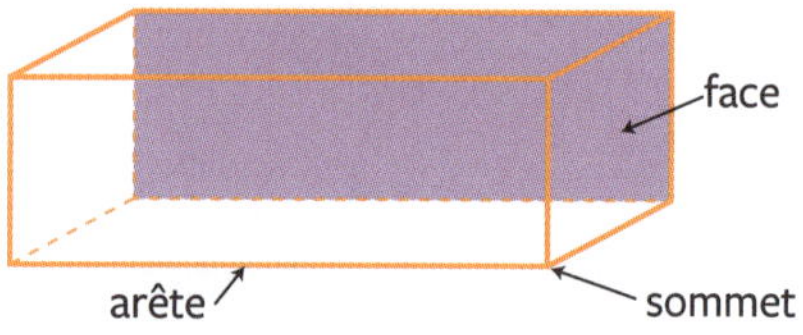

- **Un prisme** a 2 bases superposables qui sont des polygones et toutes ses autres faces sont des rectangles.

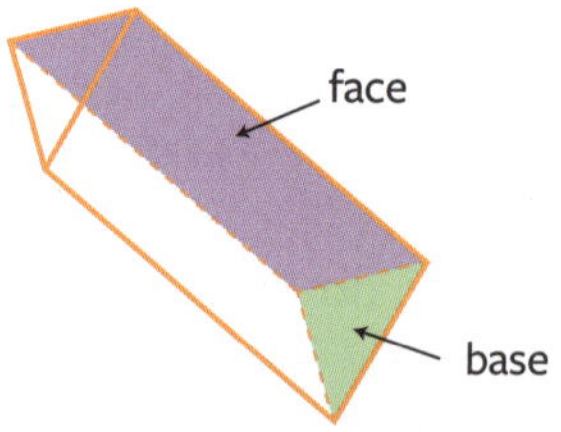

- **Une pyramide** a une base qui est un polygone et toutes ses autres faces sont des triangles.
- **Attention**

Dans un dessin en perspective, certaines faces sont déformées. Par exemple, les rectangles sont représentés par des parallélogrammes.

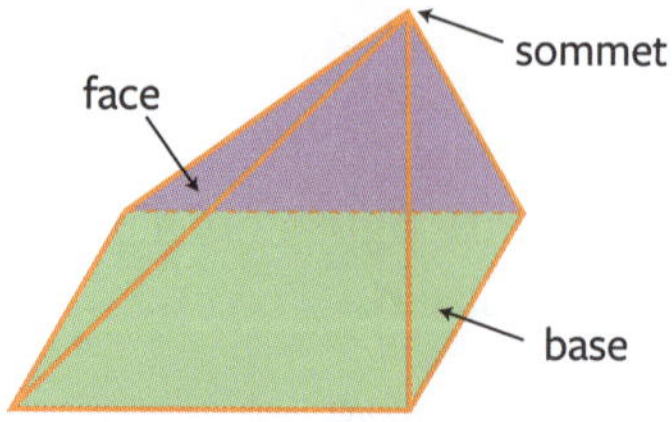

Je comprends comment faire

▶ Pour dessiner un patron

- Quand je plie ce patron suivant les arêtes et que je colle les côtés correspondant à la même arête, j'obtiens un solide.

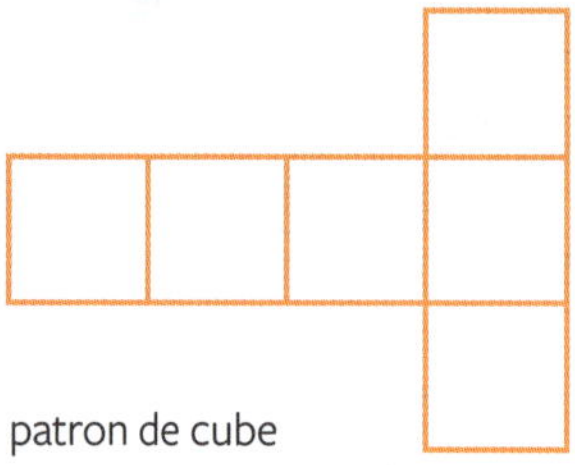
patron de cube

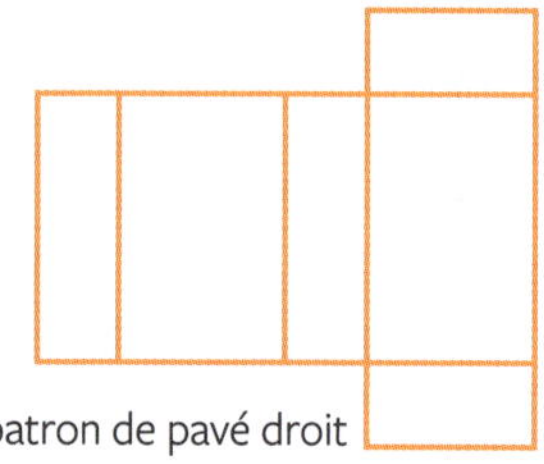
patron de pavé droit

INFO PARENTS

Présentez à votre enfant des emballages pour qu'il puisse les manipuler et dénombrer les faces, les sommets et les arêtes.
Proposez-lui aussi de casser l'emballage pour faire apparaitre un patron du solide.

Espace et géométrie

Je m'entraine

1 QUIZ Coche les patrons de cube.

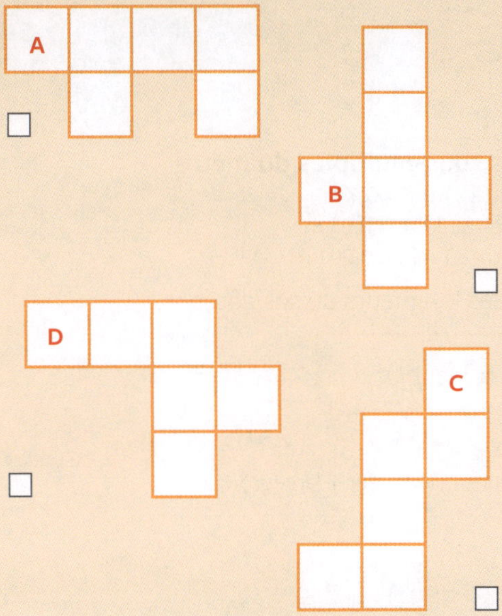

2 **Observe ce solide et compte son nombre :**

a. de faces : ……………………………………

b. de sommets : ……………………………………

c. d'arêtes : ……………………………………

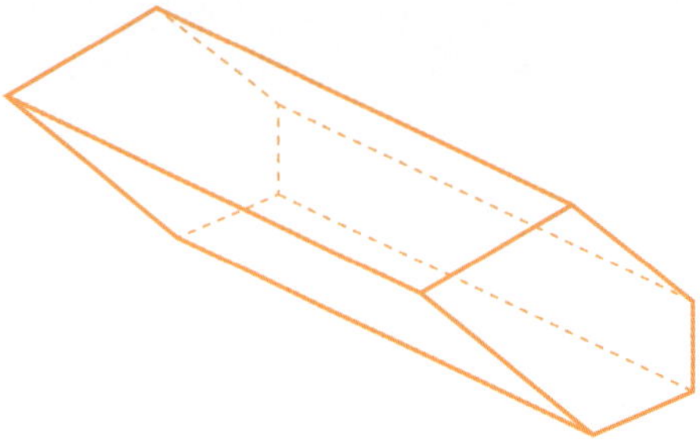

3 **Dessine le patron d'un cube de 5 cm de côté.**

4 **a. Observe cette figure et nomme les arêtes partant du sommet A.**

……………………………………………………………………

b. Trace les diagonales partant du sommet A qui sont contenues dans une face.

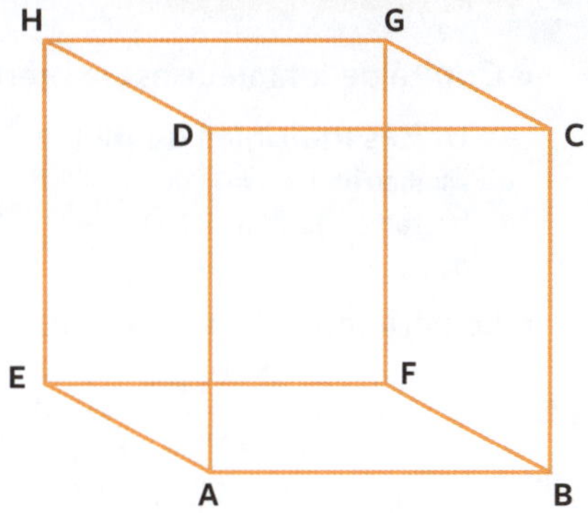

5 **Reprends ce dessin sur une feuille puis termine-le pour obtenir le patron d'un pavé droit.**

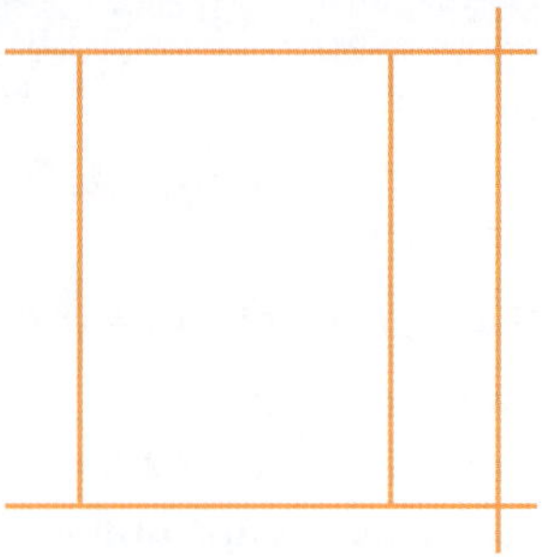

jeu malin

Le solide mystérieux

Voici le patron d'un solide où tous les triangles ont des côtés de 5 cm de longueur.

Trace-le et ensuite fabrique le solide.

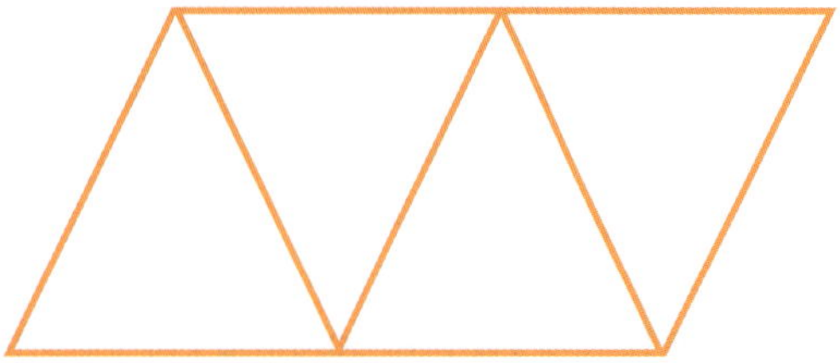

Bravo, tu as terminé !

Entoure ton smiley.

Corrigés page 26 du *Guide parents*

22 Les mesures de longueurs

Pour commencer

Quelles sont les dimensions d'une feuille de papier de format A4 ?

J'apprends

- **L'unité de longueur est le mètre : m.**

Unités multiples du mètre
kilomètre : 1 km = 1000 m
hectomètre : 1 hm = 100 m
décamètre : 1 dam = 10 m

Unités sous-multiples du mètre
décimètre : 1 dm = 0,1 m
centimètre : 1 cm = 0,01 m
millimètre : 1 mm = 0,001 m

- **Le périmètre d'un polygone** est égal à la somme des longueurs de ses côtés.

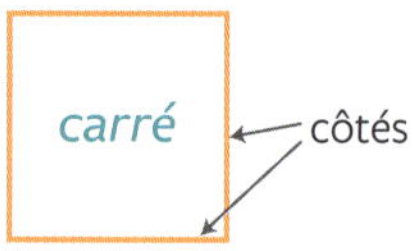

Périmètre = 4 × côté

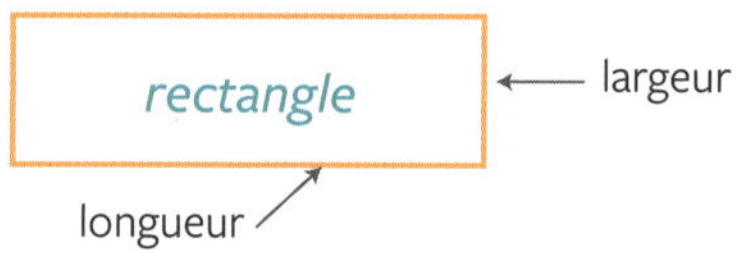

Périmètre = (longueur + largeur) × 2

Je comprends comment faire

▶ Pour convertir une mesure de longueur

Convertir une mesure de longueur, c'est exprimer cette mesure dans une autre unité. Pour cela, j'utilise un tableau.

km	hm	dam	m	dm	cm	mm
		4	8	0	0	
	2	7	5	1	4	0

×10 ×10 :10

- Pour convertir 48 m en cm : je place 48 m dans le tableau, avec le chiffre des unités (8) dans la colonne des mètres.
Je multiplie par 10 pour obtenir des dm puis encore par 10 pour les cm.
→ J'obtiens : 48 m = 4 800 cm

- Pour convertir 275 140 mm en cm : je place 275 140 mm dans le tableau, le 0 dans la colonne des mm. **Je divise par 10** pour obtenir des cm.
→ J'obtiens : 275 140 mm = 27 514 cm

▶ Pour ajouter des longueurs

- 7 km 9 dam + 8 hm 35 m = 7925 m

Je place chaque chiffre dans la colonne qui correspond à son unité.
Je fais la somme colonne par colonne en partant de la droite.
Je place la **retenue** dans la colonne suivante s'il y en a une.

	km	hm	dam	m
	7		9	
		1 8	3	5
+	7	9	2	5

INFO PARENTS

Vous pouvez donner à votre enfant un mètre ruban (de 5 m de longueur) et lui demander de mesurer diverses dimensions (meuble, cuisine, terrasse...). Il pourra donner les résultats en mètre sous forme décimale ou en cm.

Je m'entraine

1 QUIZ Coche les bonnes réponses.

a. 42 m = 4 200 cm ☐
b. 3 km = 300 m ☐
c. 8 hm = 800 m ☐
d. 12 m = 1 200 mm ☐

2 Convertis.

a. 17 m = ... mm
b. 9 km 6 m = ... m
c. 12 dm = ... mm
d. 5 dam 3 dm = ... cm
e. 4 km = ... m

3 Calcule.

a. 4 km 9 hm + 2 km 6 hm = ... hm
b. 25 hm + 85 dam = ... dam
c. 15 m 6 cm + 2 m 86 mm = ... mm
d. 7 cm 4 mm + 9 m 21 cm = ... mm
e. 15 hm + 8 dam + 22 m = ... m

4 Le périmètre d'un carré est 52 cm.
Quelle est la longueur de ses côtés?

....

5 Certains côtés de ce polygone ont la même longueur.

a. **Mesure-les et nomme-les.**
b. **Calcule le périmètre de ce polygone en mm.**

....

....

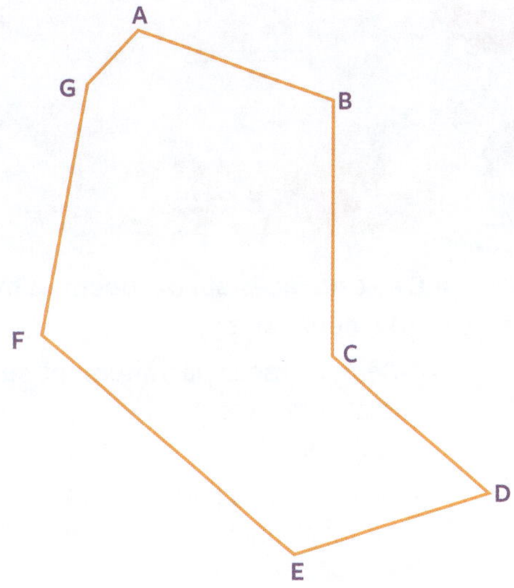

6 Calcule le périmètre des pièces suivantes :

a. le salon
b. la chambre
c. l'entrée
d. la cuisine
e. la salle de bains

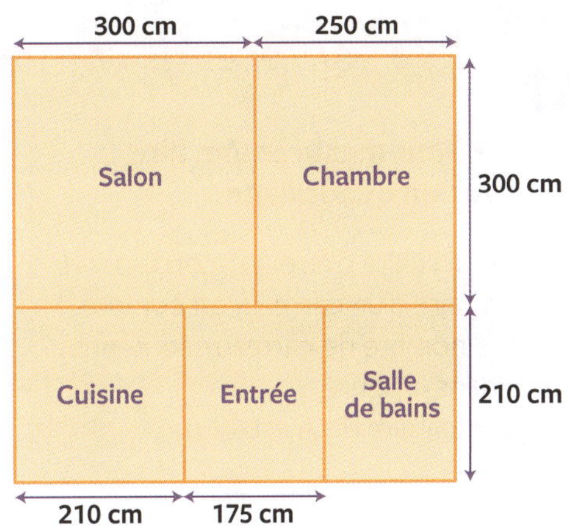

jeu malin

Les unités ont été effacées dans les trois nombres. **Peux-tu les retrouver pour que l'opération soit juste?**

726....... + 458....... + 274....... = 77 454 mm

Bravo, tu as terminé !

Entoure ton smiley.

Corrigés page 26 du *Guide parents*

23 Les mesures d'aire

Pour commencer

À quoi est égal $\frac{1}{2}+\frac{1}{2}$?

J'apprends

- **Deux surfaces qui occupent la même étendue ont la même aire.**
  - Deux **surfaces parfaitement superposables** ont la même aire.
    A et D ont la même aire.
  - Deux surfaces parfaitement superposables après découpage et reconstitution ont la même aire.
    B et C sont des surfaces de formes différentes.
    Mais elles ont la même aire.

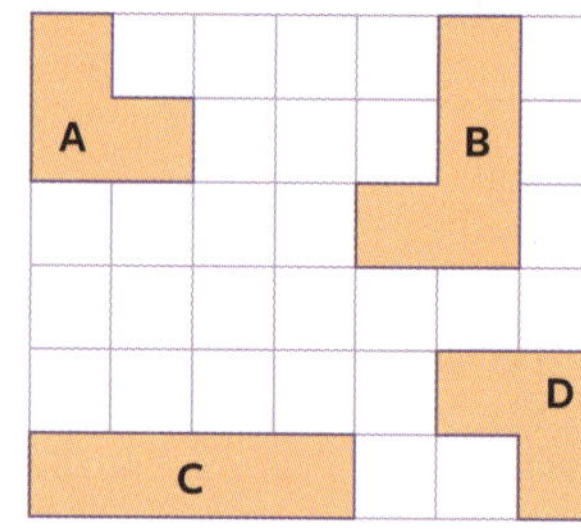

Je comprends comment faire

▶ Pour mesurer une aire sur un quadrillage

- Si l'unité d'aire (u) correspond à l'aire d'un carreau, on compte le nombre de carreaux contenus dans la figure.
  → Ici l'aire de **A** est 12 u.
- Si il y a des demi-carreaux, on les compte aussi.
  → Ici l'aire de **B** est 9 u.
  Si la figure est la moitié d'une figure simple, on divise par 2.
  C est la moitié d'un carré de 4 carreaux de côté.
  → L'aire de **C** est 8 u (16 : 2 = 8).

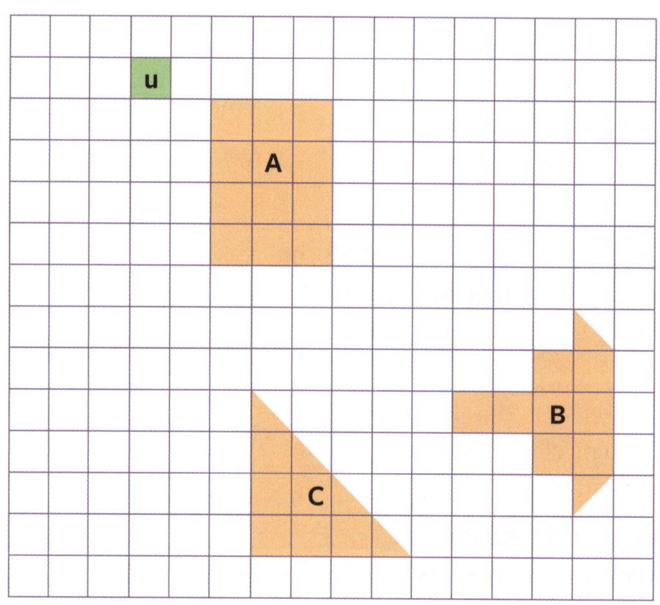

INFO PARENTS

Incitez votre enfant à vérifier si deux figures sont superposables. Faites-lui décalquer l'une d'elles pour qu'il essaie de superposer le calque sur l'autre.

Je m'entraine

1 QUIZ **Coche Vrai ou Faux.**

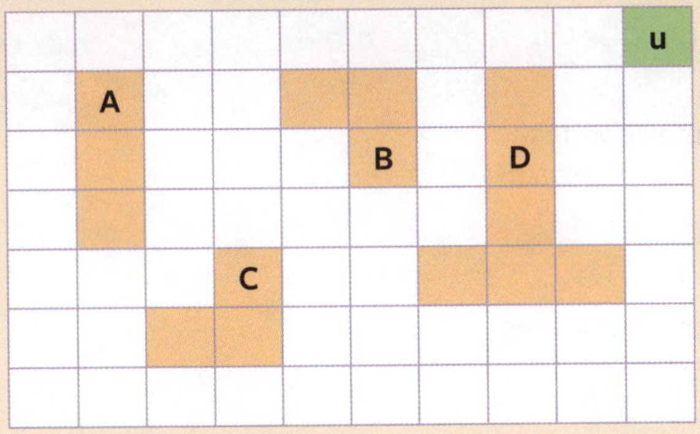

a. B et C sont superposables. ☐ Vrai ☐ Faux

b. L'aire de D est 5 u. ☐ Vrai ☐ Faux

c. A et B ont la même aire. ☐ Vrai ☐ Faux

d. L'aire de D est le double de celle de A. ☐ Vrai ☐ Faux

2 **Nomme les figures qui ont la même aire.**

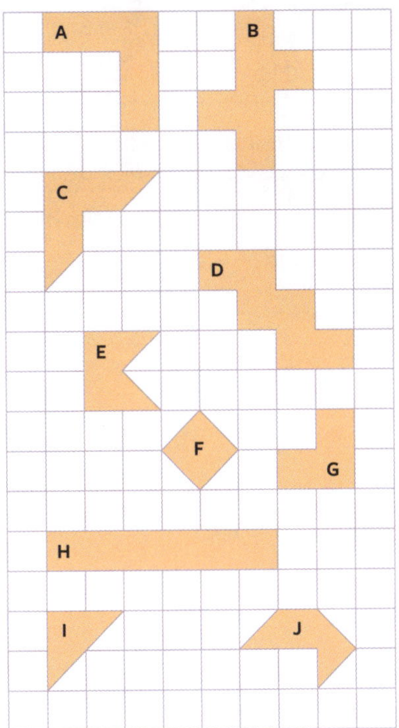

....

3 **En prenant c, l'aire du carreau comme unité d'aire, trouve l'aire de certaines figures de l'exercice 2.**

a. Aire de A c

b. Aire de C c

c. Aire de E c

d. Aire de F c

4 **Reproduis ce dessin aux dimensions réelles suivantes sur du papier quadrillé :**

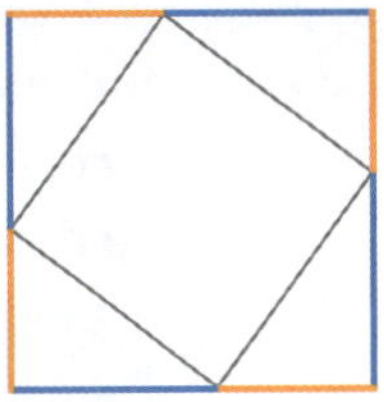

– les segments orange mesurent 3 carreaux;

– les segments bleus mesurent 4 carreaux.

a. En prenant l'aire d'un carreau comme unité d'aire, quelle est l'aire du grand carré?

b. En prenant l'aire d'un carreau comme unité d'aire, quelle est l'aire d'un triangle?

c. En prenant l'aire d'un carreau comme unité d'aire, quelle est l'aire du petit carré?

jeu malin

Nous avons la même aire et le même périmètre, de quelles couleurs sommes-nous?

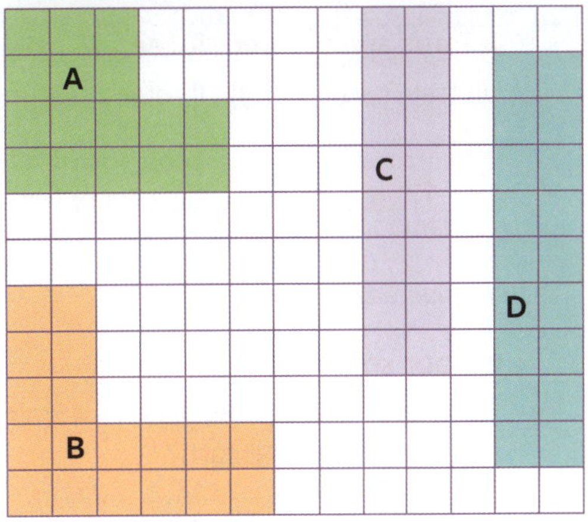

....

Bravo, tu as terminé !

Entoure ton smiley.

Corrigés page 26 du *Guide parents*

Mathématiques

24 Les durées

Pour commencer
Combien y a-t-il d'heures dans une semaine ?

J'apprends

Une durée s'exprime en **jours**, **heures**, **minutes** et **secondes**.

1 an = 365 jours (j) | 1 heure = 60 minutes (min) = 3600 secondes (s)
1 jour = 24 heures (h) | 1 minute = 60 secondes

▶ Convertir une durée

- **On multiplie par 60 pour convertir des heures en minutes ou des minutes en secondes.**

3 heures = 3 × 60 = 180 min
45 minutes = 45 × 60 = 2 700 s

- **On divise par 60 pour convertir des minutes en heures ou des secondes en minutes.**

420 min = 420 ÷ 60 = 7 heures
1020 s = 1020 ÷ 60 = 17 minutes

Je comprends comment faire

▶ Pour calculer une durée

Combien de temps s'est écoulé entre 9h30 et 11h20 ?

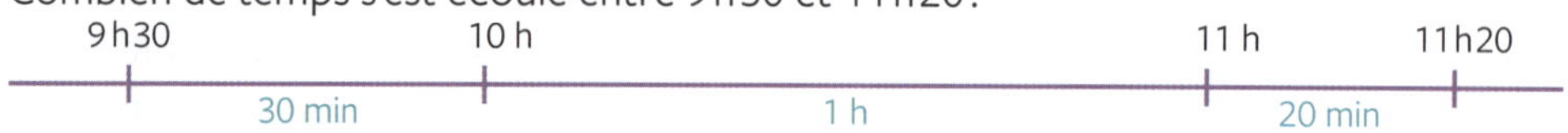

Il s'est écoulé 1 h 50min.

▶ Pour ajouter une durée

Un train part à 12h40, il roule 1 h 50min. À quelle heure arrivera-t-il ?

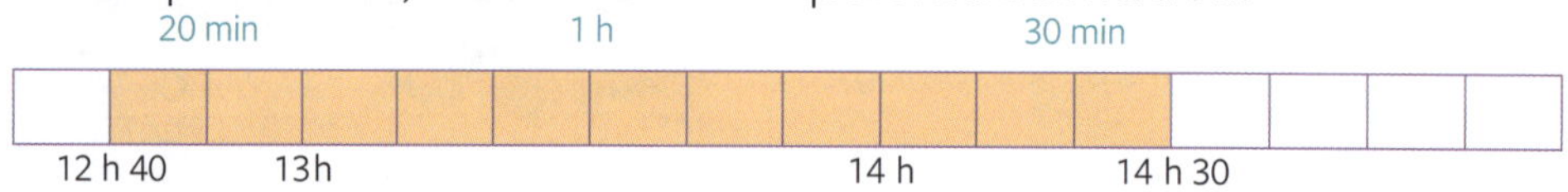

Il arrivera à 14h30.

▶ Pour soustraire une durée

Après avoir marché pendant 1 h 45 min, Étienne arrive au sommet à 11 h 30.
À quelle heure est-il parti ?

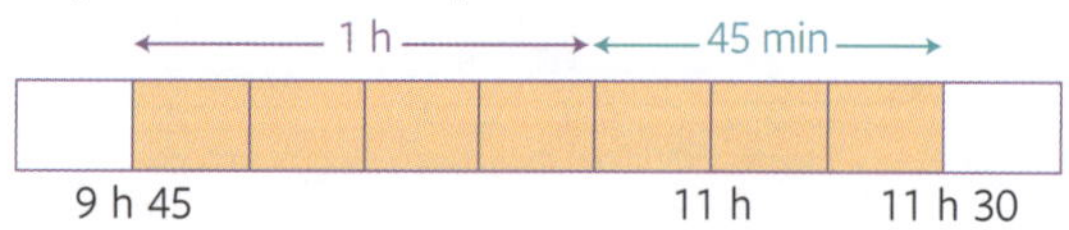

Étienne est parti à 9h45.

INFO PARENTS

Pour calculer une durée, une heure d'arrivée ou une heure de départ, faites dessiner à votre enfant un schéma sur une droite où figurent les 2 nombres connus pour lui permettre de trouver le nombre manquant.

Je m'entraine

1 **QUIZ** **Coche les bonnes réponses.**

a. 7 h = 350 min ☐
b. 2h 15min = 135 min ☐
c. 2 400 s = 40 min ☐
d. 3 j = 180 h ☐

2 **Convertis.**

a. 5 024 s = ... h .... min .... s

b. 4 h 22 min 40 s = ... s

c. 3 j = ... min

d. 512 s = ... min .... s

e. 15 min 12 s = ... s

3 Un cycliste part à 13h30, il roule 1h45. **Complète le schéma pour trouver son heure d'arrivée.**

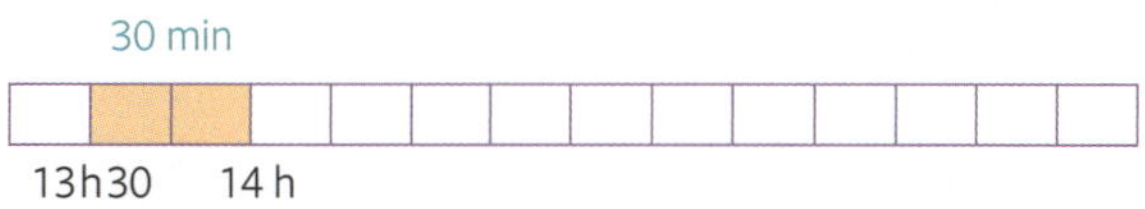

4 Élodie veut regarder une émission qui débute à 20h55 et qui finit à 23h25. **Quelle est la durée de l'émission qu'Élodie veut regarder?**

5 Un match de rugby débute à 15 h 20 min. La partie dure 80 minutes avec en plus une mi-temps de 10 minutes.

À quelle heure s'est terminé le match?

6 Un automobiliste est parti de Marseille à 11h 45min, il est arrivé à Lyon à 15h 05min exactement, après s'être arrêté 7 minutes à une station-service pour faire le plein.

Pendant combien de temps a-t-il conduit?

7 Pour une bonne hygiène de vie, il faut consacrer au moins 8 minutes à son petit déjeuner tous les matins.

a. Combien de temps consacres-tu à ton petit déjeuner durant une année de 365 jours si tu respectes cette règle?

b. Exprime le résultat en jours, heures et minutes.

8 Un Australien est parti à pied de Calcutta le 5 février 1990. Il est arrivé au sommet de l'Everest le 11 mai 1990. **Quelle est en jours la durée de cette expédition?**

9 Un randonneur arrive au refuge à 14h20 après avoir marché pendant 1h 50 min.

Complète le schéma pour trouver son heure de départ.

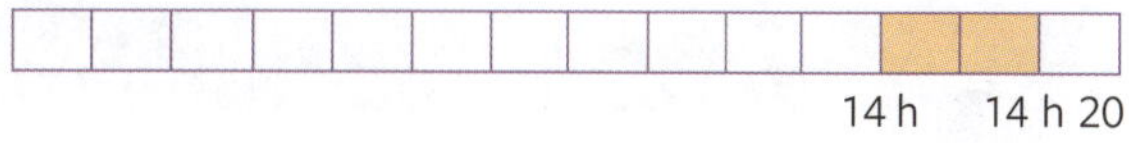

jeu malin

Quand il est 12h15 à Paris, il est 6h15 à New York. **Quand il est 15h30 à New York, quelle heure est-il à Paris?**

Bravo, tu as terminé !

Entoure ton smiley.

Corrigés page 26 du *Guide parents*

25 La résolution de problèmes

Pour commencer

Du 3 mai au 10 mai, Inès achète chaque jour son journal qui coute 1,50 euros. Combien dépense-t-elle ?

J'apprends

• **Dans un problème, les informations nécessaires à sa résolution sont fournies par l'énoncé.**

• **Les informations peuvent être :**
- des **nombres** : Marie achète **6** paquets de biscottes à **3** euros.
- des **mots** : En **un mois**, la population d'une ruche **double**.
- des **points** ou des **courbes.**

Les informations peuvent être présentes dans un texte, une image, un tableau à double entrée, un graphique.

Problèmes

Je comprends comment faire

▶ Pour utiliser un tableau à double entrée

• **Quelle est la température moyenne en juin à Antalya?**

Températures moyennes de certaines villes en Turquie

	Ankara	**Istanbul**	**Izmir**	**Antalya**
Juin	27°	26°	30°	35°
Juillet	30°	29°	30°	38°
Aout	30°	29°	33°	38°

→ La température est de 35 °C.

Je cherche la case à l'intersection de la ligne de «Juin» et de la colonne d'«Antalya».

▶ Pour utiliser un graphique

Quel est l'élève qui a 9? C'est Jean.
Quelle est la note de Paul? C'est 13.

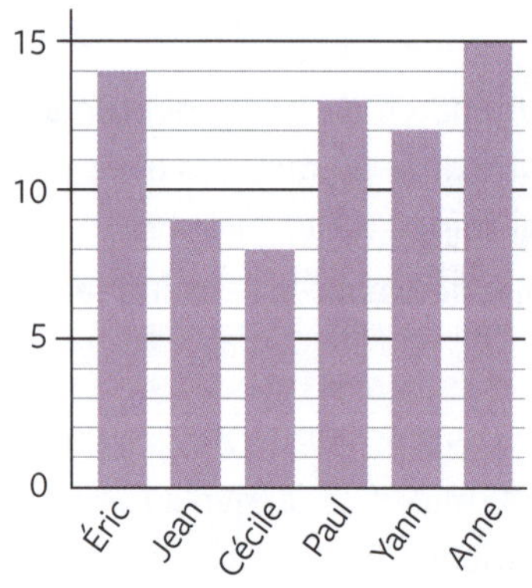

▶ Pour utiliser les unités

• Dans un problème, je dois exprimer les grandeurs de même nature avec les mêmes unités.

Quel est le périmètre d'un rectangle de 21 cm sur 120 mm?

120 mm = 12 cm → Le périmètre du rectangle est 66 cm car (21 + 12) × 2 = 66

INFO PARENTS

Pour la résolution d'un problème, demandez à votre enfant de raconter l'énoncé et de préciser les informations à sa disposition.

Je m'entraine

1 QUIZ Coche Vrai ou Faux.

Au jeu du «quitte ou double», un joueur double ses gains à chaque bonne réponse.
Si la première bonne réponse rapporte 100 euros, combien rapportent les suivantes?

a. La deuxième réponse rapporte 100 €.

☐ Vrai ☐ Faux

b. La troisième réponse rapporte 300 €.

☐ Vrai ☐ Faux

c. Le gain après la sixième réponse exacte sera 3200 €.

☐ Vrai ☐ Faux

d. Il faut multiplier par 2 à chaque bonne réponse.

☐ Vrai ☐ Faux

2 Un champ rectangulaire mesure 13 hm sur 5 dam. **Quel est son périmètre en m?**

3 Un bricoleur fabrique un cadre pour un tableau rectangulaire qui mesure 95 cm sur 55 cm. Le mètre de baguette à encadrer coute 19 €.

Quelle somme le bricoleur devra-t-il consacrer à l'achat de la baguette à encadrer?

Pour répondre à la question posée, tu dois faire un calcul intermédiaire.

a. Que dois-tu calculer d'abord?

b. Réponds ensuite à la question.

4 **a. Complète la question de cet énoncé de problème.**

Un menuisier fabrique un escalier de 13 marches d'une hauteur de 19 cm chacune.

Quelle est ....?

b. Réponds à la question.

....

5 **Combien coute l'envoi de 12 paquets de 150 g et de 9 paquets de 230 g?**

Poids jusqu'à				
200 g	500 g	1000 g	2500 g	5000 g
Prix en €				
3 €	4,50 €	6,70 €	11,50 €	16 €

....

....

6 **a. Combien mesure le côté d'un carré de 20 m de périmètre?**

....

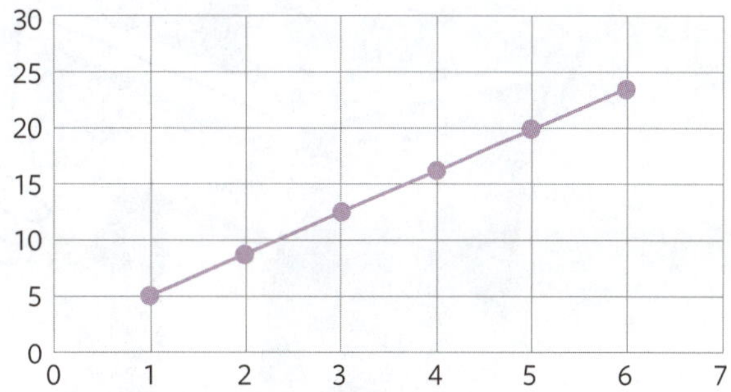

b. Si on double la longueur d'un côté, le périmètre double-t-il?

....

jeu malin

Énigme

Les grandes vacances de l'été 2019 ont commencé le vendredi 5 juillet après la classe et se sont terminées le 2 septembre au matin.
Combien de jours de vacances cela fait-il?

....

Bravo, tu as terminé !

Entoure ton smiley.

Corrigés page 26 du *Guide parents*

HISTOIRE
EMC
GÉOGRAPHIE

Histoire		Date	Évaluation
Avant la France			
1 Les traces du passé	118	....	😐 🙂 😀
2 Charlemagne, roi et empereur	120	....	😐 🙂 😀
3 Les vagues migratoires du Ve au Xe siècle	122	....	😐 🙂 😀
Le temps des rois			
4 Louis IX, le roi chrétien au XIIIe siècle	124	....	😐 🙂 😀
5 François Ier, protecteur des arts et des lettres	126	....	😐 🙂 😀
6 Louis XIV, le Roi-Soleil à Versailles	128	....	😐 🙂 😀
Le temps de la Révolution			
7 Louis XVI, la Révolution, la nation	130	....	😐 🙂 😀

Enseignement moral et civique			
8 L'égalité entre les filles et les garçons	132	....	😐 🙂 😀
9 La solidarité	134	....	😐 🙂 😀
10 Le respect des biens et de l'environnement	136	....	😐 🙂 😀

Géographie			
Le(s) lieu(x) où j'habite			
11 Identifier mon lieu de vie	138	....	😐 🙂 😀
12 Situer mon lieu de vie	140	....	😐 🙂 😀
Vivre en France			
13 Vivre dans un espace urbain	142	....	😐 🙂 😀
14 Vivre dans un espace touristique	144	....	😐 🙂 😀
Consommer en France			
15 Consommer de l'énergie	146	....	😐 🙂 😀
16 Consommer un produit alimentaire	148	....	😐 🙂 😀

1 Les traces du passé

Pour commencer

Quelles sont les différentes périodes de l'Histoire ?

J'apprends

L'Histoire permet de connaitre les évènements du passé et la manière de vivre de nos ancêtres.
Les **archéologues** cherchent des traces pour reconstituer et comprendre ce qui s'est produit. Il existe **trois sortes de traces**.

Pierre de Rosette

- Les **vestiges :** il peut s'agir d'ossements, de bâtiments, de sculptures, de peintures ou bien d'objets comme des bijoux, des pièces, des armes, des outils... Ces restes ne sont pas toujours complets ni en bon état. Il faut souvent du temps et des techniques spéciales pour les reconstituer.

- Les **écrits** sont importants pour comprendre le passé, mais ils n'existent que depuis l'invention de l'écriture (vers – 3000), donc après la Préhistoire.

- Les **traces orales** ne sont utilisées que pour les évènements les plus récents.

Je comprends comment faire

▶ Pour utiliser une frise chronologique

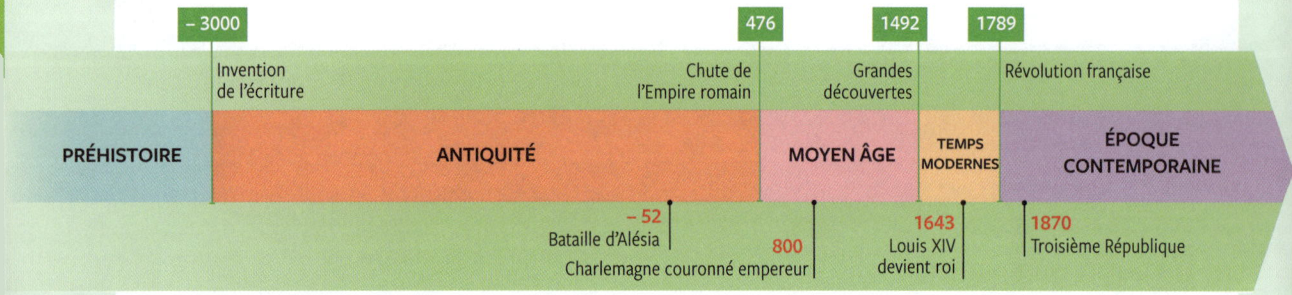

1. J'observe la frise.

- Une frise chronologique représente des évènements qui sont positionnés selon leur déroulement dans le temps.
- Je repère **les périodes de l'Histoire** ainsi que les évènements et années qui marquent leur début, ou des évènements importants pour chacune des périodes.

→ Le Moyen Âge commence avec la chute de l'Empire romain en 476.

2. J'interprète la frise.

Après la Préhistoire, l'Antiquité est la période la plus longue. **Chaque période débute par un évènement qui entraine des changements importants.**

INFO PARENTS

Saisissez toutes les occasions pour montrer à votre enfant la variété des traces du passé : les bâtiments ou monuments de votre ville, les musées ou encore en discutant avec des personnes d'une autre génération sur leur vie.

Je m'entraine

1 QUIZ Coche Vrai ou Faux.

a. L'Histoire s'intéresse aux outils utilisés par nos ancêtres. ☐ Vrai ☐ Faux

b. L'Homme de Cro-Magnon a raconté sa vie dans un livre. ☐ Vrai ☐ Faux

c. Il n'y a plus rien à découvrir du passé. ☐ Vrai ☐ Faux

2 Écris pour chaque image à quelle trace elle correspond. *vestige – écrit - oral*

a. La dame de Brassempouy

....

b. Lettre d'invitation au couronnement de Louis IX

....

c. Appel du général de Gaulle à la radio le 18 juin 1940

....

d. Interview d'un soldat

....

e. Le pont du Gard

....

f. Des journaux

....

3 Remets dans l'ordre les étapes du travail d'un archéologue.

a. Il dégage les vestiges avec précaution.

b. Il expose ses découvertes au public.

c. Il donne un numéro au vestige trouvé et note son emplacement.

d. Un site avec des vestiges est découvert.

e. Il fouille le sol.

f. Il reconstitue les vestiges en assemblant plusieurs morceaux trouvés ou en faisant des copies.

g. Le site est quadrillé et chaque carré de terrain est numéroté.

h. Il interprète ce qu'il a découvert.

Le bon ordre est : ....

jeu malin

Écris dans la grille les mots correspondant aux définitions.

a. À partir de vestiges, il reconstitue le passé des hommes.

b. Période pendant laquelle Louis XIV devient roi. Les Temps ....

c. Période connue de l'Homme de Cro-Magnon.

d. Notre période. L'époque ....

e. Charlemagne a été empereur durant cette période.

f. Période qui a débuté avec l'invention de l'écriture.

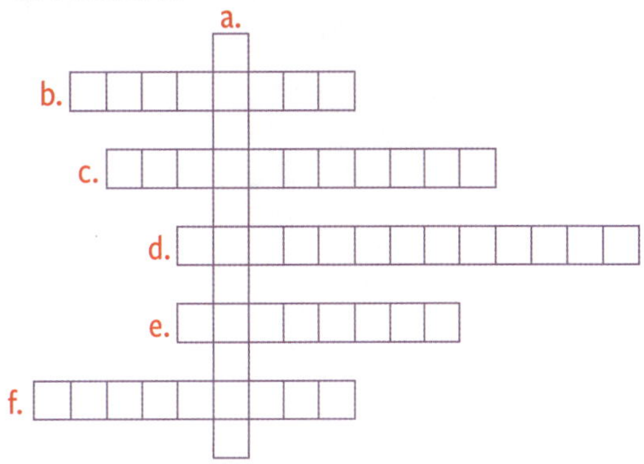

Bravo, tu as terminé !

Entoure ton smiley.

Corrigés page 27 du *Guide parents*

2 Charlemagne, roi et empereur

Pour commencer

Quand débute le Moyen Âge ?

J'apprends

Charlemagne empereur, avec le globe en main

Au ve siècle, Clovis, premier roi converti au christianisme, a unifié la Gaule. Mais en 768, le territoire est entièrement désorganisé lorsque **Charlemagne** devient à son tour **roi des Francs**.

• **Guerrier puissant, il reconstruit le royaume et l'étend**. Il l'organise en donnant le gouvernement de régions aux comtes. Il envoie à travers le royaume des messagers, appelés *missi dominici*, pour faire appliquer les lois. La paix est ainsi rétablie. L'agriculture et le commerce se développent.

• Charlemagne est aussi **chrétien**. À plusieurs reprises, **il aide le pape** contre ses ennemis. Pour le remercier, celui-ci le couronne **empereur** en 800.

• Le règne de Charlemagne est également une période de **progrès pour le savoir**. Il n'apprend à lire qu'à 40 ans, mais pour lui, le savoir est si important qu'il fait ouvrir des écoles.

• À la mort de Charlemagne, **son empire s'étend sur une grande partie de l'Europe**, mais ses descendants ne pourront pas le conserver. C'est le début d'une période d'affaiblissement du pouvoir royal.

Je comprends comment faire

▶ Pour lire une carte historique

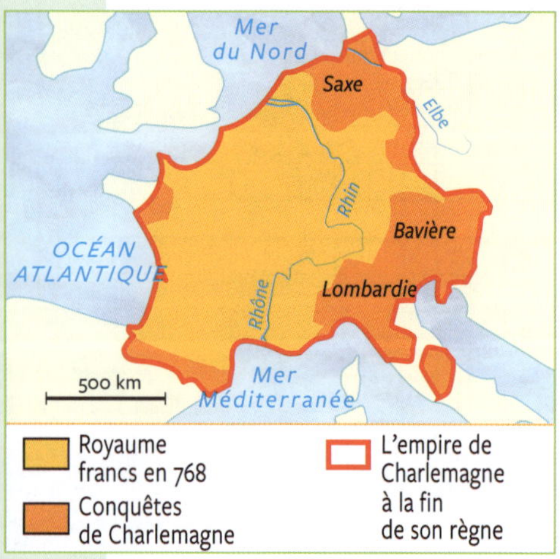

Extension du royaume sous Charlemagne

1. J'observe la carte.

• **J'associe les couleurs** de la légende aux limites du royaume au début et à la fin du règne de Charlemagne.

→ Le royaume en 768 est repéré en jaune et l'empire en 814 est délimité en rouge.

2. J'interprète la carte.

Charlemagne a considérablement agrandi son royaume. À sa mort, **l'empire s'étend sur une bonne partie de l'Europe.**

INFO PARENTS

Vous pouvez expliquer à votre enfant que Charlemagne tire son nom, comme tous les rois, d'une de ses particularités physiques. Pour lui, il s'agit de sa grande taille (*carolus magnus*).

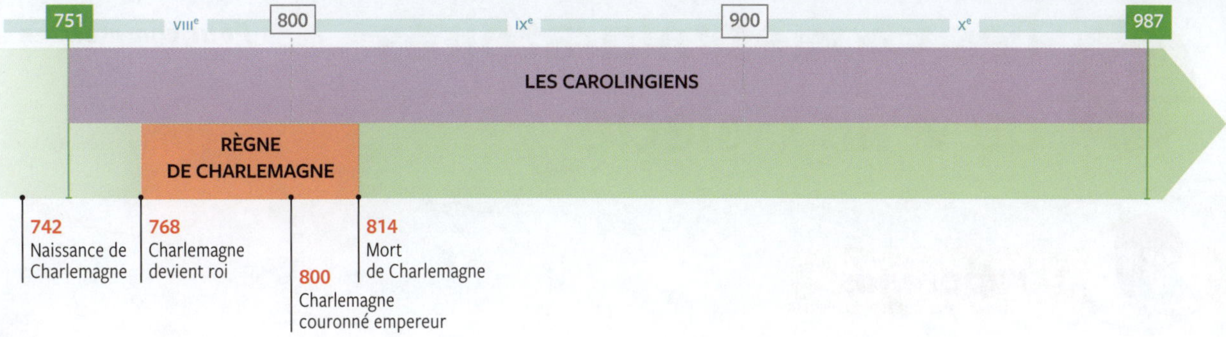

Je m'entraine

1 QUIZ Coche les bonnes réponses.

a. Charlemagne contrôle son empire :

☐ en nommant des comtes et en envoyant des *missi dominici*.

☐ en tuant tous ceux qui s'opposent à lui.

b. À 40 ans, Charlemagne :

☐ se fait baptiser. ☐ apprend à lire.

c. Charlemagne est un roi :

☐ mérovingien. ☐ carolingien.

d. 800 est une date importante pour Charlemagne parce que :

☐ c'est son année de naissance.

☐ c'est l'année où il devient empereur.

e. Charlemagne est roi des Francs comme :

☐ Clovis. ☐ Jules César.

2 Écris le nom des personnages à côté de leur fonction. *le pape – le comte* – le missi dominici

a. .... reçoit le gouvernement d'une région en échange de sa fidélité.

b. .... transmet les ordres de Charlemagne et veille au respect des lois.

c. .... couronne Charlemagne empereur en 800.

3 Observe la représentation de Charlemagne en empereur page 120 et réponds aux questions.

a. Quels sont les objets avec lesquels Charlemagne est représenté ?

....

....

b. Pourquoi y a-t-il une croix sur chacun de ces objets ?

....

....

c. Pourquoi Charlemagne tient-il un globe dans sa main ?

....

....

jeu malin

Déchiffre ce rébus et retrouve la capitale de l'empire de Charlemagne.

Bravo, tu as terminé !

Entoure ton smiley.

🙂 🙂 🙂

Corrigés page 27 du *Guide parents*

3 Les vagues migratoires du ve au xe siècle

Pour commencer

Qui dominait la Gaule jusqu'au ve siècle ?

J'apprends

Du ve au xe siècle, **des vagues migratoires se succèdent**. Ces invasions **provoquent des guerres, ravagent le pays,** mais ont aussi pour effet de **mélanger les peuples** et **d'enrichir leurs connaissances et techniques**.

• Au ve siècle, **les peuples barbares** voisins de la Gaule, l'envahissent et forment plusieurs royaumes dont celui des Francs.

• Aux viie et viiie siècles, **les Arabes** s'emparent de territoires autour du bassin méditerranéen. Ils envahissent également le royaume franc mais sont arrêtés en 732 par Charles Martel.

• Après la mort de Charlemagne en 814, de nouvelles invasions ont lieu au nord, au sud et à l'est. **Des Normands** venus de Scandinavie, **des Hongrois** venus de l'Est et **des Arabes** sillonnant la Méditerranée, pillent, incendient et s'installent dans les régions conquises. Les rois, trop faibles pour les affronter, préfèrent acheter leur départ en versant des rançons. En 911, les Normands reçoivent la région qui s'appellera la Normandie, en échange de leur obéissance et de leur conversion au christianisme.

Je comprends comment faire

▶ Pour analyser et interpréter un document historique

1. Je décris les bateaux normands.

• J'observe les fonds plats, la position centrale du mât et la symétrie entre l'avant et l'arrière.

• J'étudie les différentes parties de la coque qui se recouvrent comme des tuiles.

• Je remarque les têtes de dragon, les espaces pour passer les rames et la voile multicolore.

Détail de la tapisserie de Bayeux, xie siècle

2. J'interprète.

Les bateaux normands sont **à voiles** et **à rames**. Ils peuvent naviguer **dans un sens ou l'autre** sans faire demi-tour. Grâce à leur coque, ils sont **rapides** et **résistants**. Les têtes de dragon qui ornent ces bateaux leur ont donné leur nom de **drakkar**.

INFO PARENTS

Montrez à votre enfant les traces des apports de ces vagues migratoires qui sont encore présentes de nos jours : arabesques, instruments de navigation, techniques d'irrigation, principe de l'appareil photo, nourriture (aubergine, citron, orange, pastèque...).

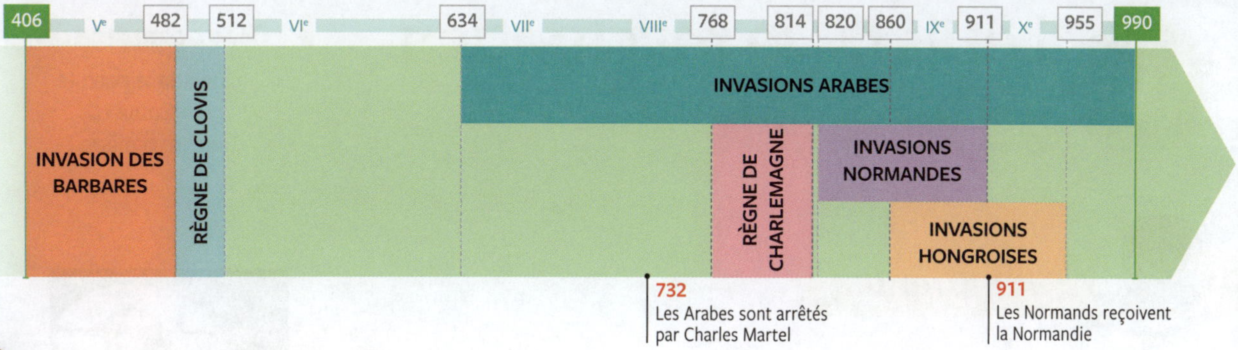

Je m'entraine

1 QUIZ Coche les bonnes réponses.

a. Au Moyen Âge, le pays connait :

☐ des vagues migratoires.

☐ des guerres. ☐ une grande stabilité.

b. Les envahisseurs sont :

☐ des Allemands. ☐ des Normands.

☐ des Hongrois. ☐ des Arabes.

c. Pendant les invasions, les rois :

☐ payent des rançons.

☐ convertissent les envahisseurs au christianisme.

2 Voici des techniques ou objets transmis par les Arabes pendant les vagues migratoires. **Écris leur nom à côté de leur définition.**

une noria

un astrolabe

un boutre arabe

les chiffres

a. Inventés en Inde et adaptés par les Arabes, ils simplifient la numération. ....

b. Instrument qui permet de se repérer par rapport aux étoiles. ....

c. Moyen de navigation, il permet de partir en haute mer. ....

d. Permet d'arroser les champs. ....

jeu malin

Grâce au code, retrouve le nom des peuples barbares qui dominaient la Gaule en 481.

A	B	C	D	E	F	G	H	I
☼	♒	♌	■	💧	✿	★	✪	🕯
L	**M**	**N**	**O**	**R**	**S**	**T**	**U**	**W**
⌖	⌛	⌑	☸	♈	❄	♓	♊	♥

a. ☼⌖☼⌛☼⌑❄ ....

b. ♒♊♈★☸⌑■💧❄ ....

c. ✿♈☼⌑♌❄ ....

d. ♥🕯❄🕯★☸♓✪❄ ....

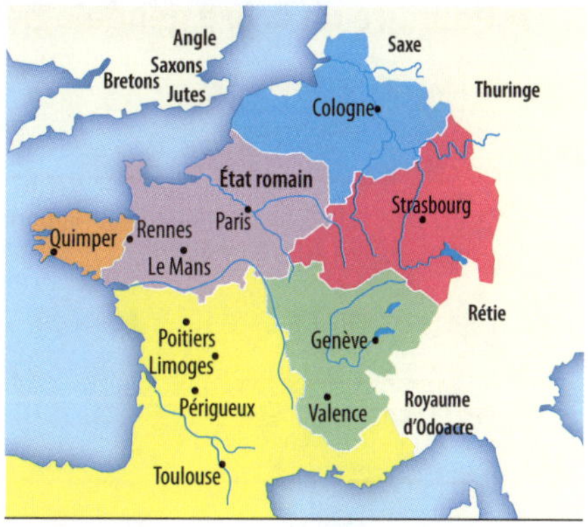

a. Royaume des ....
b. Royaume des ....
c. Royaume des ....
d. Royaume des ....
Armorique

Bravo, tu as terminé !

Entoure ton smiley.

😐 🙂 😀

Corrigés page 27 du *Guide parents*

4 Louis IX, le roi chrétien au XIIIe siècle

Pour commencer

Quel est le premier roi converti au christianisme ?

J'apprends

Saint-Louis auréolé

En 1095, le pape demande aux chrétiens de libérer Jérusalem, ville où se situe le tombeau du Christ. Rois, chevaliers mais aussi gens du peuple partent loin de chez eux se battre contre les musulmans. C'est le début des **croisades**. Lorsque **Louis IX** devient roi en 1226, cinq croisades sanglantes ont déjà eu lieu.

• Louis IX est très **pieux**. En plus de participer à deux croisades, toutes ses décisions de roi sont guidées par sa foi.

• Louis IX essaie d'exercer un **pouvoir juste**. Il fait publier de grandes lois pour que la justice soit la même pour tous, pauvres ou riches. Il fait également construire des hospices pour accueillir les plus démunis.

• Louis IX continue d'**étendre le domaine royal** et s'efforce de **ramener la paix** en arrêtant les guerres entre seigneurs. Il fait **bâtir de grandes cathédrales** comme celle de Notre-Dame de Paris ou de Chartres. Il **institue une seule monnaie** pour tout le royaume.

• Considéré comme **un saint**, Louis IX meurt lors de la huitième croisade en 1270. Il est aussi appelé **Saint-Louis**.

Je comprends comment faire

▶ Pour lire un arbre généalogique

- **Louis VIII** 1223-1226
  - **Louis IX (St-Louis)** 1226-1270
    - **Philippe III** 1270-1285
      - **Philippe IV le Bel** 1285-1314
        - **Louis X** 1314-1316
          - **Jeanne** reine de Navarre
            - **Charles** roi de Navarre
          - **Jean Ier** 1316
        - **Isabelle + Édouard II** d'Angleterre
          - **Édouard III** d'Angleterre
        - **Philippe V** 1316-1322
        - **Charles IV** 1322-1328
      - **Charles** comte de Valois
  - **Robert** d'Artois
  - **Alphonse** de Poitou et Toulouse
  - **Charles** d'Anjou, roi de Sicile

1. J'observe l'arbre généalogique.

• Je comprends **les liens de parenté**.

→ Louis IX est le grand-père de Philippe IV le Bel, mais aussi le frère de Robert d'Artois.

• Je repère les différents rois qui se sont succédé.

2. Je comprends l'arbre généalogique.

À la mort de Louis X, c'est son fils Jean Ier qui devient roi mais il meurt la même année sans descendants. **Aucune femme** ne peut prétendre au trône de France. C'est donc le frère de Louis X, Philippe V qui monte sur le trône en 1316.

INFO PARENTS

Montrez ou faites visiter certaines des constructions de Louis IX : les cathédrales de Paris ou de Chartres, les abbayes de Royaumont ou de Maubuisson, les fortifications d'Aigues-Mortes...

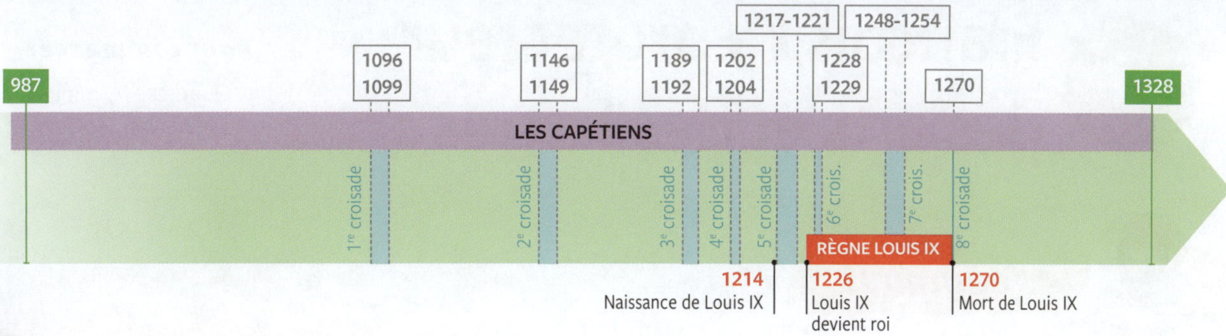

Je m'entraine

1 QUIZ Coche Vrai ou Faux.

a. Louis IX est le fils de Louis X. ☐ Vrai ☐ Faux

b. La justice et la paix résument bien le règne de Louis IX. ☐ Vrai ☐ Faux

c. Louis IX ne s'intéressait pas du tout aux pauvres. ☐ Vrai ☐ Faux

d. Saint-Louis est l'autre nom de Louis IX. ☐ Vrai ☐ Faux

2 En t'aidant du dessin et de la frise, réponds aux questions.

Un croisé

a. Pourquoi appelle-t-on les personnes qui participent à ces expéditions, des croisés?

....

b. Combien de temps dure chaque croisade?

....

c. Pourquoi durent-elles aussi longtemps?

....

d. Quelles sont les croisades auxquelles Louis IX a participé?

....

e. Pourquoi la dernière croisade n'a-t-elle duré qu'un an?

....

3 Observe l'image de la page 124 et coche les bonnes réponses (plusieurs possibilités).

a. On reconnait que Louis IX est un roi parce que :

☐ il porte une cape avec des fleurs de lys.
☐ il prie.
☐ il porte une couronne.
☐ il a une épée.

b. On trouve le portrait de Louis IX dans une église parce que :

☐ il a participé à deux croisades.
☐ c'est un hasard.
☐ il était très pieux.

c. Un cercle jaune entoure la tête de Louis IX. C'est pour :

☐ montrer qu'il est saint.
☐ mieux voir son visage.

jeu malin

Entoure dans la grille les quatre adjectifs qui qualifient le mieux Louis IX.

D	R	M	U	S	U	L	M	A	N
S	O	F	A	A	K	C	B	L	A
E	F	E	P	I	E	U	X	O	J
H	E	U	R	N	J	E	Y	M	U
C	H	R	E	T	I	E	N	P	S
E	C	O	L	T	R	I	P	Z	T
D	I	V	I	S	E	U	R	O	E

Bravo, tu as terminé !

Entoure ton smiley.

Corrigés page 27 du *Guide parents*

5 François Iᵉʳ, protecteur des arts et des lettres

Pour commencer

Quand se termine le Moyen Âge ?

J'apprends

Château de Chambord

Aux XVᵉ et XVIᵉ siècles, l'art s'inspire de l'Antiquité : c'est la **Renaissance**.

François Iᵉʳ, roi de France, découvre ce nouveau style lors d'une guerre en Italie.

• En 1516, il revient en France avec **Léonard de Vinci**, peintre, sculpteur, ingénieur et astronome. Il l'encourage et le protège en lui commandant des œuvres. Il devient **le mécène** d'autres artistes, écrivains et poètes. Par ailleurs, il **favorise et développe l'imprimerie**. Il crée des bibliothèques.

• François Iᵉʳ fait **bâtir de somptueux châteaux**, qui n'ont plus rien à voir avec les forteresses du Moyen Âge. Ces palais comportent de larges ouvertures vers l'extérieur. Des peintures, sculptures et tapisseries ornent l'intérieur. Les châteaux sont **plaisants et utilisés pour les loisirs** : des chasses et des bals y sont organisés. Mais tout ceci coute cher et à sa mort en 1547, les caisses du royaume ont beaucoup diminué.

Je comprends comment faire

▶ **Pour interpréter des croquis**

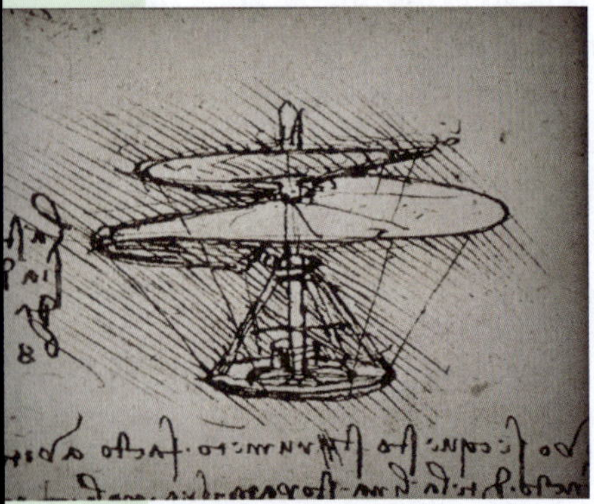

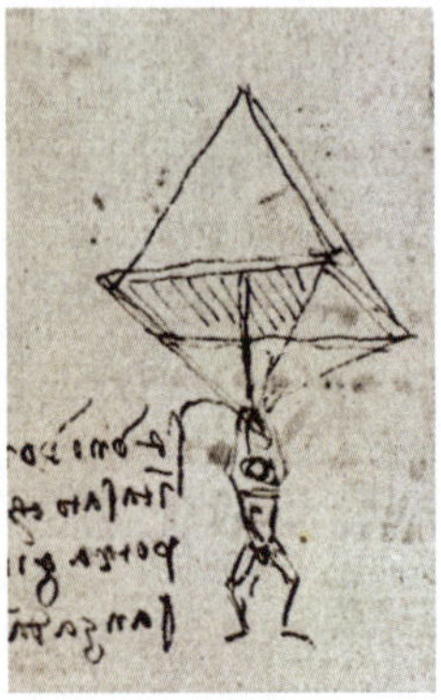

Croquis de la vis aérienne et du parachute de Léonard de Vinci

1. Je décris les inventions imaginées par Léonard de Vinci.

• Sur la première, j'observe **une hélice en forme de vis** avec un plateau en dessous. Cela ressemble à l'hélicoptère qui ne sera réalisé qu'en 1907.

• Sur la deuxième, un homme est suspendu à **une toile en forme de pyramide**. Ce parachute deviendra fonctionnel à la fin du XVIIIᵉ siècle.

2. J'interprète ces croquis.

Léonard de Vinci était un brillant ingénieur avec beaucoup d'imagination. Il n'a pas pu mettre au point toutes ses inventions, mais ces croquis montrent son intuition.

INFO PARENTS

Visitez avec votre enfant les châteaux de la Loire ou montrez-lui des photos ou des livres dans lesquels ils sont représentés.

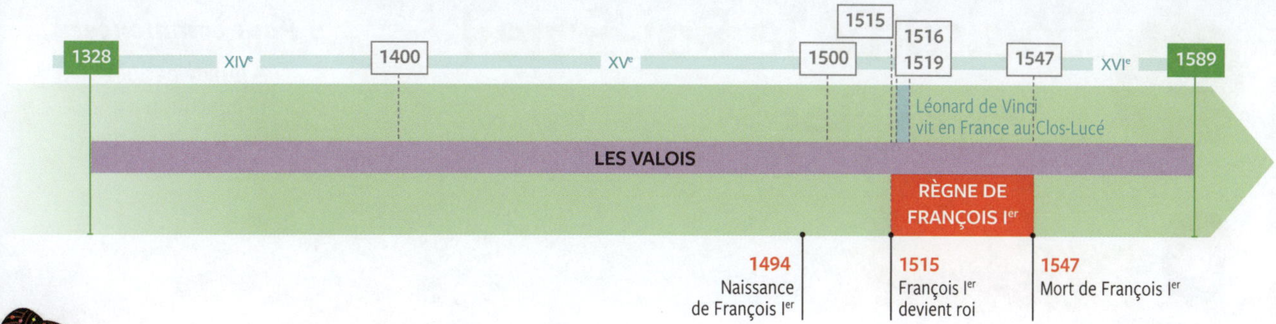

Je m'entraine

1 QUIZ Coche les bonnes réponses.

- **a.** La Renaissance est apparue en France. ☐
- **b.** François Ier permet à la Renaissance de se répandre en France. ☐
- **c.** Sous le règne de François Ier, les arts et les lettres progressent. ☐
- **d.** François Ier accueille Léonard de Vinci en France. ☐
- **e.** François Ier fait bâtir de magnifiques châteaux forts. ☐

2 Devinette. Qui suis-je?

Je suis venu m'installer en France à la demande de François Ier. Je suis peintre, sculpteur, architecte, ingénieur. J'ai été rendu célèbre par l'une de mes œuvres, *La Joconde*.

Je suis ....

3 Compare ce château fort au château de Chambord (photo de la page 126) et réponds aux questions.

a. Qu'est-ce qui change au niveau des ouvertures ?

....

....

b. Avec ses ouvertures, comment est l'intérieur du château de Chambord?

....

....

c. À quoi sert chacun des deux châteaux?

....

jeu malin

Retrouve les mots qui correspondent aux définitions en suivant les ficelles.

a. C'est une personne qui aide les artistes parce qu'elle aime l'art. ....

b. C'est l'ensemble des techniques qui permettent la fabrication d'un livre.

....

c. C'est une période où l'art s'intéresse de nouveau à la culture antique.

....

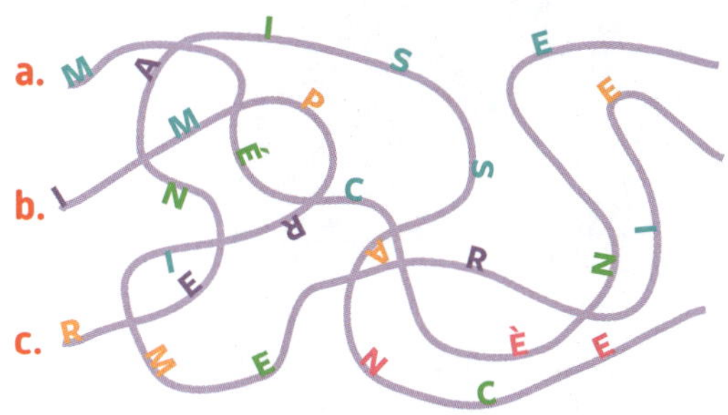

Bravo, tu as terminé !

Entoure ton smiley.

Corrigés page 27 du *Guide parents*

6 Louis XIV, le Roi-Soleil à Versailles

Pour commencer

À quelle période appartiennent les XVIe et XVIIe siècles ?

J'apprends

Aux XVIe et XVIIe siècles, les rois deviennent des **monarques absolus** [→ 2].
En 1643, **Louis XIV** n'a que 5 ans lorsqu'il devient roi.
Sa mère et le cardinal de Mazarin assurent la régence [→ 2] jusqu'en 1661 quand il prend le pouvoir.

- Il instaure la **monarchie absolue de droit divin**, considérant être le représentant de Dieu sur Terre et gouverne seul.
Il soumet ainsi tous ceux qui contestent le pouvoir royal.
Il interdit par ailleurs le protestantisme.

- Il prend pour emblème le Soleil. **Le Roi-Soleil** autorise ses courtisans à assister à toutes les étapes de sa journée, du lever au coucher.

- Il fait construire **le château de Versailles**, lieu de fêtes et d'amusements. Il y réunit et surveille **sa cour**.

- Très souvent **en guerre**, il fait également **fortifier les frontières** de la France par Vauban.

Pendant son très long règne, Louis XIV a fait de la France un royaume puissant et vaste.
Mais **pour la majorité des sujets du roi, les lourds impôts, les guerres et les périodes de famine rendent la vie très dure.**

Je comprends comment faire

▶ Pour analyser et interpréter un tableau

1. J'observe le personnage et le décor.

- Je remarque que Louis XIV a l'attitude d'un danseur et porte un manteau bleu.
- Je repère le trône et le dais rouge qui joue le rôle d'un cadre.
- Le roi porte l'épée, le sceptre et le collier. La main de justice et la couronne sont posées à côté. Des fleurs de lys ornent le manteau.

2. J'interprète ce tableau.

Le peintre représente Louis XIV comme **un monarque absolu** de droit divin, mais aussi comme un homme dynamique, grand amateur de danse. Le tableau plut au roi qui en commanda **plusieurs copies**.

Portrait officiel de Louis XIV par Hyacinthe Rigaud, 1702

INFO PARENTS

Incitez votre enfant à lire les fables de La Fontaine qui datent de l'époque de Louis XIV.

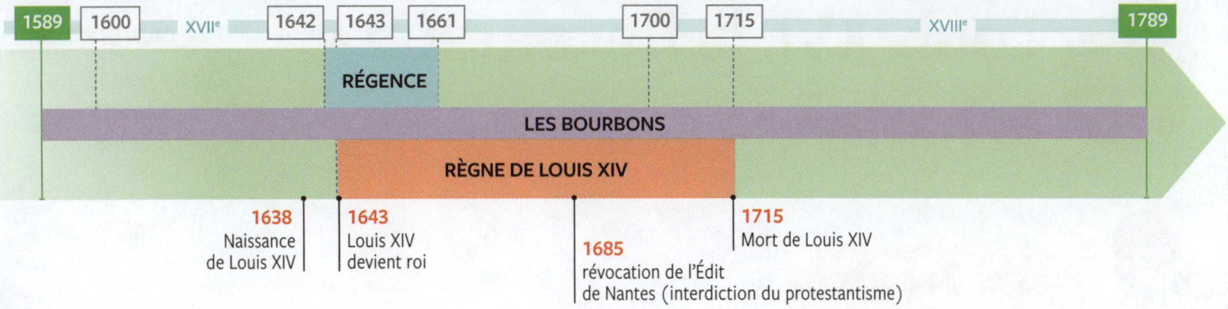

Je m'entraine

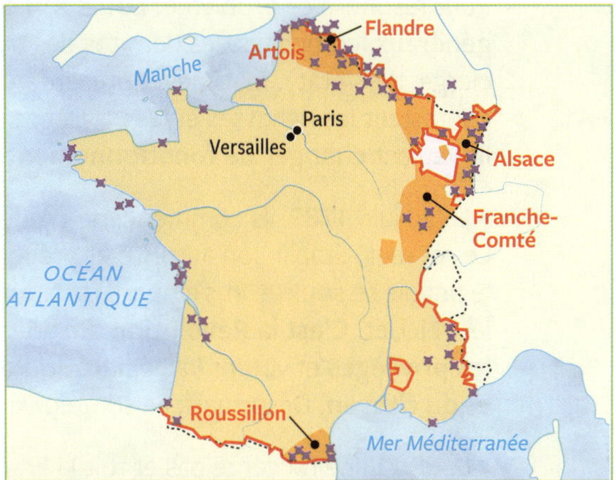

Conquêtes de Louis XIV

Villes fortifiées par Vauban

Frontières de la France :

en 1715 ······ aujourd'hui

1 QUIZ Coche les bonnes réponses.

a. Le règne de Louis XIV dure :

☐ 5 ans. ☐ 72 ans. ☐ 18 ans.

b. Louis XIV vit au château :

☐ de Chambord. ☐ de Versailles.

c. Louis XIV instaure :

☐ la démocratie.

☐ la monarchie absolue de droit divin.

d. Sous le règne de Louis XIV, le peuple :

☐ profite des richesses. ☐ souffre de la pauvreté.

2 Écris les mots sous leur définition.

la monarchie absolue de droit divin – la régence – la monarchie absolue

a. Le Roi est le seul à exercer le pouvoir.

....

b. Le Roi est seul à exercer le pouvoir reçu de Dieu.

....

c. Période pendant laquelle une personne exerce le pouvoir au nom du roi.

....

3 Observe la carte et réponds oralement.

a. Où se situent la plupart des territoires gagnés par Louis XIV?

b. Que remarque-t-on par rapport aux frontières de la France d'aujourd'hui?

c. Pourquoi les villes fortifiées par Vauban sont-elles près des territoires nouvellement gagnés et sur les côtes?

jeu malin

Réponds aux questions en décodant les rébus.

a. Qui a fortifié les frontières?

b. Quel est le surnom de Louis XIV?

c. Que subit le peuple?

Bravo, tu as terminé !

Entoure ton smiley.

Corrigés page 27 du *Guide parents*

Histoire • EMC • Géo

7 Louis XVI, la Révolution, la nation

Pour commencer

Quelle est la date de la fête nationale ?

J'apprends

La Prise de la Bastille

• En 1788, **les caisses du royaume sont vides**.
Pour résoudre ce problème, **Louis XVI** convoque des **états généraux**, composés des députés des trois ordres (noblesse, clergé, tiers état). Mais des représentants du tiers état contestent les richesses et les privilèges des nobles et du clergé. Ils veulent **changer de fonctionnement**.

• Le 20 juin **1789**, ils commencent à rédiger **une constitution**. Le roi veut rétablir son autorité et prépare son armée. Mais le peuple se soulève et s'empare de la prison de la Bastille le 14 juillet. **C'est la Révolution**. En aout, les députés **abolissent les privilèges** et votent **la Déclaration des droits de l'homme et du citoyen**. Désormais, ce sont eux qui décident des lois que le roi fait appliquer.

• Louis XVI ne l'accepte pas et fuit la France. Le 20 juin 1791, il est reconnu et reconduit à Paris. Les pays voisins qui le soutiennent, déclenchent une guerre que les partisans de la Révolution remportent. **Le 22 septembre 1792, la République est proclamée.** Louis XVI, considéré comme un traitre, est guillotiné en 1793.

Je comprends comment faire

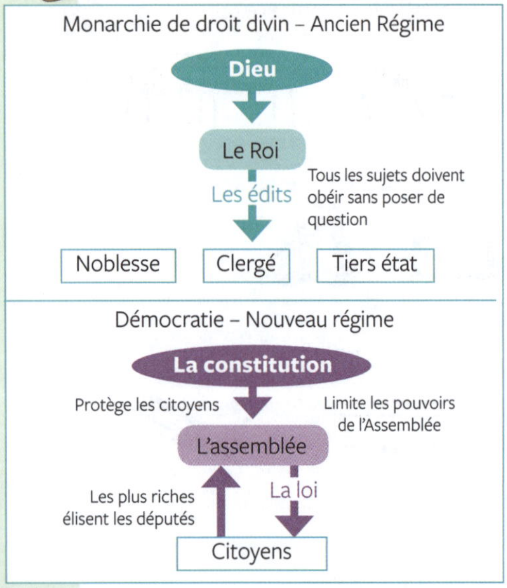

▶ Pour comparer et comprendre des schémas

1. J'observe et comprends les schémas.

• Le premier schéma représente **l'Ancien Régime**. Toutes les personnes qui naissent sujets doivent obéir aux édits du roi. Le pouvoir vient de Dieu.

• Le deuxième schéma représente **le régime après la Révolution**. La constitution réglemente le pouvoir des députés qui sont choisis par une partie des citoyens.

2. Je compare les schémas.

Dans un cas (Ancien Régime), **les hommes n'ont pas tous les mêmes droits et devoirs** alors que dans l'autre (après la Révolution), **tous les hommes sont à égalité face à la loi**.

INFO PARENTS

Faites (re)découvrir la Marseillaise à votre enfant, chant écrit en 1792 qui devient l'hymne de la France en 1795.

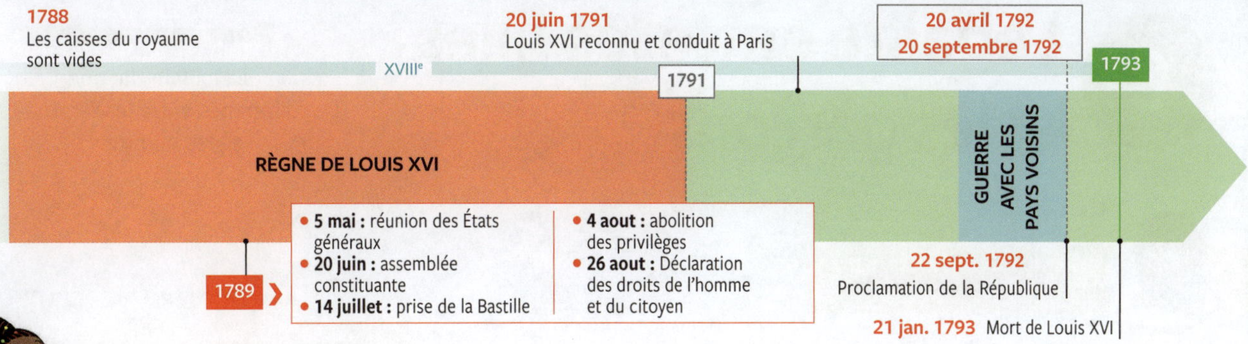

Je m'entraine

✱ 1 QUIZ Coche les bonnes réponses.

a. En 1788, le royaume n'a plus :

☐ d'argent. ☐ de roi.

b. Le peuple est en colère car :

☐ il a faim. ☐ il y a trop de guerres.

c. Le peuple se soulève, c'est :

☐ la République. ☐ la Révolution.

d. Le 22 septembre 1792, est proclamée :

☐ la guerre. ☐ la République.

✱✱ 2 Observe l'illustration de la page 130 et réponds par Vrai (V) ou Faux (F).

a. On reconnait que la Bastille est une prison à son mur d'enceinte et aux rares ouvertures. ....

b. Les incendies, les hommes à terre et les armes illustrent une bataille. ....

c. L'armée de Louis XVI et le peuple sont dans le même camp. ....

d. La prise de la Bastille marque le début de la Monarchie. ....

✱✱✱ 3 Lis le 1ᵉʳ article de la Déclaration des droits de l'homme et du citoyen, puis coche les réponses exactes.

Art. 1ᵉʳ. Les hommes naissent et demeurent libres et égaux en droits.

a. Les hommes sont libres, veut dire que :

☐ ils ont le droit de penser ce qu'ils veulent.

☐ ils ne vont jamais en prison.

☐ ils ont le droit de faire ce qu'ils veulent à condition de ne faire de tort à personne.

b. Les hommes sont égaux, veut dire que :

☐ ils doivent tous obéir à la loi.

☐ certains conservent leurs privilèges.

☐ ils sont tous protégés par la loi.

c. Les hommes naissent et demeurent libres et égaux, veut dire que :

☐ ils obtiennent la liberté et l'égalité dès leur naissance.

☐ certains ont des privilèges dès leur naissance.

jeu malin

Remets les phrases dans l'ordre et trouve comment s'appelaient les gens sous la Révolution.

a. Louis XVI fuit la France, mais est reconnu et reconduit à Paris. → N

b. Les caisses du royaume sont vides. → C

c. C'est la Déclaration des droits de l'homme et du citoyen. → Y

d. La République est proclamée. → S

e. Des députés rédigent une constitution. → E

f. Les états généraux se réunissent. → I

g. Les privilèges sont abolis. → O

h. Le peuple prend la Bastille. → T

Le bon ordre est : ....

Les gens sous la Révolution s'appellent les

....

Bravo, tu as terminé !

Entoure ton smiley.

😐 🙂 😀

Corrigés page 27 du *Guide parents*

8 L'égalité entre les filles et les garçons

Pour commencer
La loi fait-elle une différence entre les femmes et les hommes ?

J'apprends

Malgré leurs différences physiques, les hommes et les femmes ont **les mêmes possibilités, les mêmes droits et les mêmes devoirs**.

• Pendant très longtemps, cela n'a pas été le cas. **Les femmes ne faisaient pas les mêmes choses que les hommes.** Elles s'occupaient des enfants et des tâches ménagères.

• Au cours du xxe siècle, **les mentalités ont évolué**, ce qui a permis aux femmes de s'affirmer comme les égales des hommes. Aujourd'hui, si quelqu'un ne respecte pas l'égalité des droits, cela s'appelle **de la discrimination**. Il peut être condamné.

• Malgré ces avancées, **des inégalités persistent**. **Des stéréotypes** (images admises sans y réfléchir) **et des préjugés** (opinions sans prise d'informations) **empêchent** encore les filles d'avoir les mêmes chances de réussir et le même traitement que les garçons :
- certains métiers, jeux et sports sont prétendus masculins ou féminins ;
- une femme est souvent moins bien payée qu'un homme pour un même travail ;
- les tâches ménagères ne sont pas encore équitablement réparties.

Je comprends comment faire

▶ Pour lire et interpréter un graphique

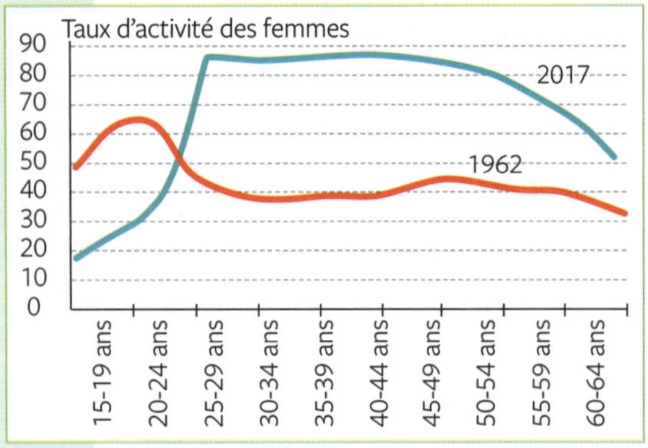

Emploi des femmes (d'après INSEE)

1. Je lis le graphique.

• J'associe les courbes aux années **1962** et **2017**. Je repère les différentes tranches d'âge.

• Pour chacune des courbes, je suis **l'évolution de l'emploi des femmes en fonction de leur âge**.

2. J'interprète le graphique.

En 55 ans **l'emploi des femmes a augmenté**. En 2017, **la plupart d'entre elles commencent à travailler plus tard en âge** qu'en 1962. Elles **continuent jusqu'à leur retraite** alors qu'en 1962, beaucoup s'arrêtaient vers 25-29 ans

INFO PARENTS

Incitez votre enfant à jouer indifféremment avec des filles ou des garçons quel que soit le jeu.

1909 — XXe — 2000 — XXIe — 2016

1909 Autorisation du port féminin du pantalon pour la bicyclette et l'équitation

1944 Droit de vote des femmes

1965 Exercice d'une activité professionnelle sans l'autorisation de leur mari

1975 Mixité scolaire obligatoire

1983 Loi interdisant toute discrimination professionnelle en raison du sexe

2000 Loi sur la parité en politique

2006 Loi visant à supprimer les écarts de rémunération entre hommes et femmes

Je m'entraine

1 QUIZ Coche les bonnes réponses.

a. Les femmes ont eu de nouveaux droits à partir du : ☐ XXe siècle. ☐ XVe siècle.

b. Les inégalités existent toujours parce que :
☐ les femmes ne sont pas égales aux hommes.
☐ des stéréotypes et des préjugés persistent.

c. En 1962, beaucoup de femmes cessaient de travailler vers 25-34 ans pour :
☐ partir à la retraite. ☐ élever leurs enfants.

d. L'illustration de la page précédente montre que garçons et filles :
☐ n'ont pas les mêmes jeux.
☐ peuvent jouer à n'importe quel jeu.

2 Parmi ces propositions coche les stéréotypes.

a. Les filles sont douces et prudentes. ☐

b. Toutes les filles jouent à la poupée et à la corde à sauter. ☐

c. Les enfants vont à l'école. ☐

d. Le football, c'est que pour les garçons. ☐

e. Les filles et les garçons ont des différences physiques. ☐

f. Les garçons sont des casse-cous. ☐

3 Observe la frise chronologique et écris Vrai (V) ou Faux (F).

a. Jusqu'en 1944, seuls les hommes avaient le droit de voter. ....

b. Avant 1975, filles et garçons ne fréquentaient pas forcément les mêmes écoles publiques. ....

c. Aujourd'hui, il y a plus de femmes politiques. ....

d. En 1990, on avait le droit de refuser d'embaucher une personne sous prétexte que c'était une femme. ....

e. Avant 1909, les femmes n'avaient pas le droit de porter de pantalon. ....

jeu malin

Écris les mots suivants dans la grille selon leur définition.
stéréotype, discrimination, mixité, préjugé, parité

a. Opinion toute faite.

b. Différence de traitement non justifiée qui défavorise une personne.

c. Image sans fondement de ce qui est attendu d'une personne.

d. Égalité de représentation des hommes et des femmes.

e. Fait de réunir dans un même lieu ou une même activité les hommes et les femmes.

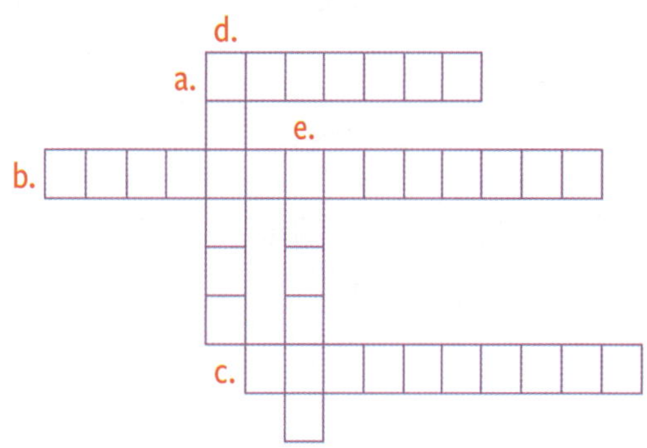

Bravo, tu as terminé !

Entoure ton smiley.

Corrigés page 28 du *Guide parents*

9 La solidarité

Pour commencer

La solidarité permet-elle de réduire ou d'augmenter les inégalités entre les personnes ?

J'apprends

Chacun peut un jour avoir besoin des autres pour des raisons de santé, d'incapacité physique ou mentale, de manque d'argent… **La solidarité est une valeur essentielle** qui permet de remédier aux inégalités.

• **Tous les jours**, on peut **faire attention et avoir des gestes solidaires** envers les personnes les plus fragiles ou les moins riches.
Par exemple, **à l'école**, on peut partager ses connaissances avec un enfant en difficulté. Ou bien on peut rendre service **à nos voisins** les plus fragiles, comme les personnes âgées ou handicapées, les femmes enceintes…

• On peut aussi **faire un don** ou **s'engager dans une association** qui aide les personnes en difficulté. Les associations peuvent intervenir **en France** ou **dans le monde.**

• Pour **l'État français**, la solidarité est également un élément important.
Les citoyens versent de l'argent à l'État qui organise **la protection sociale** afin que tout le monde, même les moins riches, puisse se soigner, prendre sa retraite…

Je comprends comment faire

▶ Pour lire et comprendre un schéma

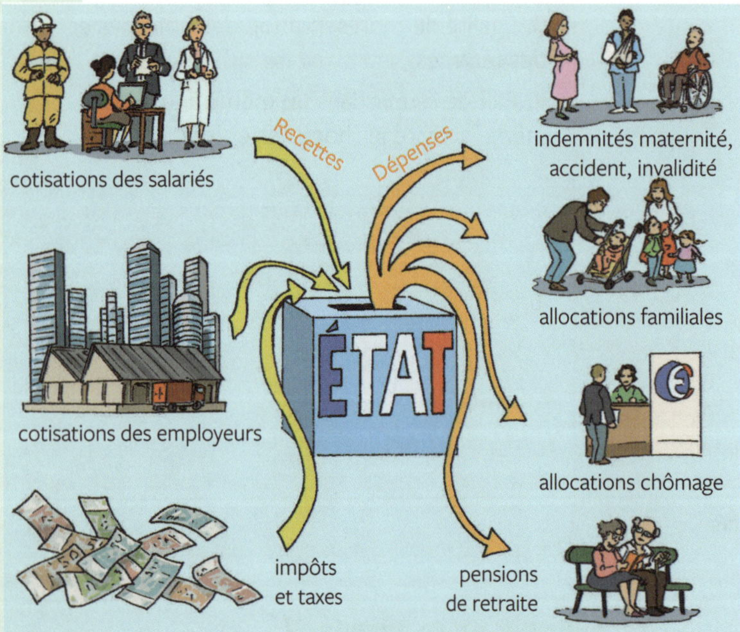

1. Je lis le schéma.

J'observe les parties «recettes» et «dépenses». Je remarque **les flèches** qui **représentent le cheminement de l'argent**.

→ Les salariés paient des cotisations.

→ L'État aide les Français à payer leurs soins médicaux.

2. Je comprends le schéma.

L'État récolte de l'argent par divers moyens : cotisations, impôts et taxes.

Cet argent **est ensuite utilisé pour aider les Français dans quatre domaines** : la santé, la famille, la retraite et le chômage.

INFO PARENTS

Incitez votre enfant à être solidaire au quotidien, par exemple en expliquant une leçon à un camarade ou en l'appelant pour prendre de ses nouvelles lorsqu'il est malade.

Je m'entraine

1 QUIZ Coche les bonnes réponses.

a. On peut tous :

☐ vivre sans l'aide des autres.

☐ avoir besoin un jour des autres.

b. Quand on vient en aide aux autres, cela s'appelle :

☐ la solidarité. ☐ l'égoïsme.

c. La solidarité peut être assurée par :

☐ des associations. ☐ un diplôme. ☐ l'État.

2 Coche les situations de solidarité.

a. ☐

b. ☐

c. ☐

d. ☐

e. ☐

f. ☐

3 Lis le texte et réponds aux questions en t'aidant du schéma de la page précédente.

Cet article est cité dans notre Constitution, texte auquel obéissent toutes nos lois.

[L'État] garantit à tous, [...] la protection de la santé, la sécurité matérielle, le repos et les loisirs. Tout être humain qui, en raison de son âge, de son état physique ou mental, de la situation économique, se trouve dans l'incapacité de travailler a le droit d'obtenir de la collectivité des moyens convenables d'existence.

a. Qui s'engage à venir en aide aux personnes dans le besoin ?

....

b. Que fait-il pour les personnes qui ne peuvent plus travailler en raison de leur âge?

....

c. Cite trois manières pour l'État de récolter de l'argent.

....

d. Pourquoi peut-on dire que payer des impôts est un acte solidaire?

....

4 Réponds oralement aux questions.

Grâce aux dons, la Croix-Rouge française vient en aide aux personnes dans le besoin.

Les bénévoles distribuent notamment des couvertures de survie, des kits d'hygiène et des repas chauds.

a. Comment la Croix-Rouge récupère-t-elle de l'argent?

b. Que se passerait-il s'il n'y avait plus de dons?

jeu malin

Retrouve trois actions de solidarité en décodant les mots suivants.

A → Z • B → A • C → B • D → C • E → D • F → E • G → F • H → G • I → H • J → I • K → J • L → K • M → L • N → M • O → N • P → O • Q → P • R → Q • S → R • T → S • U → T • V → U • W → V • X → W • Y → X • Z → Y

a. FOUSBJEF ....

b. BUUFOUJPO ....

c. QSPUFDUJPO ....

Bravo, tu as terminé !

Entoure ton smiley.

Corrigés page 28 du *Guide parents*

10 Le respect des biens et de l'environnement

Pour commencer

Cite deux gestes que tu peux faire pour respecter l'environnement.

J'apprends

Où que nous vivions, nous sommes amenés à **partager des lieux** avec d'autres personnes. Ces espaces ne nous appartiennent pas.
Ils nous sont confiés, mis à notre disposition. **Les générations futures doivent aussi pouvoir en bénéficier. Il est donc important de les respecter et de les protéger**.

• Afin de **préserver l'environnement**, chacun doit **se montrer responsable et faire attention aux gestes** de la vie quotidienne.

L'écocitoyen éteint les lumières, économise l'eau, utilise des transports propres, trie ses déchets, protège la nature, consomme de façon responsable...

• **Certains lieux et monuments témoignent du passé.** Ils constituent un héritage à protéger et doivent bénéficier de toute notre attention et de nos soins. L'État, mais aussi certaines associations participent à **la sauvegarde** et à **l'entretien de ce patrimoine.** À l'échelle planétaire, **l'UNESCO** organise la conservation du **patrimoine mondial de l'humanité.**

Je comprends comment faire

▶ Pour lire et interpréter une carte

1. Je lis la carte.

• Je repère **le symbole du patrimoine mondial de l'humanité**.

• J'observe **les emplacements des sites culturels et naturels** en France métropolitaine et outre-mer.

→ Les lagons de Nouvelle-Calédonie sont classés au patrimoine mondial de l'humanité.

2. J'interprète la carte.

La France compte **44 sites classés au patrimoine mondial de l'humanité**.
La très grande majorité concerne **des lieux et monuments historiques**. Seuls cinq endroits sont des sites naturels.

INFO PARENTS

Incitez quotidiennement votre enfant à avoir les bons gestes : éteindre les lumières quand il sort d'une pièce, fermer l'eau du robinet, jeter ses détritus dans les bonnes poubelles en triant auparavant, ne pas imprimer un document si cela n'est pas indispensable...

Je m'entraine

1 QUIZ Coche les bonnes réponses.

a. Il est important de respecter notre environnement pour que les générations futures puissent en bénéficier. ☐

b. Si on ne trie pas ses déchets, ce n'est pas très grave pour la nature. ☐

c. L'UNESCO organise la conservation du patrimoine mondial de l'humanité. ☐

d. La France comprend 5 sites classés par l'UNESCO. ☐

e. Tous les monuments historiques sont des sites classés. ☐

2 Coche les gestes écocitoyens.

a. ☐

b. ☐

c. ☐

d. ☐

e. ☐

f. ☐

3 Lis le document et réponds par Vrai (V) ou Faux (F).

Un site classé ou inscrit est un espace historique, artistique, scientifique, légendaire ou pittoresque. L'État l'entretient et le préserve. Toute modification doit être autorisée par l'État.

a. Un espace historique peut être un site classé. ....

b. Si des travaux sont nécessaires, ils sont immédiatement entrepris. ....

c. On reconnait les sites classés ou inscrits en France grâce au symbole. ....

d. L'État finance l'entretien des sites classés ou inscrits. ....

e. L'installation de nouveaux bâtiments est permise à côté des sites. ....

f. L'inscription en tant que site classé permet de conserver le lieu et de le transmettre aux générations futures. ....

jeu malin

Mots mêlés
Entoure les mots suivants dans la grille.

écocitoyen, environnement, UNESCO, patrimoine, protéger, respecter

F	A	C	I	F	V	R	A	I	J	U	K	O	P	I
R	E	A	L	I	H	E	M	E	R	C	P	I	R	O
S	G	U	R	J	M	C	Q	U	O	V	N	T	O	I
L	E	N	V	I	R	O	N	N	E	M	E	N	T	G
S	T	E	D	A	O	C	E	G	E	V	B	N	E	M
H	U	S	A	Z	Y	I	P	Y	O	E	N	M	G	C
Z	R	C	C	P	A	T	R	I	M	O	I	N	E	P
E	C	O	C	E	T	O	U	T	R	I	A	S	R	P
S	A	C	H	I	T	Y	L	O	Z	X	B	T	E	R
D	U	R	E	S	P	E	C	T	E	R	P	E	R	E
H	E	O	R	S	T	N	Q	I	O	R	C	E	Y	U

Bravo, tu as terminé !

Entoure ton smiley.

Corrigés page 28 du *Guide parents*

11 Identifier mon lieu de vie

Pour commencer
Quelle est la différence entre un village et une ville ?

J'apprends

Tous **les lieux de vie ne se ressemblent pas**.

• On peut habiter une **maison individuelle** avec ou sans jardin ou bien **un appartement dans un bâtiment collectif**.

On peut vivre dans **un village** ou bien dans **une ville** (plus de 2000 habitants) où le bruit et l'animation sont plus importants.

Les moyens de transport, les bâtiments publics, les bureaux, les commerces, les lieux de loisirs et les activités sont **plus ou moins développés selon le nombre d'habitants.**

• Lorsqu'on regarde autour de soi, **le paysage** peut comporter **des éléments naturels** et **d'autres construits par l'homme**, comme les maisons, les routes, les chemins de fer…

Si on vit dans un village, avec des champs, des forêts ou des prés autour, on dit que c'est **un paysage rural**.

Si on vit dans une ville avec des constructions ou des aménagements de l'homme partout autour, c'est **un paysage urbain**.

Je comprends comment faire

▶ Pour comparer et interpréter deux photos

La ville de Lyon

La campagne lorraine

1. Je décris les photos.

• Sur la première photo, je repère la **rivière et les arbres** au premier plan. Au second plan, les **immeubles sont rapprochés**. On repère des voitures.

• Sur la deuxième photo, je repère des **prés et des champs** de part et d'autre d'une **route sans trottoirs** et des **habitations individuelles** au premier plan. Au second plan, il y a une **rivière** et des **forêts**.

2. J'interprète.

L'homme est beaucoup plus intervenu dans le paysage de la première photo. C'est **un paysage urbain** alors que sur la deuxième photo, il s'agit **d'un paysage rural.**

INFO PARENTS
Observez et identifiez votre environnement avec votre enfant (type d'habitat, ville ou village, type de paysage).

Je m'entraine

1 QUIZ Coche Vrai ou Faux.

a. Tous les paysages sont naturels.
☐ Vrai ☐ Faux

b. Une commune de 1 500 habitants est une ville.
☐ Vrai ☐ Faux

c. Les traces de l'homme sont partout présentes dans un paysage urbain.
☐ Vrai ☐ Faux

d. Les théâtres et cinémas se situent souvent en ville.
☐ Vrai ☐ Faux

e. Dans les paysages ruraux, on peut voir des vaches et des moutons.
☐ Vrai ☐ Faux

f. Le grand nombre de voitures et de panneaux de circulation est caractéristique d'un paysage urbain.
☐ Vrai ☐ Faux

2 Indique si le paysage est urbain ou rural.

a. ....

b. ....

c. ....

d. ....

e. ....

f. ....

3 Réponds aux questions.

a. Combien y a-t-il d'habitants dans une ville?

....

b. Dans quels types d'habitations peut-on vivre?

....

c. Pourquoi y a-t-il plus de transports et de magasins dans les villes?

....

....

d. Les paysages sont-ils tous naturels? pourquoi?

....

....

e. À quelles occasions les villageois (habitants des villages) doivent-ils se rendre en ville?

....

....

jeu malin

Retrouve le nom de villes françaises en déchiffrant les rébus.

a. 

....

b. L 

....

c. ~~rien~~  Z

....

d. ~~Le~~  ~~il~~

....

Bravo, tu as terminé !

Entoure ton smiley.

🙁 🙂 😀

Corrigés page 28 du *Guide parents*

12 Situer mon lieu de vie

Pour commencer

Qu'est-ce qu'une commune ?

J'apprends

Notre lieu de vie se situe sur **des territoires de différentes tailles qui sont emboités les uns dans les autres.**

• **La France** se situe **en Europe**.

Pour faciliter la gestion et l'administration du territoire français, **notre pays est partagé en plusieurs parties**.

• Il y a 13 **régions** en métropole et 5 outre-mer. Un logo représente chacune d'elles sur les papiers officiels ou les drapeaux régionaux. Le conseil régional a notamment la charge des lycées, des transports et du tourisme.

• Les régions sont elles-mêmes divisées en parties plus petites, **les départements.**
Il y a 96 départements en métropole et 5 outre-mer.
Un nom et un numéro identifient chaque département. On les retrouve sur les plaques d'immatriculation ou les codes postaux. Le conseil départemental gère en particulier les collèges, certaines routes et l'aide aux personnes en difficulté.

• Les départements regroupent à leur tour plusieurs **communes** (ville ou village).
En France, elles sont plus de 36000.

Je comprends comment faire

01	Ain	33	Gironde	76	Seine-Maritime
02	Aisne	34	Hérault	77	Seine-et-Marne
03	Allier	35	Ille-et-Vilaine	78	Yvelines
[...]		36	Indre	79	Deux-Sèvres
18	Cher	[...]		80	Somme
19	Corrèze	55	Meuse	81	Tarn
2A	Corse-du-Sud	56	Morbihan	82	Tarn-et-Garonne
2B	Haute-Corse	57	Moselle	83	Var
21	Côte-d'Or	58	Nièvre	84	Vaucluse
22	Côtes-d'Armor	59	Nord	[...]	
23	Creuse	60	Oise	91	Essonne
24	Dordogne	61	Orne	92	Hauts-de-Seine
25	Doubs	62	Pas-de-Calais	93	Seine-Saint-Denis
26	Drôme	63	Puy-de-Dôme	94	Val-de-Marne
27	Eure	[...]		95	Val-d'Oise
28	Eure-et-Loir	68	Haut-Rhin	971	Guadeloupe
29	Finistère	69	Rhône	972	Martinique
30	Gard	[...]		973	Guyane
31	Haute-Garonne	74	Haute-Savoie	974	La Réunion
32	Gers	75	Paris	976	Mayotte

Liste des départements français (extrait)

▶ Pour lire et interpréter un tableau

1. Je lis le tableau.

• Chaque **département** est associé à un **numéro**.

• Les **numéros des départements d'outre-mer** comportent 3 chiffres.

2. J'interprète le tableau.

Souvent les départements portent **des noms en lien avec un élément** géographique : un fleuve, une rivière...

Les numéros ont été attribués **par ordre alphabétique** (sauf les départements autour de Paris, créés plus tard).

→ Le département du Gard porte le n° 30. Le Gard est aussi une rivière.

INFO PARENTS

Aidez votre enfant à identifier et situer sur une carte, sa commune, son département et sa région.

Je m'entraine

1 QUIZ Coche Vrai ou Faux.

a. La France se situe en Europe.
☐ Vrai ☐ Faux

b. Il y a 96 communes en France.
☐ Vrai ☐ Faux

c. Les départements sont divisés en régions.
☐ Vrai ☐ Faux

d. Les collèges sont gérés par le conseil départemental.
☐ Vrai ☐ Faux

2 Complète le nom des cartes puis colorie la France sur chacune d'elles.

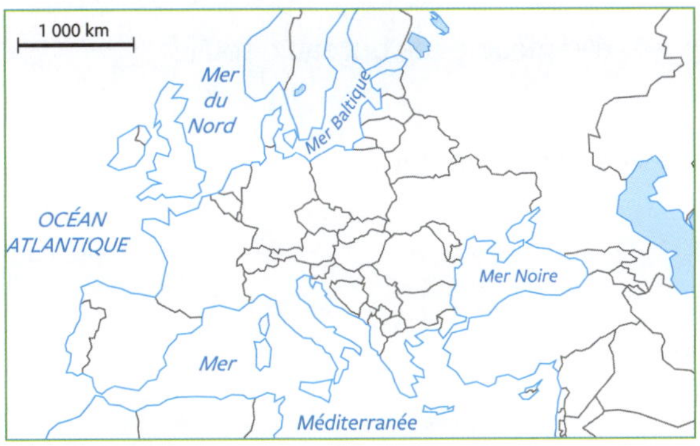

a. C'est la carte ....

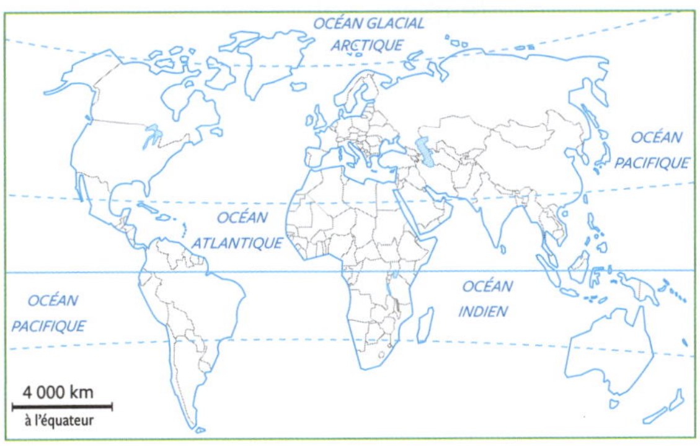

b. C'est la carte ....

3 Réponds aux questions.

a. Combien y a-t-il de régions en France?

....

b. De quoi s'occupent-elles?

....

....

c. Combien y a-t-il de départements en France? De quoi s'occupent-ils?

....

....

d. Comment la plupart des noms de départements ont-ils été choisis?

....

e. Quels sont les cinq départements d'outre-mer?

....

....

f. Quel département porte le numéro 29? ....

jeu malin

Retrouve ce qu'indiquent les différents éléments de la plaque minéralogique en t'aidant du code.

A	D	E	G	I	L	M	N
❄	⌑	☼	⌖	♦	✪	♓	★
O	P	R	S	T	U	Y	
💧	♠	♒	♋	♌	♈	▶	

a. ✪💧⌖💧 ☼♈♒💧♠☼☼★

....

b. ✪💧⌖💧 ⌑☼ ✪❄ ♒☼⌖♦💧★

....

c. ★♈♓☼♒💧 ⌑♈ ⌑☼♠❄♒♌☼♓☼★♌

....

d. ♒☼♠☼♒☼ ⌑♈ ♠❄▶♋

....

Bravo, tu as terminé !

Entoure ton smiley.

Corrigés page 28 du *Guide parents*

13 Vivre dans un espace urbain

Pour commencer

Quels sont les deux types de paysages ?

J'apprends

Les villes regroupent des **logements**, des **commerces**, des **bureaux** et des **lieux de loisirs**. Plus elles sont grandes et plus les **transports** y **sont développés**.

• 3 Français sur 4 habitent en ville. **Pour loger les nombreux habitants**, de grands ensembles de barres et de tours ou des lotissements de pavillons sont souvent construits dans la **banlieue** des **grandes agglomérations**.

• La ville est organisée autour de **son centre-ville.** Il est constitué des édifices historiques les plus anciens, de bâtiments administratifs (mairie, tribunal, commissariat...), de commerces mais aussi de bibliothèques, de théâtres et de cinémas. C'est l'endroit **le plus animé et le plus fréquenté.**

• **Autour du centre-ville**, se situent **des quartiers résidentiels** où l'on trouve essentiellement des logements.
Il y a aussi des **quartiers d'affaires** qui sont composés d'immeubles de **bureaux**, souvent modernes.

• **En périphérie des villes**, se trouvent en général les **centres commerciaux** et les **zones industrielles**.

Je comprends comment faire

▶ Pour lire et interpréter un tableau

Agglomération	Population de la ville centrale	Population des villes de banlieue	Total
Paris	2190000	10342000	12532000
Lyon	513000	1778000	2291000
Marseille – Aix-en-Provence	1005000	747000	1752000
Toulouse	475000	855000	1330000
Bordeaux	252000	963000	1215000
Nice	344000	600000	944000

Population des plus grandes agglomérations

1. Je lis le tableau.

Les quatre colonnes indiquent le nom des villes, leur nombre d'habitants et celui de leurs banlieues ainsi que le nombre total d'habitants.

→ Il y a 252000 habitants à Bordeaux et 963000 dans la banlieue, soit un total de 1215000 habitants.

2. J'interprète le tableau.

La population des villes de banlieue est très importante et souvent plus élevée que celle de la ville centrale. La plus importante est celle de Paris, la capitale.

INFO PARENTS

Aidez votre enfant à identifier les différents quartiers des villes dans lesquelles vous vous rendez régulièrement.

Je m'entraine

1 QUIZ Coche Vrai ou Faux.

a. Le centre-ville est le quartier le moins animé de la ville. ☐ Vrai ☐ Faux

b. Les quartiers résidentiels sont souvent situés dans les quartiers d'affaires. ☐ Vrai ☐ Faux

c. Dans les quartiers d'affaires, les immeubles sont souvent très anciens. ☐ Vrai ☐ Faux

d. Les zones industrielles sont situées en dehors de la ville. ☐ Vrai ☐ Faux

e. Le centre-ville est plein de grands centres commerciaux. ☐ Vrai ☐ Faux

f. La banlieue se situe au cœur de la ville. ☐ Vrai ☐ Faux

2 Écris le nom de quartier qui correspond à chaque photo. *centre-ville – quartier résidentiel – quartier d'affaires*

a. ....

b. ....

c. ....

3 Observe la carte et réponds aux questions.

a. Que représente cette carte?

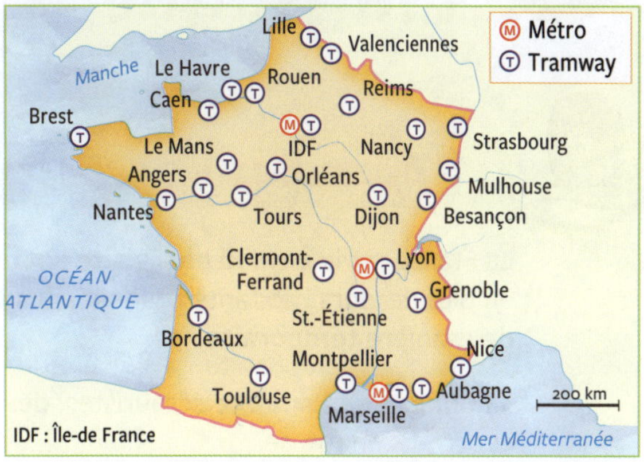

Transports urbains en France

b. Quelles sont les trois villes disposant du métro?

c. En t'aidant du tableau de la page précédente, explique pourquoi il s'agit de ces trois villes?

d. À ton avis, quel est l'intérêt du tramway?

jeu malin

Écris dans la grille les mots qui correspondent à chaque définition.

quartier, agglomération, banlieue, lotissement

a. C'est une ville avec sa banlieue.

b. Ce sont les villes autour d'une grande ville.

c. C'est un ensemble d'habitations construites au même endroit.

d. C'est une partie de la ville.

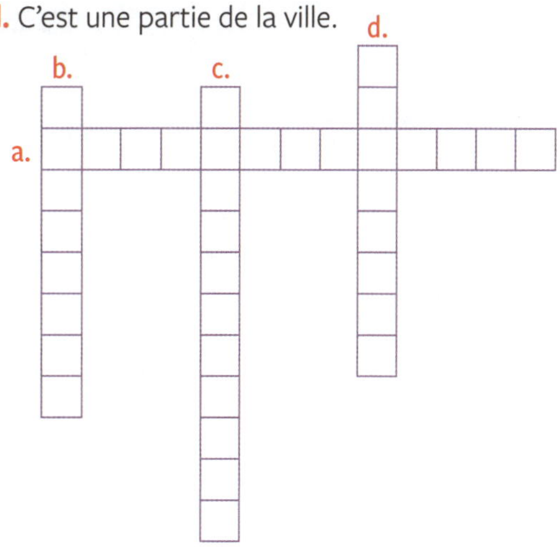

Bravo, tu as terminé !

Entoure ton smiley.

Corrigés page 28 du *Guide parents*

14 Vivre dans un espace touristique

Pour commencer

Quel est le monument français le plus connu ?

J'apprends

La France est le **pays le plus visité au monde. Ses espaces touristiques accueillent**, en plus de leurs habitants à l'année, **des voyageurs venus y séjourner pour leur plaisir, de manière temporaire**.

- Pour loger les nombreux touristes, **des hôtels, des campings et des résidences** sont construits en masse.
- **Les espaces de loisirs** sont également **aménagés** pour les vacanciers, souvent au pied de leur résidence : des pistes de ski et de VTT, une piscine, un golf, des sentiers de randonnée, des plages...
- L'accès des touristes est facilité par **des voies et des moyens de transport développés**.
- **La plupart des emplois** sont en lien avec **la restauration, l'hôtellerie, les activités sportives ou culturelles**. Quand la période touristique se termine, beaucoup d'activités s'arrêtent. Le nombre d'habitants diminue fortement.
Les travailleurs saisonniers partent pour exercer un nouvel emploi dans un autre lieu.

Je comprends comment faire

▶ Pour lire et interpréter une carte

1. Je lis la carte.

- J'associe les couleurs et les pictogrammes à leur légende.
- Je repère les **différentes catégories de tourisme** et **leurs localisations**.

→ Dans les Alpes, les stations de ski sont nombreuses.

2. J'interprète la carte.

Les espaces touristiques se concentrent **sur les littoraux, les massifs montagneux, les zones rurales, les sites culturels et les parcs de loisirs**. Les activités proposées peuvent être **des activités balnéaires ou sportives** (planche à voile, ski, randonnée, VTT...)**, des attractions, des visites** de monuments, de grottes...

Le tourisme en France

INFO PARENTS

Demandez à votre enfant de situer et d'identifier les espaces dans lesquels vous vous rendez en vacances (à la montagne, au bord de la mer, à la campagne, en ville, dans des parcs de loisirs).

Je m'entraine

1 QUIZ Coche Oui ou Non.

a. Un touriste ne dort parfois qu'une nuit dans un même endroit. ☐ Oui ☐ Non

b. Pendant la saison touristique, il y a plus d'habitants. ☐ Oui ☐ Non

c. Les travailleurs saisonniers ne travaillent pas au même endroit toute l'année. ☐ Oui ☐ Non

d. Les endroits qui accueillent des touristes ne font aucun aménagement. ☐ Oui ☐ Non

2 Écris le type de tourisme qui correspond à chaque photo. *tourisme montagnard – tourisme balnéaire – tourisme vert – tourisme culturel – tourisme de parcs de loisirs*

a. ....

b. ....

c. ....

d. ....

e. ....

3 Observe les photos et réponds oralement aux questions.

a. Où ont été prises ces deux photos ?

b. À quelles saisons ont-elles été prises ?

c. Quelle est l'activité sportive représentée sur la 1re photo ?

d. Où se situent les habitations sur la première photo ?

e. Pour quelle raison sont-elles à cet endroit ?

f. Quelle est l'activité sportive de la deuxième photo ?

g. Que pourrait-on faire d'autre sur ce chemin ?

h. À ton avis, pourquoi les stations de ski proposent-elles de plus en plus de nouvelles activités l'été ?

jeu malin

Réponds à la devinette.

- Je suis une chaine de montagnes où le tourisme vert est développé.
- Mes stations de ski attirent du monde l'hiver.
- Un célèbre parc d'attraction se situe à proximité.
- Les personnes qui viennent chez moi peuvent également faire un tour dans le Périgord.

Je suis : ....

Bravo, tu as terminé !

Entoure ton smiley.

Corrigés page 29 du *Guide parents*

15 Consommer de l'énergie

Pour commencer
Comment peux-tu utiliser moins d'énergie dans un bâtiment ?

J'apprends

Les hommes ont besoin d'énergie **pour se déplacer, s'éclairer, se chauffer et produire.**

• Les Français consomment surtout de **l'électricité** et **des carburants**.
Ces énergies proviennent essentiellement de **ressources fossiles (comme le pétrole) situées très souvent en dehors du pays**.

• En stock limité dans les sous-sols, ces matières en sont extraites puis **transportées par bateau, train ou camion** jusqu'aux usines de transformation.

• **L'électricité** est **acheminée** jusqu'aux consommateurs **par un réseau de câbles**.
Le carburant est quant à lui, **distribué par des camions citernes**.

• L'utilisation et le transport des ressources fossiles, en plus de **raréfier les sous-sols, polluent l'air**. **Ces effets** peuvent être réduits **en changeant de comportements** :
- **utiliser des sources d'énergies renouvelables**, comme l'eau, le vent, le soleil, la chaleur de la terre ou les végétaux;
- **éviter le gaspillage** en isolant les bâtiments ou en fermant les appareils non utilisés;
- **emprunter les transports en commun, le vélo ou la marche à pied**.

Je comprends comment faire

▶ **Pour lire et interpréter un diagramme circulaire**

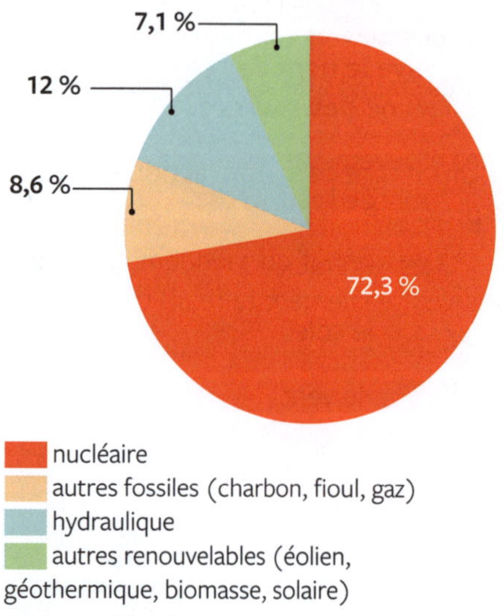

Origine de l'électricité en France en 2016

1. Je lis le diagramme.

• Je remarque que **les énergies fossiles** sont représentées dans les **tons rouges et les énergies renouvelables** dans les **tons verts**.

• Je repère la part de chacune des sources d'énergie dans la production d'électricité.

2. J'interprète le diagramme.

En France, **l'électricité est en majorité fabriquée à partir de sources fossiles (le nucléaire utilise l'uranium qui est une ressource fossile)**.

L'énergie hydraulique est la **principale source d'énergies renouvelables**.
Elle provient notamment des barrages.

INFO PARENTS
Incitez votre enfant à éteindre les lumières et les appareils ménagers ou audiovisuels.

Je m'entraine

1 QUIZ Coche Vrai ou Faux.

a. Le charbon, le fioul et les gaz sont des sources d'énergies fossiles. ☐ Vrai ☐ Faux

b. Le vent, le soleil, la chaleur de la terre et l'eau sont des sources d'énergie. ☐ Vrai ☐ Faux

c. Laisser les appareils allumés ne gaspille pas d'énergie. ☐ Vrai ☐ Faux

d. En France, les énergies sont principalement d'origine fossile. ☐ Vrai ☐ Faux

e. Une maison mieux isolée consomme moins d'énergie. ☐ Vrai ☐ Faux

f. Consommer moins d'électricité et prendre son vélo pour ses déplacements permettent de faire des économies d'énergie et de préserver l'environnement. ☐ Vrai ☐ Faux

g. L'énergie géothermique est fournie par les mouvements de l'eau. ☐ Vrai ☐ Faux

2 Lis le texte et réponds aux questions.

On peut fabriquer du carburant à partir du colza ou du pétrole.

Le colza est une source d'énergie renouvelable mais pour créer les champs, on détruit des forêts.

Le pétrole est une source d'énergie fossile. Il est en quantité limitée dans le sol et son utilisation pollue.

a. À quel type d'énergie renouvelable appartient le carburant de colza? ……………………

……………………

b. Pour quelles raisons le carburant de colza est-il préférable au carburant fabriqué à partir du pétrole? ……………………

……………………

c. Pourquoi le carburant de colza ne protège-t-il pas complètement l'environnement?

……………………

……………………

1 Observe ce schéma d'une centrale hydroélectrique et réponds aux questions.

a. Que représente le schéma?

……………………

b. Quelle source d'énergie est utilisée?

……………………

c. Que permettent d'obtenir le barrage et la pente?

……………………

d. Par quel moyen l'électricité est-elle ensuite acheminée?

……………………

e. Pourquoi vaut-il mieux utiliser des énergies renouvelables?

……………………

jeu malin

Retrouve le nom de l'énergie associée à chacune des sources.

les mouvements de l'eau •	• la biomasse
les végétaux •	• l'énergie solaire
le soleil •	• l'énergie éolienne
le vent •	• l'énergie hydraulique
la chaleur de la Terre •	• l'énergie géothermique

Bravo, tu as terminé !

Entoure ton smiley.

Corrigés page 29 du *Guide parents*

16 Consommer un produit alimentaire

Pour commencer

Tous les aliments proviennent-ils de France ou du monde entier ?

J'apprends

Au fil du temps, la provenance des aliments s'est diversifiée.
Aujourd'hui, **les consommateurs veulent pouvoir manger de tout, tout au long de l'année. Les produits** consommés en France **proviennent des quatre coins du monde**.

• Certains produits **ne peuvent pas être cultivés en France** à cause de la qualité des sols ou du climat.
D'autres ne sont disponibles **que pendant certaines saisons**.
D'autres encore sont cultivés en France mais leur production est **moins rentable que dans un autre pays**.

• Les produits sont acheminés par bateau, train, camion et avion.
Les déplacements des marchandises sont **couteux en énergie** et **nuisent à l'environnement.**

L'élevage et l'agriculture consomment aussi de l'énergie. Et les cultures intensives (grandes quantités produites sur une petite surface) appauvrissent les sols en dégradant la qualité des produits.

• Des solutions existent **pour consommer plus raisonnablement** : consommer **moins de viande** et manger **des produits de saison**, privilégier les **productions locales** et **raisonnées** (qui limitent les pollutions et la dégradation des sols), **ne pas gaspiller**.

Je comprends comment faire

▶ Pour comparer et interpréter un schéma

Le CO_2 est un des gaz les plus polluants.
Il est produit par la respiration des êtres vivants et par les carburants d'origine fossile utilisés pour les transports et le chauffage des serres.

1. Je décris le schéma.

• Je repère **les pays d'origine** des différents produits ainsi que **leur moyen d'acheminement.**

• Je remarque les quantités de CO_2 produites pour chaque aliment.

2. J'interprète.

Les transports d'aliments depuis des pays éloignés rejettent de grandes quantités de CO_2. **La production de légumes et de fruits hors saison** consomme de l'énergie notamment pour chauffer les serres. **Cela pollue notre environnement.**

INFO PARENTS

Montrez à votre enfant comment lire les étiquettes des produits et retrouver leur origine.

Je m'entraine

1 QUIZ Coche les bonnes réponses.

a. Manger des produits locaux pollue moins. ☐

b. Les produits consommés en France proviennent des quatre coins du monde. ☐

c. Manger des fruits hors saison est un geste en faveur de l'environnement. ☐

d. La production intensive diminue la qualité des aliments. ☐

e. Ne pas gaspiller c'est aussi moins polluer. ☐

2 Coche les propositions qui permettent de consommer raisonnablement.

a. Acheter des tomates en décembre. ☐

b. Consommer des aliments qui n'ont pas beaucoup voyagé. ☐

c. Ne pas manger les fruits et légumes défraichis. ☐

d. Ne pas trop acheter en même temps pour ne pas gaspiller. ☐

e. Privilégier les producteurs qui ne cultivent pas de manière intensive. ☐

f. Ne vouloir manger que des produits calibrés (sans tache et de forme standard). ☐

g. Manger selon ses habitudes où que l'on soit dans le monde. ☐

3 Réponds aux questions.

fabriquer et cuire un pain, pollue autant que	fabriquer et cuire un steak de bœuf, pollue autant que
2,2 km en voiture	4,9 km en voiture
une lampe allumée durant 32 heures	une lampe allumée durant 70 heures

a. Qu'est-ce qui est utilisé pour récolter le blé de la farine? ....

b. Comment sont acheminés la farine, le levain et le sel nécessaires au boulanger?

....

c. Comment sont transportées les céréales nécessaires à la nourriture des vaches?

....

d. Comment la viande est-elle acheminée jusqu'au consommateur? ....

....

e. Qu'utilise-t-on pour cuire le pain et le steak?

....

f. Pourquoi la fabrication d'un pain ou d'un steak est-elle polluante? ....

....

g. Que se passe-t-il si on ne mange pas tout le pain ou si on jette une partie du steak?

....

jeu malin

Décode les mots suivants et retrouve les continents d'où viennent ces aliments.

A → 1 • B → 2 • C → 3 • D → 4 • E → 5 •
F → 6 • G → 7 • H → 8 • I → 9 • J → 10 •
K → 11 • L → 12 • M → 13 • N → 14 •
O → 15 • P → 16 • Q → 17 • R → 18 •
S → 19 • T → 20 • U → 21 • V → 22 •
W → 23 • X → 24 • Y → 25 • Z → 26

a.  1 6 18 9 17 21 5

....

b.  1 13 5 18 9 17 21 5
4 21 19 21 4

....

c.  1 19 9 5

....

d.  1 13 5 18 9 17 21 5
4 21 14 15 18 4

....

Bravo, tu as terminé !

Entoure ton smiley.

Corrigés page 29 du *Guide parents*

SCIENCES ET TECHNOLOGIE

1 Utilisation de l'énergie

Pour commencer

De quelles différentes façons peut-on produire de la lumière ? Qu'utilise-t-on dans chaque cas ?

J'apprends

▶ Les sources d'énergie

Pour faire avancer un véhicule, on peut utiliser par exemple de l'essence (voiture...), de l'électricité (train...), le vent (bateau à voiles...), nos muscles (vélo...), etc. Dans tous les cas, il faut fournir de **l'énergie** pour faire avancer le véhicule. L'essence, l'électricité, le vent, nos muscles sont des **sources d'énergie**.

▶ Utiliser l'énergie

Il faut donc de l'énergie pour faire fonctionner les véhicules ou les machines, c'est-à-dire obtenir du **mouvement**.

L'énergie permet également d'obtenir de la **chaleur** (radiateur électrique, chaudière au fioul...) ou encore de la **lumière** (lampe électrique, lampe à gaz...). Ainsi, mouvement, chaleur et lumière sont les trois principaux **effets** que l'énergie permet d'obtenir.

▶ Importance du courant électrique

Le **courant électrique** est une source d'énergie très utilisée car il permet d'obtenir facilement les trois effets : le mouvement (moteur électrique), la chaleur (radiateur électrique...) et la lumière (lampes, écrans...). Mais ce n'est pas une **source d'énergie naturelle** : il est produit à partir d'autres sources d'énergie.

Je comprends comment faire

▶ Pour reconnaitre les utilisations de l'énergie

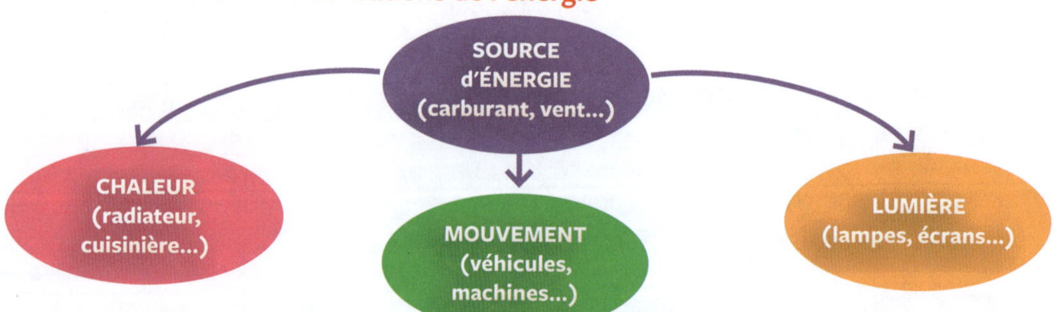

INFO PARENTS

Organisez avec votre enfant une «chasse» aux appareils électriques dans la maison en cherchant, pour chacun d'eux, quel(s) effet(s) il produit.

Je m'entraine

1 QUIZ Coche la bonne réponse.

a. Dans quel cas on n'utilise pas d'énergie?

☐ chauffer de l'eau ☐ se déplacer en bateau
☐ rester dans l'obscurité

b. Quelle source d'énergie n'est pas naturelle?

☐ le vent ☐ le courant électrique
☐ le pétrole

c. On peut produire de la chaleur sans utiliser de source d'énergie.

☐ Vrai ☐ Faux

d. Seul le courant électrique permet de produire de la lumière.

☐ Vrai ☐ Faux

e. Un train avance grâce à l'énergie fournie par le courant électrique.

☐ Vrai ☐ Faux

2 Indique la source d'énergie utilisée par chaque véhicule.

3 Observe les dessins et réponds aux deux questions pour chacun d'eux.

a. Quelle est la source d'énergie utilisée?

b. Quel(s) est (sont) l'(les) effet(s) produit(s)?

jeu malin

Quel est l'effet produit? Trouve l'intrus parmi ces appareils.

Bravo, tu as terminé !

Entoure ton smiley.

Corrigés page 29 du *Guide parents*

2 Signal et information

Pour commencer

À un carrefour équipé d'un feu tricolore, comment un piéton sait-il quand il peut traverser la rue ?

J'apprends

▶ Réception de l'information

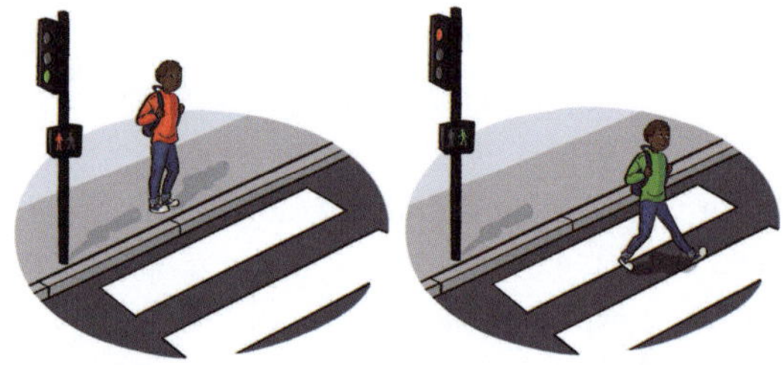

Dans la vie quotidienne, on reçoit beaucoup d'**informations**. Certaines nous sont envoyées par un simple **signal**, comme par exemple à un carrefour équipé d'un feu tricolore. Pour savoir s'il peut traverser la rue, un piéton doit regarder la couleur du «feu pour piétons». S'il est rouge, il ne doit pas traverser, s'il est vert, il peut traverser. La **lumière** verte ou rouge est le signal qui donne au piéton l'information «traversée possible» ou pas.

▶ Nature du signal

Dans l'exemple des feux tricolores de carrefour, le signal reçu par le piéton est **lumineux**. C'est le cas également lorsqu'un voyant allumé sur un appareil électrique signale qu'il est en fonctionnement.

D'autres signaux sont **sonores**, comme par exemple la sonnerie d'un téléphone qui signale que quelqu'un appelle ou a envoyé un message. Il arrive qu'on associe un signal sonore et un signal lumineux pour donner la même information : une alarme qui sonne et qui clignote par exemple.

▶ Nature de l'information

Dans l'exemple du feu tricolore de carrefour pour piétons, l'information donnée par le signal est très simple : «oui» (je peux traverser) ou «non» (je ne dois pas traverser).
Cette information et le signal correspondant, qui ne présentent que deux cas possibles, sont dits «**binaires**». Beaucoup d'informations sont plus complexes et ne sont pas binaires.

Je comprends comment faire

▶ Pour comprendre l'information émise par un signal

INFO PARENTS

Repérez dans la maison différents signaux lumineux (voyants...) ou sonores (sonneries, minuteries...) et demandez à votre enfant de trouver pour chacun d'eux l'information correspondante.

Je m'entraine

1 QUIZ Coche Vrai ou Faux.

a. Un feu tricolore à un carrefour donne des informations sur le trafic. ☐ Vrai ☐ Faux

b. Un signal est toujours binaire. ☐ Vrai ☐ Faux

c. Une même information peut être donnée par deux signaux différents. ☐ Vrai ☐ Faux

d. Le voyant de fonctionnement d'un appareil est un signal lumineux. ☐ Vrai ☐ Faux

e. La sonnerie d'un téléphone donne une information à son propriétaire. ☐ Vrai ☐ Faux

2 Indique l'information donnée par chaque signal.

a. La sonnerie de mon réveil se met à sonner.

....

b. Au tableau de bord de la voiture, le témoin lumineux du clignotant gauche clignote.

....

c. La sonnerie de mon téléphone retentit.

....

d. Sur mon ordinateur, le témoin lumineux de fonctionnement est allumé.

....

e. La sirène de l'alarme de ma maison se met à hurler. ....

3 Lis le texte et réponds aux questions.

Une cafetière électrique comporte deux témoins. Le premier (R) est rouge et s'allume quand la cafetière est en fonctionnement. Le deuxième (V) est vert et s'allume quand l'eau est suffisamment chaude pour la faire couler à travers le café.

a. Quelle est la nature des signaux adressés à l'utilisateur? ....

b. L'information donnée par chaque témoin est-elle binaire? ....

c. Quelle information est donnée par le témoin R quand il est éteint? ....

d. Quelle information est donnée par le témoin V quand il est allumé? ....

e. Le témoin V peut-il être allumé quand le témoin R est éteint? ....

jeu malin

Écris verticalement les cinq mots correspondant aux définitions, puis devine le mot mystérieux écrit horizontalement.

1. Nature d'une information qui ne présente que deux cas possibles.
2. Nature d'un signal perçu grâce aux oreilles.
3. État d'un voyant qui émet de la lumière.
4. Nature d'un signal perçu grâce aux yeux.
5. Ce qui nous fournit une information.

Bravo, tu as terminé !

Entoure ton smiley.

🙁 🙂 😀

Corrigés page 29 du *Guide parents*

3 Le développement des végétaux

Pour commencer

Mon 1er est un rongeur, il faut plusieurs de mon second pour faire une phrase. Mon tout est une petite branche d'arbre.

J'apprends

La germination de la graine

Une graine contient un **embryon** et des **réserves nutritives** dans les **cotylédons** protégés par un **tégument**. Quand la graine germe, la **radicule** s'enfonce dans le sol, la **tigelle** s'allonge et les feuilles s'étalent.

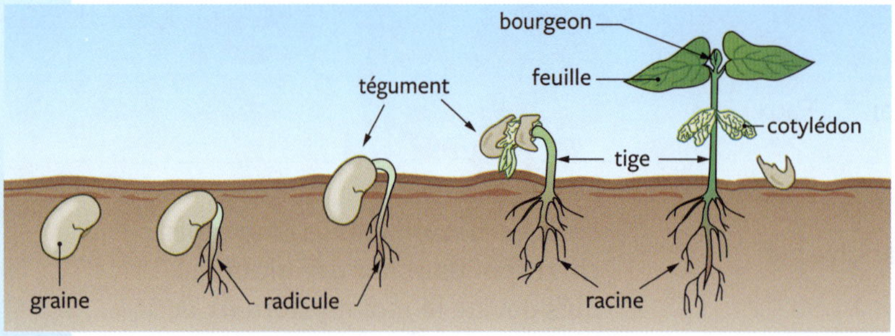

Germination du haricot

Cycle de vie du haricot

La fin du cycle de développement

La plante grandit et des **fleurs** apparaissent. Fécondée, la fleur forme un **fruit** contenant des **graines**. Le **cycle de développement** est bouclé.

Plantes annuelles, bisannuelles et vivaces

Les plantes annuelles ont un cycle de développement d'une année. Pour les plantes bisannuelles, il est de deux ans. Les **plantes vivaces** peuvent vivre plusieurs années.

Je comprends comment les arbres grandissent

La croissance des arbres

Les arbres grandissent au printemps et en été grâce aux **bourgeons** situés aux extrémités des branches.

Des **cicatrices annulaires** sur l'écorce, laissées par la chute des écailles du bourgeon, témoignent de la **croissance annuelle des rameaux**.

Dans le bourgeon terminal, il y a la future pousse 2020.

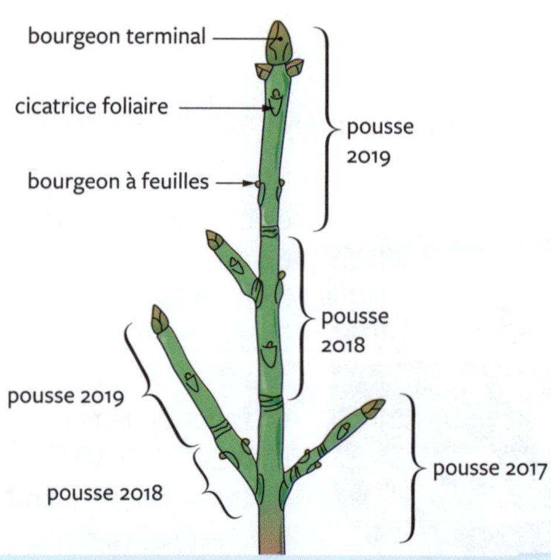

INFO PARENTS

Prenant appui sur l'exemple ci-dessus, le rameau de marronnier se prêtera très bien à l'observation des cicatrices. Votre enfant pourra ainsi dater les différentes pousses des années précédentes.

Je m'entraine

1 QUIZ Coche les bonnes réponses.

a. Quel organe de la graine contient les réserves?

☐ la plantule ☐ le cotylédon ☐ la radicule

b. Qu'est-ce qui protège la graine?

☐ la terre ☐ le cotylédon ☐ le tégument

c. Quel organe sort en premier de la graine?

☐ la radicule ☐ la tigelle ☐ le cotylédon

d. À quelle période de l'année un arbre grandit-il?

☐ en hiver ☐ en automne

☐ au printemps et en été

e. Quel organe assure la croissance d'un arbre?

☐ le tronc ☐ le bourgeon ☐ la branche

f. Comment appelle-t-on une plante qui vit plusieurs dizaines d'années?

☐ annuelle ☐ bisannuelle ☐ vivace

2 Quel est le cycle de vie du bleuet?

Le bleuet est une plante qui vit un an. Ses fruits sont emportés par le vent grâce à une couronne de poils. La graine passe l'hiver sur le sol, germe au printemps et donne un nouveau plan de bleuet.

a. Pourquoi dit-on que le bleuet est une plante annuelle?

....

b. Quel est l'intérêt de la frange de poils qui porte la graine?

....

c. Quel organe de la plante donne un nouveau bleuet chaque année?

....

Fruits et fleur de bleuet

3 Lis ce texte, observe le dessin puis réponds aux questions.

Chaque année, un arbre augmente le diamètre de son tronc en formant une couche de bois supplémentaire. Sur une coupe, on observe des anneaux ou cernes car à la fin de l'été le bois formé est plus sombre. Le cerne est large si les conditions sont favorables, la croissance en largeur est réduite et le cerne étroit si l'arbre a souffert de mauvaises conditions.

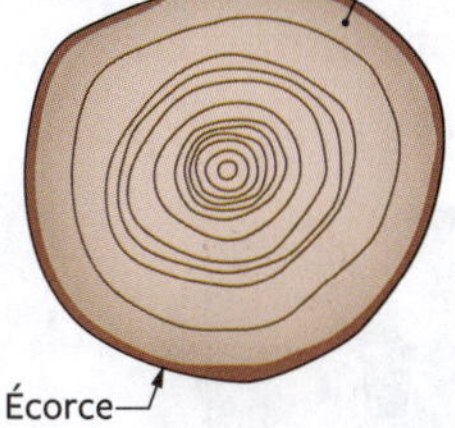

Cet arbre a été coupé en octobre 2019.
Sa croissance n'a pas été régulière car il a souffert au cours de deux périodes de sa vie.
En 2016 il a subi une sécheresse et en 2017, cet arbre a été envahi par des chenilles qui ont dévoré ses feuilles.

a. Quel âge avait cet arbre quand il a été coupé?

....

b. Au cours de quelles années l'arbre a-t-il un peu grandi?

....

c. Qu'est-ce qui peut nuire à la croissance d'un arbre? ....

jeu malin

Des mots du vocabulaire des végétaux ont été chamboulés. **Remets les lettres dans le bon ordre pour les découvrir.**

ginare éverser glitele draculie lynodétoc lefileu brare nicare crocée chanbre rence cavive

Bravo, tu as terminé !

Entoure ton smiley.

😐 🙂 😀

Corrigés page 30 du *Guide parents*

4 Le développement des êtres vivants

Pour commencer

Le veau est le petit de la vache. Qui est la mère du chiot ? du chamelon ? du chevreau ? du girafon ? et du marcassin ?

J'apprends

▶ De la naissance à la mort

Tous les êtres vivants naissent, se développent, se reproduisent et finissent par mourir. Leurs descendants permettent à l'espèce de ne pas disparaitre. C'est le **cycle de vie**.

▶ Des changements importants

Plusieurs étapes permettront au **jeune** de devenir **adulte** et capable alors de se reproduire.

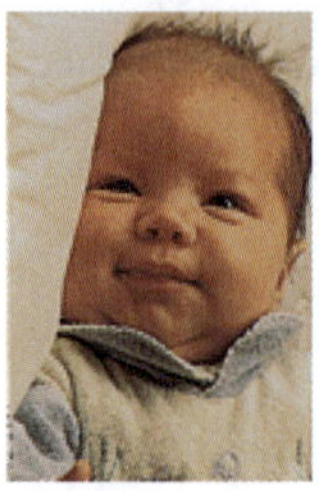
Naissance

Enfance

Adolescence

Âge adulte

Vieillesse

- À la naissance, certains êtres vivants comme le chat, la vipère ou l'homme ressemblent déjà à l'adulte.
- D'autres sont très différents. Le jeune est une **larve**, une mue ou métamorphose lui permet de passer au stade adulte. C'est le cas de nombreux insectes et de la grenouille.

Je comprends ce qui se passe

▶ Comment le têtard devient-il grenouille?

Têtard

Mue de la grenouille

Grenouille adulte

Le **têtard** vit uniquement dans l'eau où il se nourrit et respire.
Une **mue** se produit : la queue disparait peu à peu et les pattes apparaissent. Son régime herbivore devient carnivore. L'animal va respirer dans l'eau par la peau et hors de l'eau grâce à ses poumons.

INFO PARENTS

Montrez à votre enfant des photos des membres de sa famille à différents âges, et demandez-lui de les regrouper par individu et de les ranger selon leurs âges (bébé, enfant, adolescent, jeune adulte, adulte et personne âgée si possible).

Je m'entraine

1 QUIZ Coche les bonnes réponses.

a. Quels sont, parmi ces exemples, ceux qui subissent des mues?

☐ l'homme ☐ la mouche

☐ la grenouille ☐ le chat

b. À partir de quel moment un être vivant devient-il adulte?

☐ Quand il mange tout seul.

☐ Quand il peut se reproduire.

c. À la naissance, la grenouille ressemble déjà à l'adulte.

☐ Vrai ☐ Faux

d. Tous les êtres vivants finissent par mourir.

☐ Vrai ☐ Faux

e. Une larve est une forme jeune d'un être vivant.

☐ Vrai ☐ Faux

2 Réponds oralement aux questions sur la vie du hanneton.

Le hanneton adulte pond des œufs dans le sol puis meurt. La larve qui sort de l'œuf grandit en se nourrissant de racines. Après plusieurs mues, elle se transforme en nymphe. La dernière mue en fait un hanneton adulte qui s'envole pour s'accoupler, pondre et mourir.
Mais une génération nouvelle est apparue.

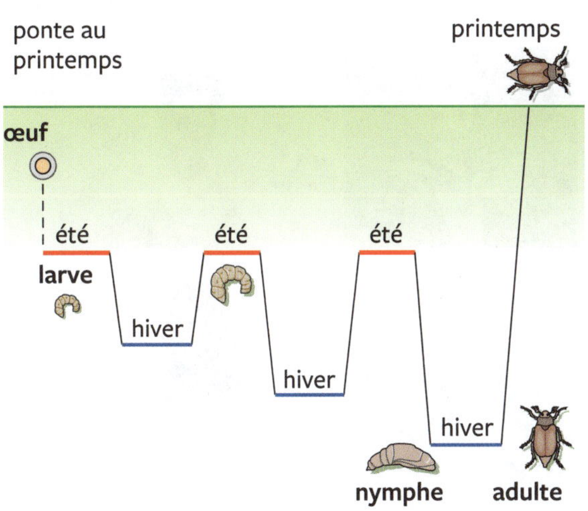

Le cycle de vie du hanneton

a. Sous combien de formes le hanneton existe-t-il? Nomme-les.

b. Le hanneton est-il un animal qui subit des métamorphoses?

c. Quelle est la durée de vie du hanneton?

3 Réponds oralement aux questions.

a. Combien y a-t-il de stades dans le développement de l'homme? Nomme-les.

b. À quel stade de ton développement te trouves-tu?

c. Comment appelle-t-on la transformation qui permet à un animal de passer de l'état de larve au stade adulte?

jeu malin

Relie chaque animal adulte à son petit.

Bravo, tu as terminé !

Entoure ton smiley.

Corrigés page 30 du *Guide parents*

Sciences

5 La reproduction sexuée

Pour commencer

Mâles ou femelles : poule, bouc, jument, brebis, âne, guenon, coq, chèvre, lion, singe, ânesse, cheval, bélier, lionne ?

J'apprends

La **reproduction sexuée** nécessite un **mâle** et une **femelle**.
Il se forme alors un nouvel être.

▶ La reproduction des végétaux

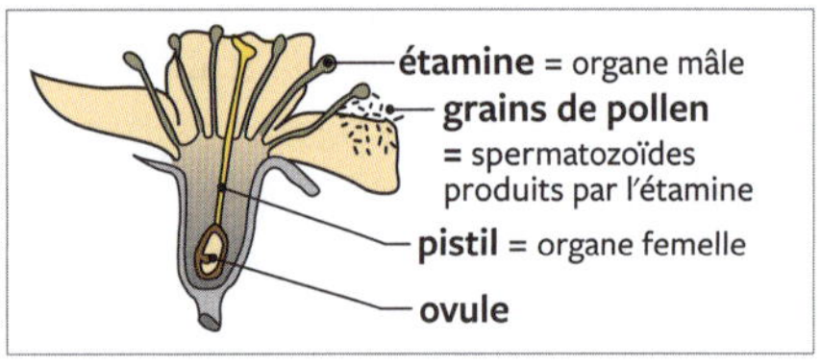

Fleur de cerisier en coupe

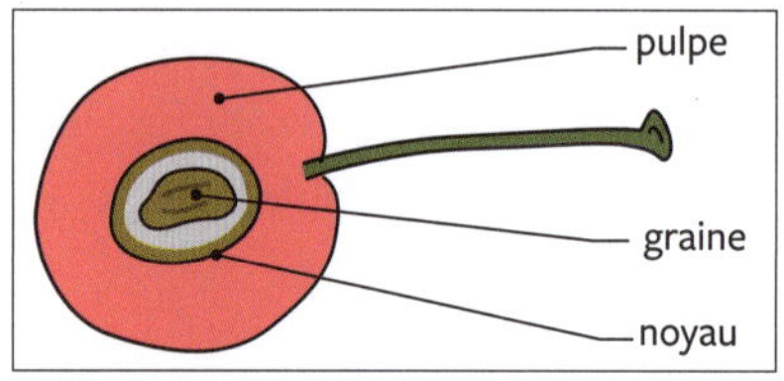

Cerise en coupe

La **fleur** est l'organe de reproduction de nombreuses plantes.
Un **grain de pollen** s'unit à **l'ovule** : c'est la **fécondation** qui produit un **œuf**. L'œuf formera une **graine** protégée par le **fruit**.

▶ La reproduction des animaux

Il faut un **mâle** et une **femelle adultes** pour avoir des petits.
La **fécondation** entre un **spermatozoïde** et un **ovule** forme un **œuf** qui devient un **embryon**. Celui-ci se développe dans le **ventre de la mère** chez les **vivipares** ou dans un **œuf** contenant des réserves **alimentaires**, **pondu à l'extérieur** chez les **ovipares**.

Le coq et la poule.

Je comprends ce qui se passe

▶ Les étapes de la puberté

La **puberté** est le passage de l'**enfance** à l'**adolescence**, il y a accélération de la croissance. La puberté se termine lorsqu'on devient apte à **se reproduire**.

- Vers 10 ans, chez la fille, on observe le développement des seins, des poils, la **production d'ovules** et la **venue des règles**.
- Vers 11 ans, chez le garçon, le **pénis** grandit ainsi que les **testicules** qui commencent à produire du **sperme**. La voix mue, devient plus grave. Les poils se développent aussi.

INFO PARENTS

Faites deux cartes marquées d'un O pour ovipare et d'un V pour vivipare. Proposez des noms d'animaux à votre enfant, il devra lever la carte qui correspond à son mode de gestation. Exemples : poule, chien, poisson, serpent, grenouille, souris...

Je m'entraine

1 QUIZ **Coche les bonnes réponses.**

a. Pour faire des petits, il faut :

☐ être adulte.
☐ une femelle seulement.
☐ un mâle et une femelle.
☐ un mâle seulement.

b. L'œuf des ovipares contient des réserves alimentaires.

☐ Vrai ☐ Faux

c. Quel organe produit les spermatozoïdes chez les plantes à fleurs ?

☐ le pistil ☐ l'étamine
☐ la racine ☐ la tige

d. Quel organe produit les ovules chez les plantes à fleurs ?

☐ le pistil ☐ l'étamine
☐ le pétale ☐ la feuille

2 **Réponds oralement aux questions.**

a. Comment appelle-t-on l'union d'un spermatozoïde et d'un ovule ?

b. Que produit l'union d'un spermatozoïde et d'un ovule ?

c. Comment appelle-t-on les animaux dont l'embryon se développe dans le corps de la mère ?

3 **Observe le dessin et réponds.**

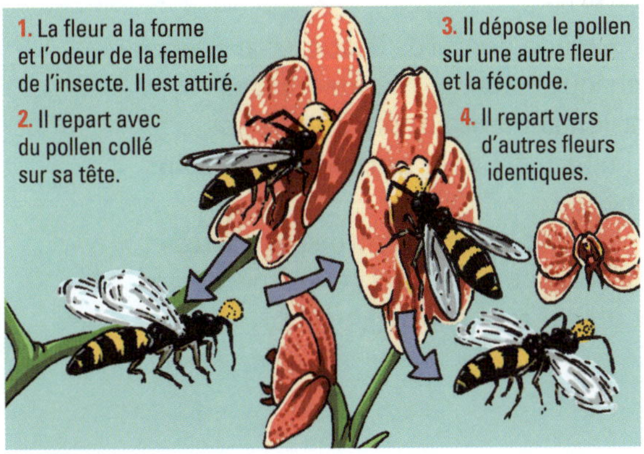

La fécondation de l'orchidée

a. Pourquoi l'insecte essaie-t-il de s'accoupler avec la fleur ?

....

b. Comment l'insecte féconde-t-il la fleur ?

....

jeu malin

Pour certains mots, seules les premières lettres ont été écrites.
À toi de les compléter !

Vacances à la ferme

C'est le printemps à la ferme, le cerisier est assailli par les abeilles qui butinent le p.............. sur les ét.............. des fleurs. Elles vont le transporter vers le pi.............. des fleurs d'un autre cerisier pour les fé.............. . Le g.............. de po.............. fusionnera avec un ov.............. pour former un œ.............. qui deviendra une gr.............. logée dans le noyau de la c.............. . Il y a 9 mois, la vache a été fécondée avec les sp.............. d'un mâle, le t.............. . C'est une fécondation int.............. . L'em.............. grandit dans le ventre de sa mère car la vache est vi.............. . Je vais bientôt pouvoir assister au vêlage : la naissance du v.............. . La poule, elle, est ov.............., elle pond des œ.............. . Le poussin utilise les rés.............. al.............. de l'œuf pour se développer.

Bravo, tu as terminé !
Entoure ton smiley.

Corrigés page 30 du *Guide parents*

6 La digestion

Pour commencer

Mon 1er s'oppose à l'ouest, mon 2e s'oppose à bas, mon 3e porte les voiles d'un bateau. Mon tout est un organe de la digestion.

J'apprends

▶ La transformation des aliments

• La **digestion** transforme les **aliments** sur un parcours de 9 mètres de long. Elle commence dans la **bouche**. Les aliments sont mastiqués par les **dents** et imprégnés de **salive**. Ils sont ensuite avalés et poussés dans **l'œsophage**.

• Dans l'**estomac**, les protides sont dégradés grâce au **suc gastrique**.

• Dans **l'intestin grêle**, les actions chimiques réduisent les aliments sous l'action de la **bile** et des **enzymes** du **pancréas** et de **l'intestin**.

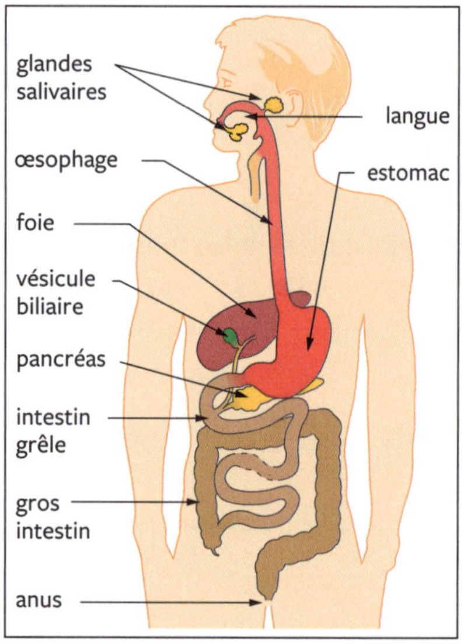

L'appareil digestif

▶ L'absorption

Les aliments réduits (**nutriments**) traversent la paroi de l'intestin grêle. Ils passent dans le **sang** qui les transporte vers les **organes** pour produire de l'énergie, permettre la croissance et remplacer les cellules âgées.

▶ Élimination des déchets

Ce qui n'est pas absorbé passe dans le **gros intestin**. **L'eau** est récupérée, le reste est évacué : ce sont les **selles**.

Je comprends ce qui se passe

▶ Pourquoi un coureur cycliste mange-t-il autant?

Le coureur cycliste Miguel Indurain devant son repas et de ce qu'il mange chaque jour de course.

Un coureur a besoin de beaucoup **d'énergie** sur chaque étape du Tour de France.
Sa **ration alimentaire protidique** doit être très importante pour satisfaire ses **besoins** en énergie.
Une grande place est accordée aux pâtes et au riz qui sont des **sucres lents** que le corps peut utiliser tout au long de l'effort.

INFO PARENTS

En vous aidant du dessin de l'appareil digestif, demandez à votre enfant de situer les organes de l'appareil digestif sur lui-même et de tracer avec son doigt sur son corps le trajet des aliments. Il pourra évoquer de place en place leurs transformations.

Je m'entraine

1 QUIZ Coche les bonnes réponses.

a. Dans la bouche, on observe :

☐ aucune action digestive.
☐ une action chimique.
☐ une action mécanique.

b. Quelle catégorie d'aliment subit une transformation dans l'estomac ?

☐ les glucides ☐ les protides
☐ les lipides

c. L'appareil digestif est un tube continu de la bouche à l'anus. ☐ Vrai ☐ Faux

d. Tous les aliments consommés sont utilisés par l'organisme. ☐ Vrai ☐ Faux

2 Réponds aux questions.

a. Pourrais-tu consommer tous les jours la ration quotidienne du coureur cycliste ? Que t'arriverait-il dans ce cas ?

b. Comment la digestion rend-elle les aliments utilisables par l'organisme ?

c. À quel niveau du tube digestif l'absorption des nutriments se produit-elle ?

d. Quelles utilisations l'organisme fait-il des aliments consommés ?

3 Lis, observe et réponds aux questions.

Pour se nourrir, une vache coupe l'herbe avec ses dents et l'avale directement. Elle remplit ainsi une poche de son estomac : la **panse**. Par la suite, l'herbe remonte vers la bouche pour y être mâchée longuement. L'herbe ruminée et avalée se dirige vers la panse, puis le **bonnet**, vers le **feuillet** et la **caillette**. Le trajet se poursuit vers l'**intestin grêle**, très long chez les ruminants. La digestion aura durée 3 jours.

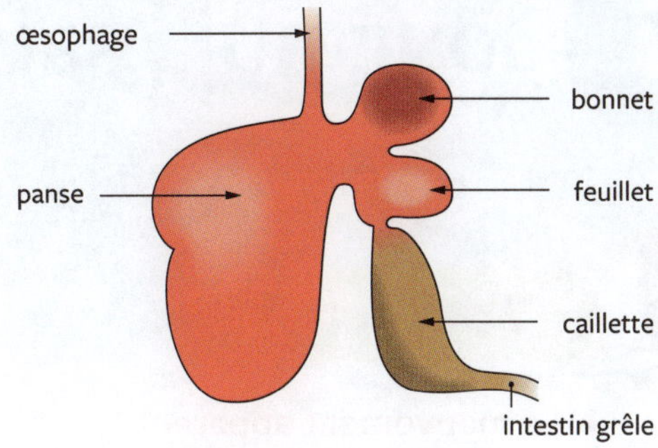

a. Dessine le trajet de l'herbe sur le schéma.

b. L'herbe est un aliment difficile à digérer. D'après toi, quel est l'intérêt de cette rumination ?

c. Quel est l'intérêt d'un intestin très long ?

jeu malin

Trouve les mots horizontaux (de 1 à 9). Pour t'aider, la première lettre est écrite. À la fin, tu verras apparaitre le mot mystère (10).

1. À droite de l'estomac, ce gros organe produit la bile.

2. Elle transforme les aliments en nutriments.

3. Très long tube.

4. Il produit le suc gastrique.

5. C'est un corps gras.

6. Là où commence la digestion.

7. Producteur d'enzymes.

8. Transporteur des nutriments.

9. Elles servent à mâcher les aliments.

10. Le mot mystère est ....

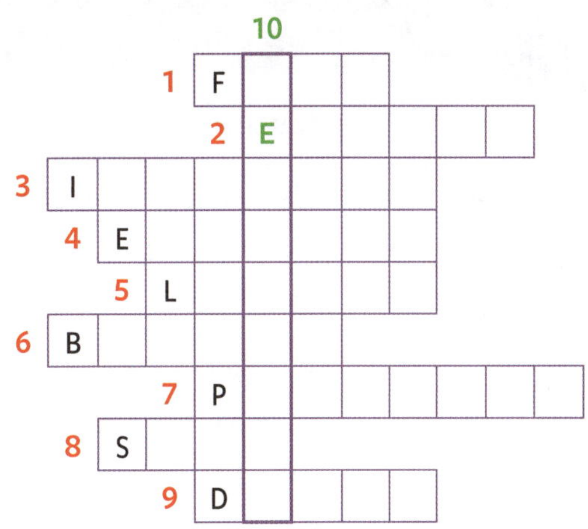

Bravo, tu as terminé !

Entoure ton smiley.

Corrigés page 30 du *Guide parents*

Sciences

7 Jour, nuit, saisons

Pour commencer

Pourquoi voit-on le Soleil se déplacer dans le ciel au cours de la journée ?

J'apprends

Le mouvement apparent du Soleil

On voit le Soleil **se lever** le matin vers l'**est**, puis **culminer** (être au plus haut) vers le **sud** en milieu de journée. Le soir, il **se couche** vers l'**ouest**.

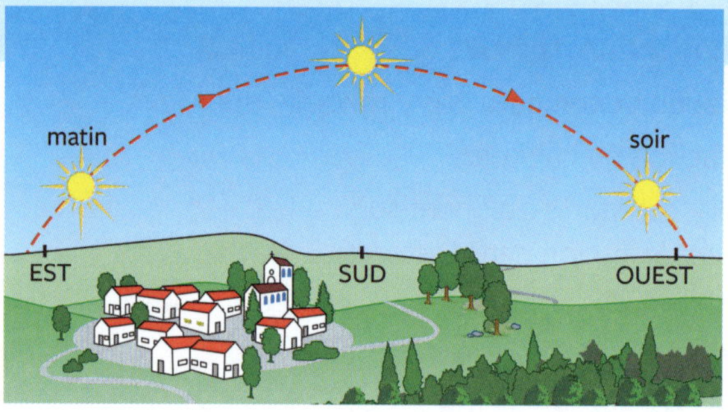

La rotation de la Terre sur elle-même

La Terre photographiée par un satellite

- Ce mouvement **apparent** du Soleil est dû à la **rotation** de la Terre autour de son **axe des pôles**, d'ouest en est. Elle fait un tour complet en un jour.
- À tout moment, il fait **jour** sur la moitié de la Terre tournée vers le Soleil et il fait **nuit** sur l'autre moitié qui est dans l'ombre. Comme nous tournons avec la Terre, nous passons successivement là où il fait jour puis là où il fait nuit.

Je comprends comment faire

Pour expliquer les saisons

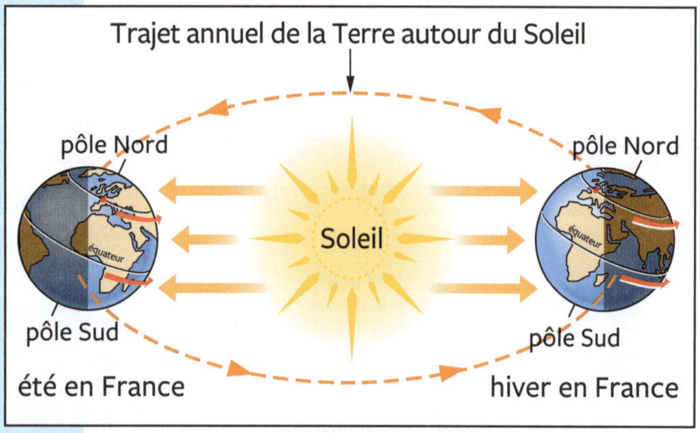

La Terre fait un tour autour du Soleil en un an. Comme son axe est un peu «penché», les deux **hémisphères** sont éclairés différemment.

Au **printemps** et en **été**, en France, on reste plus longtemps dans la zone éclairée que dans l'ombre : la **journée** est plus longue que la **nuit**.

En **automne** et en **hiver**, c'est le contraire.

INFO PARENTS

Éclairez un globe terrestre avec une lampe et faites-le tourner sur lui-même pour modéliser l'alternance jour/nuit sur la Terre. Déplacez le globe autour de la lampe pour modéliser les saisons. L'axe des pôles doit garder la même orientation.

Je m'entraine

1 QUIZ Coche les bonnes réponses.

a. Vers quelle direction le Soleil se lève-t-il?

☐ sud ☐ est ☐ ouest

b. Combien de temps la Terre met-elle pour faire un tour sur elle-même?

☐ un an ☐ un mois ☐ un jour

c. Le Soleil culmine dans la direction de l'ouest.

☐ Vrai ☐ Faux

d. La Terre tourne sur elle-même d'est en ouest.

☐ Vrai ☐ Faux

e. En France, la nuit a toujours la même durée tout au long de l'année.

☐ Vrai ☐ Faux

f. Combien de temps la Terre met-elle pour faire un tour autour du Soleil?

☐ un an ☐ un mois ☐ un jour

2 Observe ce dessin, lis le texte et réponds aux questions.

Voici le trajet du Soleil visible en France au cours de certains jours particuliers :

A. le jour du **solstice d'été**, où la journée est la plus longue (environ 16 heures) ;

B. le jour du **solstice d'hiver**, où la journée est la plus courte (environ 8 heures) ;

C. les deux jours des **équinoxes**, où le Soleil reste levé 12 heures.

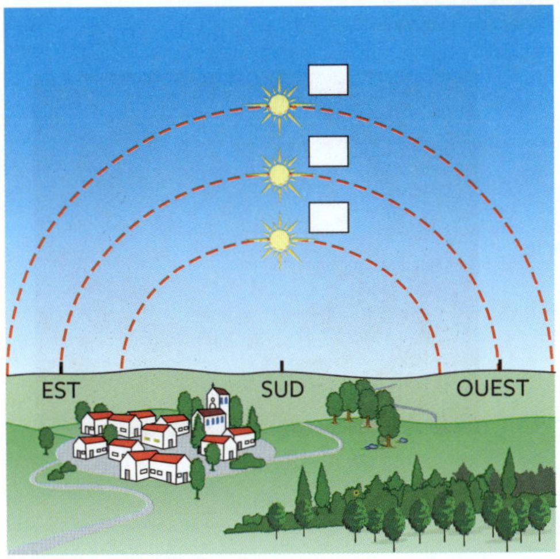

a. Fais une flèche sur les trajets dans le sens où le Soleil se déplace.

b. Écris A, B et C dans les bonnes cases.

c. Quel est le jour de l'année où le Soleil monte le plus haut dans le ciel?

....

d. Quand la journée et la nuit ont-elles la même durée?

....

e. Quels sont les 2 jours de l'année où le Soleil se lève à l'est et se couche à l'ouest?

....

jeu malin

Barre dans la grille tous les mots de la liste. Avec les lettres restantes, forme les noms des deux saisons qui ne sont pas dans la liste (certaines lettres sont à utiliser deux fois).

SOLSTICE, ÉQUINOXE, CULMINER, SAISON, JOURNÉE, NUIT, EST, OUEST, SUD, ÉTÉ, HIVER

J	O	U	R	N	E	E	H
N	U	I	T	A	Q	U	I
T	E	T	E	O	U	M	V
S	O	L	S	T	I	C	E
C	U	L	M	I	N	E	R
E	S	A	I	S	O	N	N
S	U	D	E	P	X	R	I
T	P	S	O	U	E	S	T

Les deux saisons sont :

• ....

• ....

Bravo, tu as terminé !

Entoure ton smiley.

😐 🙂 😀

Corrigés page 30 du *Guide parents*

8 Le système solaire

Pour commencer

La Terre est-elle la seule planète à tourner autour du Soleil ? Si non, quelles sont les autres ?

J'apprends

Un ensemble gigantesque

- Le **système solaire** est formé par le **Soleil** et tous les corps tournant autour de lui : **planètes, comètes, astéroïdes**, etc.
- Le Soleil est une **étoile** : gigantesque boule de gaz très chaud qui émet une intense lumière.

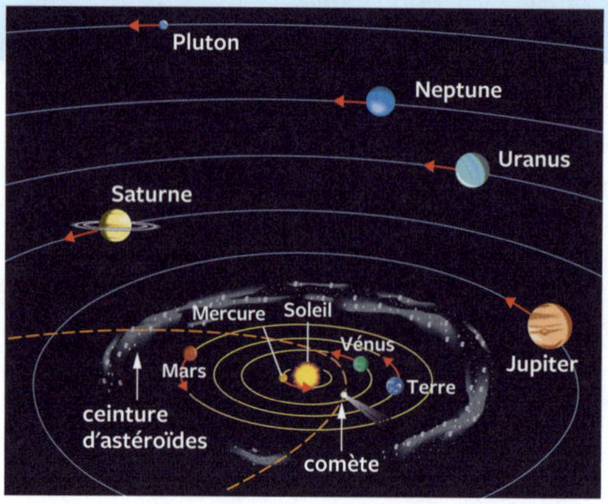

Structure du système solaire

Deux sortes de planètes

Les petites planètes : **Mercure, Vénus, la Terre, Mars** (citées dans l'ordre de plus en plus éloignées du Soleil) sont rocheuses. Les planètes géantes : **Jupiter** (la plus grosse), **Saturne** (reconnaissable à ses anneaux), **Uranus, Neptune** sont gazeuses. Certaines planètes ont des satellites tournant autour d'elles. La Terre en a un : la **Lune**.

La planète Saturne

D'innombrables corps plus petits

Les **comètes** sont des boules de glace et de roche visibles grâce à leur queue brillante quand elles passent près du Soleil.

Les **astéroïdes** sont des corps rocheux de tailles diverses.

Je comprends comment ça fonctionne

Pourquoi Pluton n'est plus une planète ?

Jusqu'en 2006, **Pluton** était considérée comme la neuvième planète, la plus éloignée du Soleil. Mais à cause de sa petite taille (2300 km), les astronomes la classent maintenant dans la catégorie des **planètes naines** qui comportent d'autres corps aussi gros que Pluton.

INFO PARENTS

Observez au crépuscule le ciel vers l'ouest. Le premier point brillant qui apparait est Vénus. En répétant cette observation chaque semaine, faites constater à votre enfant le déplacement apparent de Vénus parmi les autres étoiles.

Je m'entraine

1 QUIZ Coche les bonnes réponses.

a. Quel astre est au centre du système solaire?

☐ Jupiter ☐ le Soleil ☐ la Terre

b. Lequel de ces corps n'est pas une planète?

☐ Uranus ☐ Mercure ☐ la Lune

c. Quelle est la plus grosse des planètes?

☐ Mars ☐ la Terre ☐ Jupiter

d. Le Soleil est une étoile.

☐ Vrai ☐ Faux

e. La Terre est une planète.

☐ Vrai ☐ Faux

f. Une comète est une planète avec une queue.

☐ Vrai ☐ Faux

2 Réponds oralement aux questions.

a. Qu'appelle-t-on système solaire?

b. Combien le système solaire a-t-il de planètes?

c. Comment s'appelle l'astre qui est un satellite de la Terre?

d. Quelle est la planète la plus proche du Soleil?

e. Comment s'appellent les astres qui possèdent une longue queue lumineuse?

f. Quelles sont les planètes rocheuses?

3 Observe ces dessins et réponds aux questions.

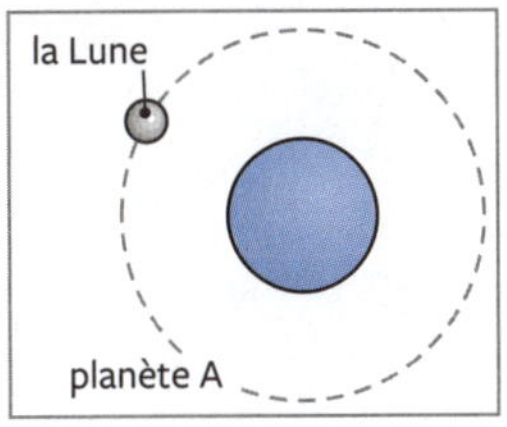

a. Nomme la planète A et la planète B.

....

b. Sur laquelle ne pourrait-on pas marcher? Pourquoi?

....

....

4 Lis le texte et réponds aux questions.

Plus une planète est éloignée du Soleil, plus elle met longtemps pour faire un tour autour de lui. Voici la durée d'un tour pour quatre planètes :

Planète A : 84 ans Planète B : 225 jours

Planète C : 12 ans Planète D : 165 ans

a. Range ces quatre planètes dans l'ordre, de la plus proche du Soleil à la plus éloignée.

....

b. Ces durées correspondent en réalité aux planètes (dans le désordre) : Neptune, Jupiter, Vénus, Uranus. Indique, pour chacune de ces planètes, la durée d'un tour autour du Soleil.

....

jeu malin

Lorsqu'on regarde le ciel à l'œil nu, une planète apparait comme un point lumineux et ressemble donc à une étoile. On a fait, à quelques semaines d'intervalle, deux dessins de la même zone du ciel étoilé. Parmi ces étoiles, se cache une planète qu'on peut reconnaitre car elle a bougé durant ces quelques mois. **Trouve-la et entoure-la.**

Premier dessin

Quelques semaines plus tard

Bravo, tu as terminé !

Entoure ton smiley.

Corrigés page 30 du *Guide parents*

ANGLAIS

Anglais

		Date	Évaluation

→ Certains exercices proposent des compléments audio disponibles sur **www.hatier-entrainement.com**

Ils sont signalés par

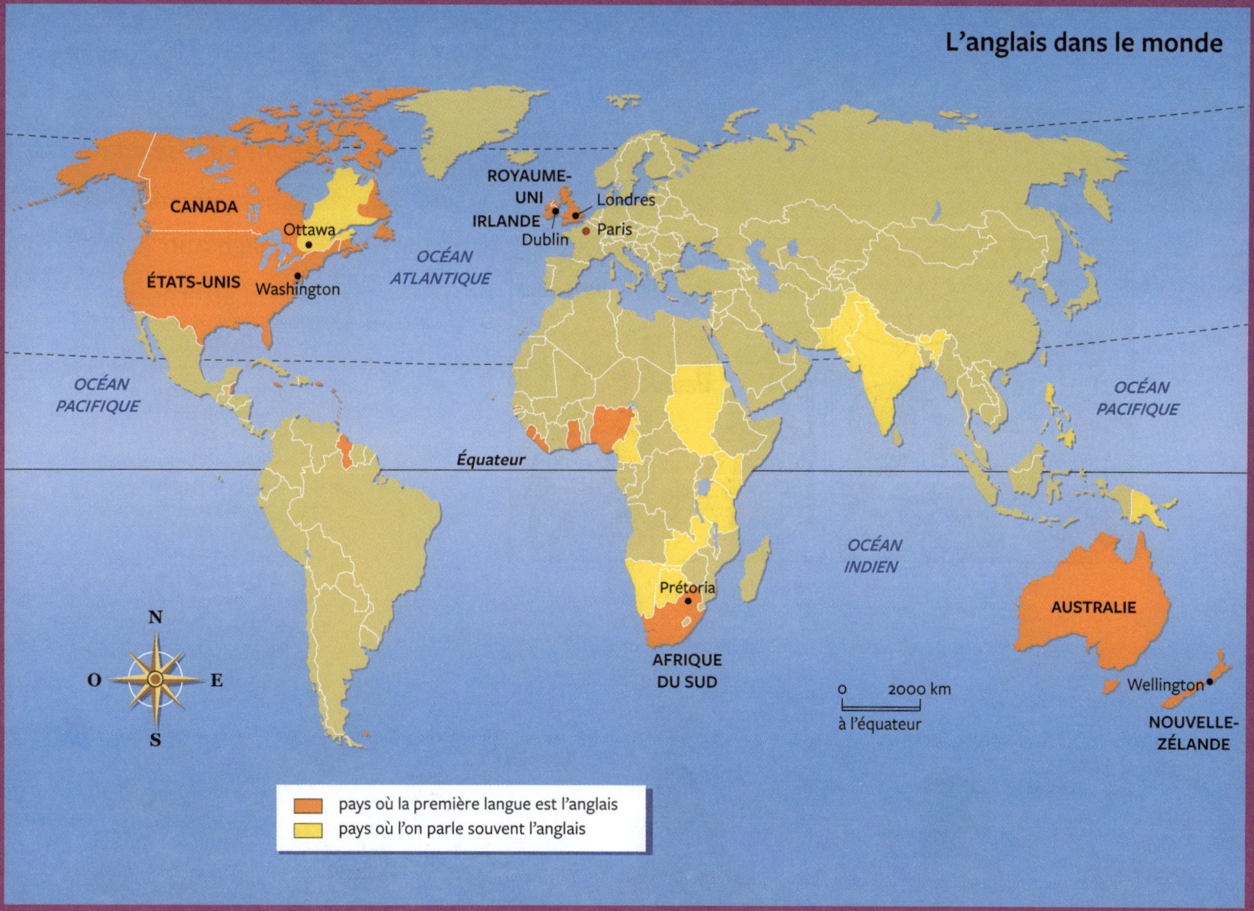

1 Hello! This is my family
Bonjour ! Voici ma famille

Pour commencer

La famille royale anglaise se compose de la reine Elizabeth II, de son mari le prince Philip et de leurs 4 enfants.

Vocabulary

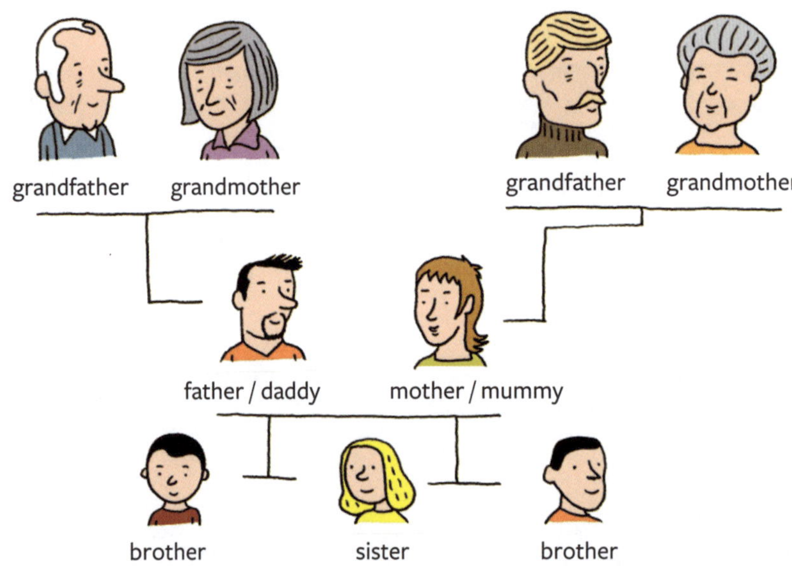

Dialogue

– Bonjour, Matt!
Comment vas-tu?
– Je vais bien, merci!

– Que fais-tu?
– Je joue avec ma sœur.

!

«Bonjour» se dit :

Good morning
le matin

Good afternoon
l'après-midi

Good evening
le soir

Good night
bonne nuit

I'm playing
je joue/je suis en train de jouer

Read AND repeat

teacher

doctor

baker

butcher

Anglais

Games

1 **Relie la bulle au dessin correspondant.**

Good morning.

Good evening.

How are you?

Good night.

2 **Observe bien l'arbre généalogique en colonne de droite. Qui sont ces personnages?**

Who is Ben? ....

Who is Jane? ....

Who is William? ....

Who is Liz? ....

Who is Peter? ....

Who is Mary? ....

3 **Ces métiers ont perdu leurs voyelles. Peux-tu les retrouver?**

B★K★R ....

GR★C★R ....

D★CT★R ....

S★NG★R ....

T★★CH★R ....

B★TCH★R ....

P★L★C★M★N ....

N★R S★ ....

Story

George and Mary are my grandparents. Ben is my father and Johanna is my mother. I've got one sister and one brother. They are very nice.

Corrigés page 31 du *Guide parents*

Bravo, tu as terminé ! Entoure ton smiley.

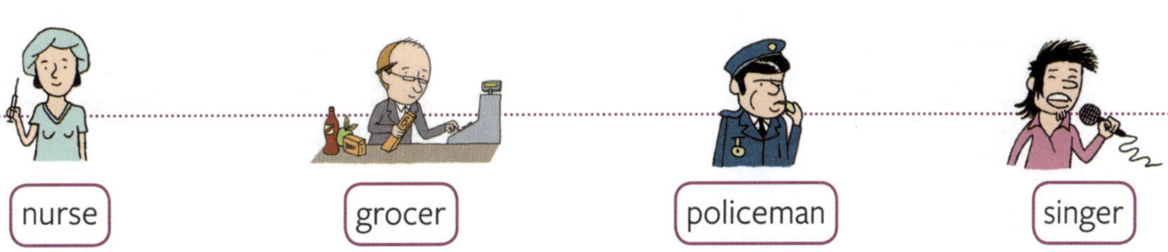

2 At home
À la maison

Pour commencer
Le petit jardin fleuri situé à l'avant des maisons anglaises sert surtout à être admiré.

Vocabulary

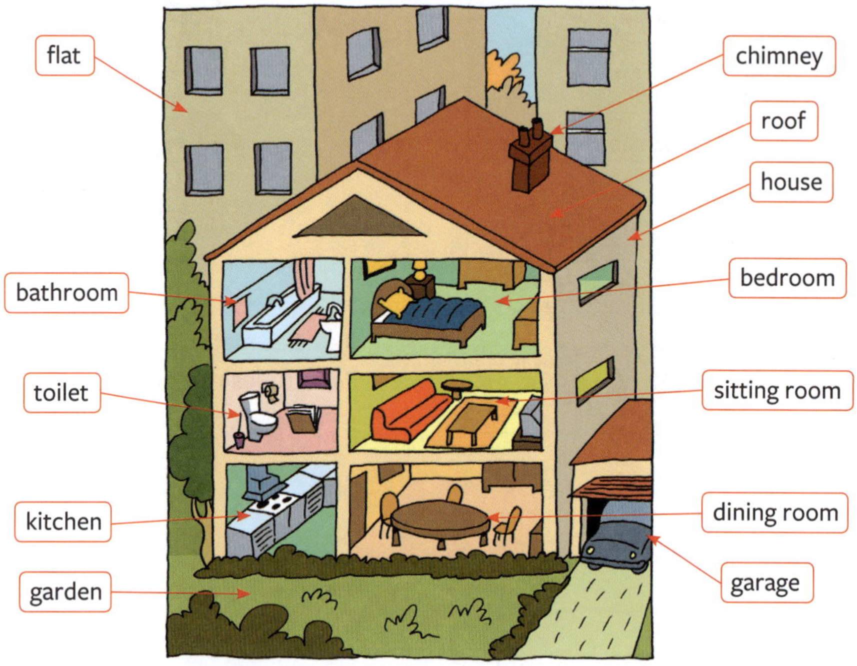

Dialogue

– Est-ce que tu habites dans une maison ou dans un appartement?
– J'habite dans une maison.

– Combien d'étages y a-t-il?
– Il y a deux étages.
Ma chambre est au premier.

!

Pour traduire «il y a» :

There is
+ nom singulier
There is a book on the table. (Il y a un livre sur la table.)

There are
+ nom pluriel
There are two books on the table.
(Il y a deux livres sur la table.)

Read AND repeat

sofa

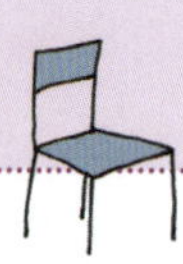

chair

armchair

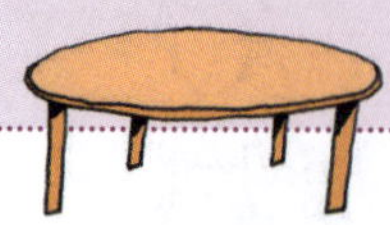

table

Games

1 **Où sont ces personnages?**

a. Helen is in the ....

b. Benjamin is in the ....

c. Michael is in the ....

d. Allison is in the ....

e. Jessica is in the ....

2 Les voyelles de ces pièces de la maison ont été remplacées par des étoiles.
Retrouve les bons mots.

a. B★THR★★M ....

b. K★TCH★N ....

c. D★N★NG R★★M ....

d. G★R★G★ ....

e. S★TT★NG R★★M ....

f. T★★L★T ....

g. B★DR★★M ....

3 **Place les mots suivants sur les points. La colonne verticale te donnera alors le mot mystérieux.** *sofa – sitting room – toilet – garden – bedroom*

						•	•	•	•	•	•	
			•	•	•	•						
			•	•	•	•	•	•	•			
					B	A	T	H	R	O	O	M
•	•	•	•	•	•	•	•	•	•	•		
		•	•	•	•	•	•					

4 **Relie chaque mot de gauche au lieu où on le trouve le plus souvent.**

chimney •	• sitting room
sofa •	• garage
car •	• bedroom
bed •	• dining room
armchair •	• roof
table •	

Story

There are two floors in my house. The bedrooms and the bathrooms are upstairs. The sitting room, the dining room and the kitchen are downstairs.

Corrigés page 31 du *Guide parents*

Bravo, tu as terminé ! Entoure ton smiley.

bed

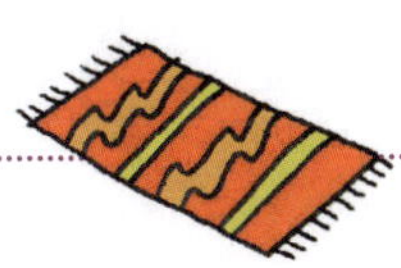

carpet

curtain

lamp

3 Body and face
Corps et visage

Pour commencer

Le sport occupe une grande place dans les écoles anglaises. Les écoliers le pratiquent avec assiduité.

Vocabulary

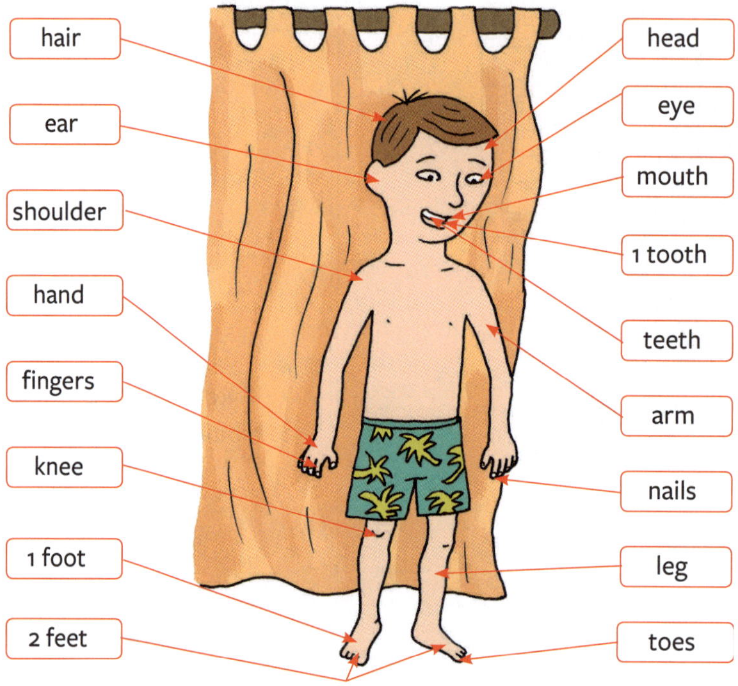

Dialogue

Regarde mes pieds ! J'ai de grands pieds !

Et tu as de longs bras, comme un singe !

!

I have got	=	I've got
	j'ai	
You have got	=	you've got
	tu as	
She has got	=	she's got
	elle a	
He has got	=	he's got
	il a	

Read and repeat

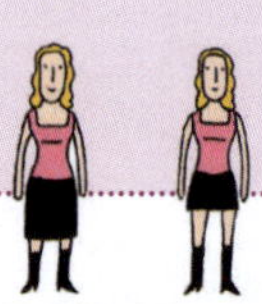

long / short

cold / hot

beautiful / ugly

Games

1 **Les étiquettes sont illisibles et ont été mélangées. Complète-les puis relie-les au bon endroit à l'aide de flèches.**

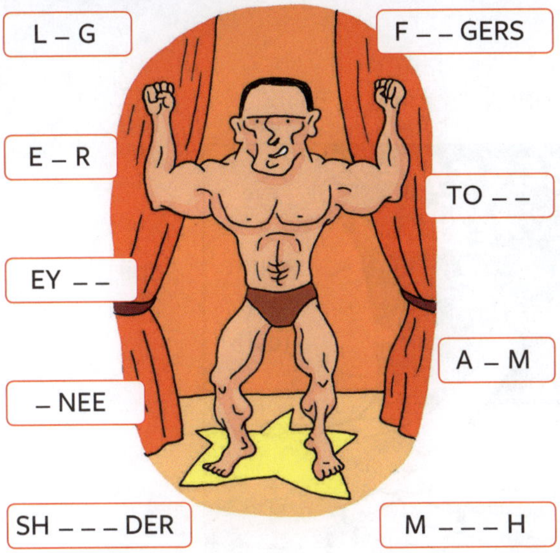

2 **Relie chaque objet au bon adjectif.**
long – short – beautiful – ugly – hot – cold – big – small

3 **Décris cette chanteuse excentrique.**

She has got ....

She's ....

She ....

She ....

Story

Elton is my best friend. He's got brown hair and black eyes. He's got long hands and long fingers because he is a great pianist.

Corrigés page 31 du *Guide parents* ***Bravo, tu as terminé !*** Entoure ton smiley.

....  ....

big / small

 ....

happy / sad

 ....

rich / poor

4 At school
À l'école

Pour commencer

Pour déjeuner, les élèves apportent une *lunch box* avec un repas froid composé d'1 sandwich, de chips, d'1 yaourt et d'1 fruit.

Vocabulary

Dialogue

▸ – Je peux courir vite.
– Je ne peux pas courir mais je peux manger vite.
▸ – Quelles matières étudies-tu?
– J'étudie l'anglais, les maths, le français, l'histoire, la musique, la géographie et les sciences.

!

I can
je peux

I can't
je ne peux pas

Read AND repeat

Games

1 Relie chaque mot à son dessin. Reporte ensuite la lettre de chaque dessin sur les pointillés correspondants pour obtenir le nom de l'objet mystérieux.

1. bag
2. pupil
3. pen
4. book
5. blackboard
6. pencil case
7. copy book
8. teacher

....
1 2 3 4 5 6 7 8

2 Barre l'intrus.

a. dictionary – book – copy book – pencil
b. ruler – computer – rubber – pen
c. desk – pen – chair – table – red

3 Regarde ces illustrations et dis ce que tu peux ou ne peux pas faire en utilisant *I can* ou *I can't*.

I ....
I ....
I ....
I ....
I ....

Story

My school bag is heavy. There are books, copy books and a big pencil case with pens, pencils, a rubber and a ruler.

Corrigés page 31 du *Guide parents*

Bravo, tu as terminé ! Entoure ton smiley.

skate

ride a bike

play tennis

ski

5 Meals
Les repas

Pour commencer

Le *tea time* est sacré. Vers 17 h, les Anglais boivent un thé au lait accompagné de sandwichs salés ou de gâteaux.

Vocabulary

- Breakfast / ***Petit déjeuner***

- Lunch – Dinner / ***Déjeuner – Diner***

Dialogue

J'ai tellement faim ! J'aime les pommes de terre !

Je n'aime pas le poisson.

!

I like
j'aime
I like chocolate.

I don't like
je n'aime pas
I don't like chocolate.

Read AND repeat

Games

1 **Complète la grille. La colonne bleue te donnera le nom de celui qui vend des fuits et légumes.**

2 **Écris dans les colonnes ce que tu aimes et ce que tu n'aimes pas.**

I LIKE	I DON'T LIKE

3 **Écris les mots dans la bonne colonne.**

potatoes – apricots – bananas – tomatoes – carrots – apples – grapes – peas

Vegetables	Fruits

Story

For dinner my mother generally makes chicken and potatoes.
She is an excellent cook.
She also bakes delicious cakes and apple pies.

Corrigés page 31 du *Guide parents*

Bravo, tu as terminé ! Entoure ton smiley.

cucumber

onion

strawberries

peach

6 Clothes
Les vêtements

Pour commencer

Lors d'occasions importantes, les femmes britanniques portent des chapeaux souvent extravagants.

Vocabulary

Dialogue

J'aime les chapeaux. Je porte un chapeau tous les jours.

Je ne porte pas de chapeaux. J'aime les grosses chaussures.

Read AND repeat

cap

coat

slippers

raincoat

Games

1 **Tous les mots se sont donné la main. Peux-tu les séparer? Combien de vêtements trouves-tu?**

shoessockss lipperstiejacketdresstrouserstrainers
hatcapglovescoatraincoatpulloverskirtboots

Il y a .... vêtements.

2 **Chasse l'intrus.**

a. socks – shoes – boots – scarf
b. hat – dress – shirt – skirt
c. trousers – pyjamas – shorts – T-shirt

3 **Que porte cet étrange personnage? Entoure les mots des vêtements que tu as reconnus.**

scarf
tie
socks
coat
boots
cap
skirt
hat
shirt
trousers
trainers
gloves

Story

What are you wearing today? I'm wearing a grey skirt, a blue T-shirt and a jacket. And a hat too! My shoes are red and my socks are white.

Corrigés page 31 du *Guide parents*

Bravo, tu as terminé ! Entoure ton smiley.

7 The weather – Numbers
Le temps – Les nombres

Pour commencer

Les températures s'expriment en degrés Farenheit en Angleterre et aux États-Unis (25 °C = 77 °F).

Vocabulary

• The weather

• Numbers

1	one	21	twenty-one
2	two	22	twenty-two
3	three	23	twenty-three
4	four	24	twenty-four
5	five	25	twenty-five
6	six	26	twenty-six
7	seven	27	twenty-seven
8	eight	28	twenty-eight
9	nine	29	twenty-nine
10	ten	30	thirty
11	eleven	31	thirty-one
12	twelve	32	thirty-two...
13	thirteen	40	forty
14	fourteen	44	forty-four
15	fifteen	45	forty-five
16	sixteen	46	forty-six
17	seventeen	47	forty-seven
18	eighteen	48	forty-eight
19	nineteen	49	forty-nine
20	twenty	50	fifty

Dialogue

► J'ai toujours froid en hiver.

► J'ai toujours chaud, très chaud en hiver !

Read AND repeat

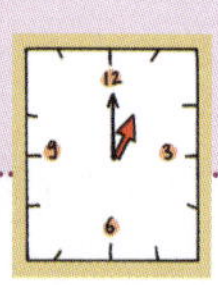

it's one o'clock

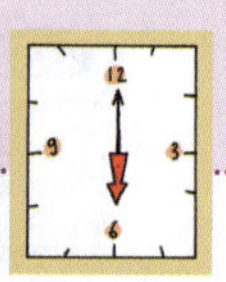

it's six o'clock

it's eleven o'clock

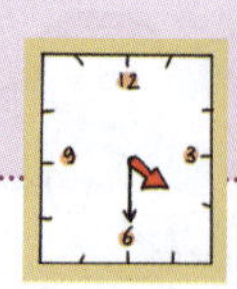

it's half past four

Anglais

Games

1 Relie chaque mot à son image et à la saison qui lui correspond.

sun – fog – cloud – flowers – Father Christmas – grass – sea – rain – wind – boat – snow

2 Fais les additions suivantes (à l'horizontal et en vertical).

TWO + THIRTEEN + TEN = ...

+   +   +

SEVEN + THIRTY + TEN = ...

+   +   +

FORTY + THREE + FIVE = ...

=   =   =

....

3 Compte les ballons en anglais et réponds à la question.

How many balloons can you see?

I can see .... balloons.

Story

What's the weather like today? It's cold but sunny, so let's go to the swimming pool. In winter I prefer jogging.

Corrigés page 32 du *Guide parents*

Bravo, tu as terminé ! Entoure ton smiley.

it's half past twelve | it's quarter past ten | it's quarter past two | it's quarter past five

BILAN QUIZ ! Français

1 Coche les bonnes réponses.

1. *Ce, cet, cette* sont des déterminants démonstratifs.
☐ Vrai ☐ Faux

2. *Ils vécurent heureux dans leur palais.*
Cette phrase a au moins deux compléments circonstanciels.
☐ Vrai ☐ Faux

3. Un GN peut être enrichi par :
☐ un adjectif qualificatif
☐ un complément de nom
☐ un pronom relatif

4. Le verbe *rappeler* se conjugue comme le verbe *appeler*.
☐ Vrai ☐ Faux

5. *Défaites cette installation sans perdre de pièce.*
Cette phrase comporte un verbe à l'impératif.
☐ Vrai ☐ Faux

6. *L'oiseau s'envola.*
Cette phrase comporte un verbe à l'imparfait.
☐ Vrai ☐ Faux

7. Le mot *oasis* est féminin.
☐ Vrai ☐ Faux

8. Ce groupe nominal est bien orthographié :
Une voie publique.
☐ Vrai ☐ Faux

9. Cette phrase est bien orthographiée :
Un phoque et une otarie jouait dans les vagues.
☐ Vrai ☐ Faux

10. Cette phrase est correctement orthographiée :
Le parfum des fleurs attire les guêpes.
☐ Vrai ☐ Faux

11. Le participe passé employé avec l'auxiliaire *avoir* s'accorde en genre et en nombre avec le sujet du verbe.
☐ Vrai ☐ Faux

12. *Malgré* ne prend jamais de *s*.
☐ Vrai ☐ Faux

13. *Là* est synonyme d'*ici*.
☐ Vrai ☐ Faux

14. Dans un article de dictionnaire, les chiffres en gras indiquent qu'un mot a plusieurs sens.
☐ Vrai ☐ Faux

15. Dans un article de dictionnaire, l'abréviation v. indique que le mot est un verbe.
☐ Vrai ☐ Faux

16. *Déboisage.*
Ce mot est formé d'un préfixe, d'un radical et d'un suffixe.
☐ Vrai ☐ Faux

17. *Verre* et *vert* sont :
☐ des synonymes.
☐ des antonymes.
☐ des homonymes.

18. On utilise des guillemets pour rapporter les paroles de quelqu'un.
☐ Vrai ☐ Faux

19. Coche les mots du champ lexical de *longueur* :
☐ allonger
☐ longer
☐ langueur
☐ interminable

20. Un portrait décrit un personnage.
☐ Vrai ☐ Faux

Corrigés page 32 du *Guide parents*

L'ANNÉE PROCHAINE EN CM2

Voici les points importants du programme de **français** l'année prochaine.
Fais une croix ☒ à côté des notions que tu connais déjà.

Grammaire

Le groupe nominal	☐	Les phrases simples	☐
Le sujet	☐	Les phrases complexes	☐
L'attribut du sujet	☐	Les types de phrases	☐
Les pronoms personnels	☐	Les formes de phrases	☐
Les compléments d'objet	☐	Les mots variables	☐
Les compléments circonstanciels	☐	Les mots invariables	☐

Conjugaison

Le présent	☐	La passé simple	☐
L'imparfait	☐	Le passé composé	☐
Le futur	☐	Le plus-que-parfait	☐

Orthographe

Le pluriel des noms et des adjectifs	☐	L'accord sujet/verbe	☐
Le féminin des noms et des adjectifs	☐	Le participe passé ou l'infinitif	☐
L'accord dans le groupe nominal	☐	Les homophones	☐

Vocabulaire

Les familles de mots	☐	Les homonymes	☐
La formation des mots	☐	Les antonymes	☐
Les synonymes	☐		

Lire

Lecture d'une pièce de théâtre	☐	La rédaction d'un résumé	☐
Lecture de poésie	☐	La rédaction d'un texte argumentatif	☐
La rédaction d'un récit	☐		

BILAN QUIZ ! Mathématiques

1 **Coche les bonnes réponses.**

1. Dans 12 789 456, il y a 12 789 milliers. ☐

2. 100 050 000 = 1 × 100 000 000 + 5 × 100 000 ☐

3. 5 200 < 5 278 < 5 300 est un encadrement à la centaine près. ☐

4. 78 652 + 23 568 = 102 120 ☐

5. 13 504 – 9 281 = 4 223 ☐

6. 12 358 + ... = 17 254
Le nombre manquant est 4 986. ☐

7. Dans un carton, il y a 85 étuis de 12 crayons. Ça fait combien de crayons ?
☐ 1 020 ☐ 980 ☐ 1 040

8. 726 × 27 = 19 502 ☐

9. 890 est un multiple de 2 et de 5. ☐

10. Si on range 456 bouteilles dans des cartons de 6, on a 76 cartons pleins. ☐

11. Pour vérifier la division 767 par 17, je vérifie si 17 × 44 + 19 = 767. ☐

12. 1 bidon pèse 45 kg, 11 bidons pèsent :
☐ 450 kg. ☐ 485 kg. ☐ 495 kg.

13. $\frac{35}{4} = 8 + \frac{3}{4}$ ☐

14. $\frac{143}{10} = 10 + 4 + \frac{3}{10}$ ☐

15. $\frac{782}{100} = 78{,}2$ ☐

16. 4,6 < 4,71 < 4,099 sont rangés par ordre croissant. ☐

17. 45,58 + 20,6 = 65,64 ☐

18. 4 587,125 × 44 = 201 833,5 ☐

19.

Sur cette figure il y a 3 segments. ☐

20. Un triangle isocèle a 3 côtés de même longueur. ☐

21. Un hexagone est un polygone qui a 6 côtés. ☐

22. Le losange a 4 axes de symétrie. ☐

23. 125 cm + 36 dm = 4 m 85 cm ☐

24. 3 h 30 min + 2 h 40 min = 5 h 10 min ☐

25. Un rectangle de 25 cm sur 12 mm a pour périmètre :
☐ 74 cm. ☐ 37 mm. ☐ 262 cm. ☐ 524 mm.

26. Le roi Henri IV a été assassiné en 1610 à l'âge de 57 ans. En quelle année est-il né ?
☐ 1553 ☐ 1667 ☐ 1557

27. En France, en 2004, il y a eu 393 477 garçons pour 767 816 naissances. Combien de filles sont nées cette année-là ?
☐ 394 339 ☐ 374 589 ☐ 374 339

28. 324 × 35 = 11 340
☐ Vrai ☐ Faux

29. Une machine fabrique 2 700 bouchons en une heure. Donc, elle en fait 55 en une minute.
☐ Vrai ☐ Faux

30. Une tige en fer de 15 cm de longueur pèse 300 g. Combien pèse une tige de 80 cm de longueur ?
☐ 2 400 g ☐ 1 600 g ☐ 1 200 g

31. Deux droites parallèles forment un angle droit.
☐ Vrai ☐ Faux

32. Un cercle de 8 cm de diamètre a un rayon de 16 cm.
☐ Vrai ☐ Faux

33. Un pavé droit possède 12 arêtes.
☐ Vrai ☐ Faux

34. 140 000 cm est égal à :
☐ 14 000 m. ☐ 1 400 dam. ☐ 14 hm.

35. Dans un carré, il y a 4 angles droits.
☐ Vrai ☐ Faux

36. Le centre du cercle est le milieu du diamètre.
☐ Vrai ☐ Faux

Corrigés page 32 du *Guide parents*

L'ANNÉE PROCHAINE EN CM2

Voici les points importants du programme de **mathématiques** l'année prochaine.
Fais une croix ☒ à côté des notions que tu connais déjà.

Nombres et calculs

L'addition de nombres entiers	☐	L'addition de nombres décimaux	☐
La soustraction de nombres entiers	☐	La soustraction de nombres décimaux	☐
La multiplication de nombres entiers	☐	La multiplication d'un nombre décimal par un nombre entier	☐
La division de nombres entiers	☐	La division d'un nombre décimal par un nombre entier	☐
Les fractions simples	☐	Les fractions décimales	☐
La comparaison de fractions simples	☐	La proportionnalité	☐
L'encadrement de fractions simples	☐	Les pourcentages	☐
Les nombres décimaux	☐	Les échelles	☐
L'encadrement de nombres décimaux	☐	Les vitesses	☐
La comparaison de nombres décimaux	☐	Les tableaux	☐
Le rangement de nombres décimaux	☐	Les graphiques	☐

Espace et géométrie

Le repérage dans l'espace	☐	La symétrie	☐
Le vocabulaire de la géométrie	☐	La construction de quadrilatères	☐
Les triangles	☐	La construction de figures complexes	☐
Les cercles	☐	La construction de solides	☐

Grandeurs et mesures

L'heure et la durée	☐	Les périmètres	☐
Les aires	☐	Les longueurs, masses, contenances et volumes	☐

BILAN QUIZ ! Histoire-EMC-Géographie

HISTOIRE

1 Coche les bonnes réponses.

1. Les personnes qui cherchent des traces du passé sont :

☐ des archéologues.

☐ des vestiges.

2. Lors de son règne, Charlemagne a affaibli le pouvoir royal. ☐

3. Charlemagne a été couronné empereur en :

☐ 800.

☐ 1800.

4. Lors des vagues migratoires du Ve au Xe siècle, le pouvoir royal était fort. ☐

5. Louis IX était surnommé :

☐ Louis le juste.

☐ Saint-Louis.

6. Louis IX a participé à :

☐ 8 croisades.

☐ 2 croisades.

7. La Renaissance a vu le jour :

☐ en Italie.

☐ en France.

8. François Ier est :

☐ un inventeur.

☐ un mécène.

9. Le surnom de Louis XIV est :

☐ le poisson lune.

☐ le Roi-Soleil.

10. Où Louis XIV décide-t-il de s'installer pour réunir sa cour?

☐ au château de Versailles.

☐ à Chambord.

11. La Révolution française a eu lieu en :

☐ 1789.

☐ 1792.

EMC

2 Coche les bonnes réponses.

12. Filles et garçons ont :

☐ les mêmes droits.

☐ des droits différents.

13. L'UNESCO veille à la conservation :

☐ des réserves alimentaires.

☐ du patrimoine mondial de l'humanité.

GÉOGRAPHIE

3 Coche Vrai ou Faux.

14. Un paysage avec des champs est un paysage rural.

☐ Vrai ☐ Faux

15. Quand l'homme a modifié un paysage, c'est un paysage naturel.

☐ Vrai ☐ Faux

16. En France, il y a 5 régions.

☐ Vrai ☐ Faux

17. Il y a plus de 36 000 communes en France.

☐ Vrai ☐ Faux

18. Les commerces se situent essentiellement à la campagne.

☐ Vrai ☐ Faux

19. La France est le pays le plus visité au monde.

☐ Vrai ☐ Faux

20. La plupart des énergies utilisées en France sont d'origine fossile.

☐ Vrai ☐ Faux

21. Pour consommer raisonnablement, il faut privilégier les produits de saison.

☐ Vrai ☐ Faux

22. Tous les produits consommés en France sont produits en France.

☐ Vrai ☐ Faux

Corrigés page 32 du *Guide parents*

L'ANNÉE PROCHAINE EN CM2

Voici les points importants du programme d'**Histoire, Géographie et Enseignement moral et civique** l'année prochaine. Fais une croix ☒ à côté des notions que tu connais déjà.

Histoire

La République	☐	La Première Guerre mondiale	☐
L'école de Jules Ferry	☐	La Seconde Guerre mondiale	☐
La révolution industrielle	☐	La construction européenne	☐
Le travail au XIXe siècle	☐		

Géographie

Les déplacements au quotidien	☐	La cohabitation entre la ville et la nature	☐
Les déplacements de ville en ville en France	☐	Le recyclage	☐
Les déplacements en Europe	☐	La communication avec Internet	☐
Les déplacements dans le monde	☐	Les inégalités d'accès à Internet	☐

Enseignement moral et civique

Le respect d'autrui	☐	Les institutions françaises	☐
L'acceptation de la différence	☐	L'action humanitaire	☐
Les valeurs de la République	☐		

BILAN QUIZ ! Sciences Anglais

SCIENCES

1 Coche les bonnes réponses.

1. Il faut utiliser de l'énergie pour obtenir du mouvement. ☐ Vrai ☐ Faux

2. On peut produire de la lumière sans utiliser une source d'énergie. ☐ Vrai ☐ Faux

3. Un signal lumineux et un signal sonore peuvent être associés pour donner la même information.

☐ Vrai ☐ Faux

4. En un jour, la Terre fait un tour autour du Soleil. ☐ Vrai ☐ Faux

5. C'est la rotation de la Terre autour de son axe des pôles qui provoque le mouvement apparent du Soleil d'est en ouest. ☐ Vrai ☐ Faux

6. Le système solaire comporte huit planètes qui tournent autour du Soleil. ☐ Vrai ☐ Faux

7. Combien de temps vit une plante bisannuelle?

☐ 3 ans ☐ 2 ans

8. Quel organe de la plante contient les graines?

☐ la racine ☐ la feuille ☐ la fleur

☐ le fruit ☐ la tige

9. Les cellules sexuelles mâles sont :

☐ les spermatozoïdes.

☐ les ovules.

☐ les graines.

10. Chez les vivipares le développement embryonnaire se fait :

☐ dans un œuf.

☐ dans le ventre de la mère.

11. Les enzymes permettent la réduction des aliments en nutriments. ☐ Vrai ☐ Faux

12. L'absorption des nutriments se produit :

☐ dans la bouche. ☐ dans le gros intestin.

☐ dans l'estomac. ☐ dans l'intestin grêle.

ANGLAIS

2 Coche les bonnes réponses.

1. La *lunch box* est une boite qui contient le repas froid des écoliers anglais.

☐ Vrai ☐ Faux

2. Qui vend de la viande?

☐ *the grocer*

☐ *the butcher*

☐ *the baker*

3. Si tu as faim, tu diras :

☐ *I'm thirsty.* ☐ *I'm tired.* ☐ *I'm hungry.*

4. La température en Angleterre est exprimée en degrés Celcius comme en France.

☐ Vrai ☐ Faux

5. Quel est le pluriel de *foot* ?

☐ *foot* ☐ *feet* ☐ *boots*

6. Tu portes des *gloves* et un *coat* quand il fait froid.

☐ Vrai ☐ Faux

7. *Apples, pears, strawberries* sont des *vegetables*.

☐ Vrai ☐ Faux

8. Pour gommer une erreur, tu utiliseras :

☐ *a rubber.* ☐ *a board.* ☐ *a ruler.*

9. Dans quelle pièce de la maison peux-tu cuisiner ?

☐ *the bathroom*

☐ *the bedroom*

☐ *the kitchen*

10. Pour dire qu'il y a deux livres sur la table tu diras :

☐ *There is two books on the table.*

☐ *There are two books on the table.*

Corrigés page 32 du *Guide parents*

L'ANNÉE PROCHAINE EN CM2

Voici les points importants du programme de **Sciences** l'année prochaine.
Fais une croix ☒ à côté des notions que tu connais déjà.

Matière et énergie

Eau et dissolution	☐	Objets en mouvement	☐
Les sources d'énergie	☐		

Le vivant

Interactions entre êtres vivants	☐	Respiration, circulation, excrétion	☐
Biodiversité et évolution du vivant	☐		

La Terre et l'environnement

L'énergie : économie et nuisances	☐	Les volcans et les risques	☐
L'eau : ressource et qualité	☐	Les séismes et les risques	☐

Langue vivante étrangère ou régionale

En **langue vivante** ton apprentissage va se renforcer. Il aura toujours comme objectif de t'ouvrir à l'Europe et au monde en général.

Tu apprendras à :

→ te présenter ;
→ présenter les membres de ta famille ;
→ exprimer tes sentiments ;
→ exprimer tes gouts ;
→ décrire ton environnement proche.

Droits de reproduction textes

Crédits photographiques

Achevé d'imprimer en Espagne par Grafo
Dépôt légal nº 06143-9/02 - Mars 2021

MATHÉMATIQUES

Tables de multiplication

2	3	4	5	6	7	8	9
1 × 2 = 2	1 × 3 = 3	1 × 4 = 4	1 × 5 = 5	1 × 6 = 6	1 × 7 = 7	1 × 8 = 8	1 × 9 = 9
2 × 2 = 4	2 × 3 = 6	2 × 4 = 8	2 × 5 = 10	2 × 6 = 12	2 × 7 = 14	2 × 8 = 16	2 × 9 = 18
3 × 2 = 6	3 × 3 = 9	3 × 4 = 12	3 × 5 = 15	3 × 6 = 18	3 × 7 = 21	3 × 8 = 24	3 × 9 = 27
4 × 2 = 8	4 × 3 = 12	4 × 4 = 16	4 × 5 = 20	4 × 6 = 24	4 × 7 = 28	4 × 8 = 32	4 × 9 = 36
5 × 2 = 10	5 × 3 = 15	5 × 4 = 20	5 × 5 = 25	5 × 6 = 30	5 × 7 = 35	5 × 8 = 40	5 × 9 = 45
6 × 2 = 12	6 × 3 = 18	6 × 4 = 24	6 × 5 = 30	6 × 6 = 36	6 × 7 = 42	6 × 8 = 48	6 × 9 = 54
7 × 2 = 14	7 × 3 = 21	7 × 4 = 28	7 × 5 = 35	7 × 6 = 42	7 × 7 = 49	7 × 8 = 56	7 × 9 = 63
8 × 2 = 16	8 × 3 = 24	8 × 4 = 32	8 × 5 = 40	8 × 6 = 48	8 × 7 = 56	8 × 8 = 64	8 × 9 = 72
9 × 2 = 18	9 × 3 = 27	9 × 4 = 36	9 × 5 = 45	9 × 6 = 54	9 × 7 = 63	9 × 8 = 72	9 × 9 = 81
10 × 2 = 20	10 × 3 = 30	10 × 4 = 40	10 × 5 = 50	10 × 6 = 60	10 × 7 = 70	10 × 8 = 80	10 × 9 = 90

Droites perpendiculaires

d1 et d2
sont perpendiculaires

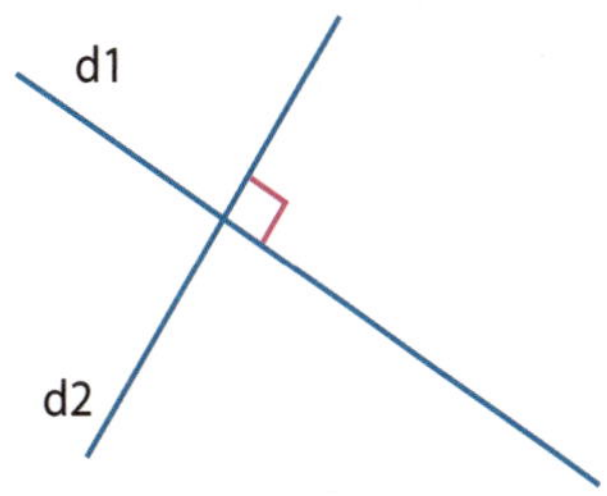

Droites parallèles

d1 et d2
sont parallèles

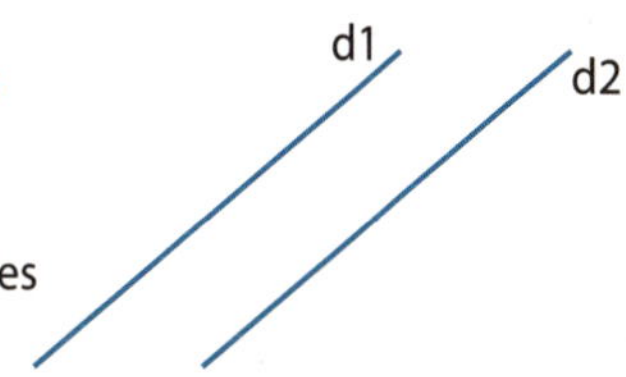

Différentes unités

- **L'unité de longueur est le mètre : m.**

kilomètre	hectomètre	décamètre	mètre	décimètre	centimètre	millimètre
1 km	1 hm	1 dam	1 m	1 dm	1 cm	1 mm
(ou 10 hm) (ou 1 000 m)	(ou 10 dam) (ou 100 m)	(ou 10 m)	(ou 10 dm) (ou 100 cm) (ou 1 000 mm)	(ou 10 cm)	(ou 10 mm)	

- **L'unité de capacité est le litre : L.**

hectolitre	décalitre	litre	décilitre	centilitre	millilitre
1 hL	1 daL	1 L	1 dL	1 cL	1 mL
(ou 10 daL) (ou 100 L)	(ou 10 L)	(ou 10 dL) (ou 100 cL) (ou 1000 mL)	(ou 10 cL)	(ou 10 mL)	

- **L'unité de masse est le kilogramme : kg.**

kilogramme	hectogramme	décagramme	gramme	décigramme	centigramme	milligramme
1 kg	1 hg	1 dag	1 g	1 dg	1 cg	1 mg
(ou 10 hg) (ou 1000 g)	(ou 100 g)	(ou 10 g)	(ou 10 dg) (ou 100 cg) (ou 1000 mg)	(ou 100 mg)	(ou 10 mg)	

Il existe une autre unité de masse : la **tonne** : **t**.
1 tonne = 1 000 kilogrammes

- **L'unité de temps est la seconde : s.**

année	jour	heure	minute	seconde
1 an	1 j	1 h	1 min	1 s
(ou 365 j)	(ou 24 heures)	(ou 60 min) (ou 3600 s)	(ou 60 s)	

DES PREMIERS HOMMES À NAPOLÉON

LE PASSÉ LOINTAIN

La Préhistoire

Il y a environ 3 millions d'années	Trace des premiers ancêtres de l'homme en Afrique
Il y a environ 900000 ans	Découverte du feu
Il y a 45000 ans	L'homme de Tautavel
Il y a 20000 ans	L'homme peint l'intérieur de certaines grottes (Lascaux).
Il y a 10000 ans	Invention de l'élevage et de l'agriculture

L'Antiquité

L'Empire romain

3500 avant J.-C.	Invention de l'écriture
3000 avant J.-C.	Les premières civilisations
600 à 300 avant J.-C.	La civilisation grecque
200 avant J.-C.	Début des conquêtes romaines
	Début de notre ère (An I)
De 406 à 482	Invasions des Barbares
481	Clovis, roi des Francs
476	Chute de l'empire romain

LE MOYEN ÂGE (d'environ 500 à 1500)

Le Moyen Âge

Mérovingiens (481 à 751)

Carolingiens (751 à 987)

634-990 Invasions arabes

820-911 Invasions normandes

860-955 Invasions hongroises

800	Charlemagne couronné empereur
1099	Première croisade
1226	Louis IX devient roi.